¿CUÁL CAMINO?

LUISA JETER DE WALKER

La misión de Editorial Vida es ser la compañía líder en comunicación cristiana que satisfaga las necesidades de las personas, con recursos cuyo contenido glorifique a Jesucristo y promueva principios bíblicos.

¿CUÁL CAMINO?
Edición en español publicada por
Editorial Vida – 1994
Miami, Florida

Primera edición ©1968 por Editorial Vida
Edición revisada y ampliada ©1994 Editorial Vida

Diseño de cubierta: *O'Design*

ISBN: 978-0-8297-2039-6

CATEGORÍA: Religión / Sectas

IMPRESO EN ESTADOS UNIDOS DE AMÉRICA
PRINTED IN THE UNITED STATES OF AMERICA

23 24 25 26 27 LBC 209 208 207 206 205

ÍNDICE

CUADRO COMPARATIVO

RELIGIÓN	AUTORIDAD	DIOS
Evangelio	La Biblia	Trinidad: Tres Personas, Uno en esencia.
Judaísmo	Antiguo Testamento, Talmud, tradiciones	Sólo Jehová es Dios. Jesús era impostor.
Islam	Partes de la Biblia, el Corán, tradiciones	Sólo un Dios (Alá). Jesús era profeta.
Catolicismo romano	Iglesia, tradiciones, la Biblia, el Papa	Trinidad. Algunos adoran a la virgen y a los santos.
Espiritismo	Espíritus que hablan por médiums	Principio impersonal. Jesús era un gran médium.
Liberalismo	Raciocinio, ciencia, experiencia	Unitario; Jesús era buen maestro.
Mormonismo	Libros de José Smith, Oráculos vivos	Adán es el dios de este mundo. Muchos dioses.
Adventismo	Biblia y Elena White	Ortodoxo (Doctrina correcta): Trinidad.
Testigos de Jehová	Russell, Rutherford	Unitario. Jesús era un ángel.
Ciencia Cristiana	María Baker Eddy	Principio impersonal. Mente divina. Panteísta.
Unidad	Los esposos Fillmore	Principio impersonal.
Positivismo	Biblia y Verbo/Fe	Ortodoxo: Trinidad.
Sólo Jesús	Biblia	Sólo Jesús, llamado Padre y Espíritu Santo.
Nueva Era	Espíritus, Maitreya y astrología	Panteísta; Satanás el dios de este mundo.
Teología de la liberación	Contextualización de la Biblia	Varios conceptos: Jesús un revolucionario.

DE CREENCIAS RELIGIOSAS		
EL PECADO	*LA SALVACIÓN*	*VIDA FUTURA*
Rebelión de todos contra Dios	Por gracia, fe en Cristo y su muerte	Resurrección, cielo e infierno literales.
Ortodoxo: rebelión contra Dios	Cumplir con la ley mosaica	Ortodoxo. Mesías ensalza a Israel.
Falta de sumisión a Dios	Sumisión. Cumplir con el Corán	Paraíso o infierno.
Pecados mortales y veniales	Cristo, confesión, obras, penitencia	Purgatorio y cielo o el infierno.
Niegan caída. Todos divinos.	Desarrollo de su divinidad	No hay infierno. Reencarnaciones.
Varios conceptos	Obras buenas	Ideas vagas. Recompensa ahora.
Pecado necesario	En su iglesia. Segunda oportunidad	Fieles serán dioses. Matrimonio celestial.
Ortodoxo	Ortodoxo	Aniquilación o cielo.
Gobiernos humanos contra teocracia	Ser "Testigos". Segunda oportunidad	Cristo reina ahora. Malos aniquilados.
Idea errada. No existe pecado.	Su iglesia. Hombre parte de la mente divina	Muerte, infierno y cielo son ilusiones.
Ignorar pecado	Pensamiento positivo	Reencarnaciones.
Ortodoxo	Fe en Cristo	Ortodoxo
Ortodoxo	Fe en Jesús y bautismo en su nombre	Ortodoxo
No hay principios	Iluminación y morales absolutos	Reencarnaciones, desarrollo de deidad.
Explotación de los pobres	Algunos ortodoxos. Luchar por liberación	Diversidad de creencias.

INTRODUCCIÓN

En los veintiséis años desde 1968 hasta 1994, unas doscientas mil personas han estudiado *¿Cuál camino?* en centenares de iglesias e institutos bíblicos de varias denominaciones.

Con el surgimiento de nuevos movimientos religiosos, la actividad creciente de otros en Latinoamérica, los cambios en algunas de las religiones y ciertas tendencias peligrosas en algunas iglesias evangélicas, se ha visto la necesidad de revisar *¿Cuál camino?* y añadir varios capítulos.

El estudio de varias religiones con la refutación bíblica del error prepara a los lectores de tres maneras:

1. Los defiende contra doctrinas falsas.
2. Los prepara para el evangelismo con personas de otros fondos religiosos.
3. Les advierte respecto a tendencias peligrosas que pueden surgir en su iglesia.

Se han hecho varios cambios para facilitar el estudio. Se han organizado los capítulos en una secuencia lógica para un estudio sistemático y comprensivo. Se indica con el símbolo ⇨ la doctrina de la religión que se considera. De ese modo el lector podrá identificar con facilidad las creencias de cada grupo.

Las preguntas y sugerencias al final del capítulo sirven de repaso y ayudan al maestro a escoger actividades que harán la enseñanza interesante y eficaz.

Hay una lista de libros para cada capítulo en la sección *Obras de consulta*. Muchos de los libros recomendados están agotados, pero se incluyen en las listas por si acaso los tienen las escuelas teológicas en su biblioteca.

¿Cuál camino? se escribió a petición de educadores en los institutos bíblicos de América Latina. Para la versión original debo mucho a los escritos de Myer Pearlman, Alice Luce y Elsie Blattner, y a la ayuda de Melvin Hodges, Benjamín Mercado y Karlín Belknap. En la nueva edición las merecidas gracias se extienden: a Floyd Woodworth, asesor de materiales educativos, quien me ha ayudado en la redacción; a Pablo Hoff por sus sugerencias; a mi sobrino Donaldo Hugo Jeter por su trabajo de investigación; a Ramón Carpenter, a Vern Peterson y a mi hermano Hugo Jeter por varios libros de consulta; a Eliezer Oyola y a Kerstin Anderas de Lundquist por la revisión final; y a Editorial Vida por su paciencia.

Se espera que este libro llene una necesidad en muchas iglesias, que guíe a algún viajero indeciso en el camino de la vida y que ilumine los pasos del que busca a los que se han extraviado de la verdad.

Luisa Jeter de Walker

Capítulo 1

CAMINOS
QUE PARECEN DERECHOS

Hay camino que al hombre le parece derecho;
pero su fin es caminos de muerte.

Proverbios 14:12

Nadie se pierde intencionalmente. Todo viajero se propone llegar a su destino, pero hay influencias y circunstancias que desvían a algunos del rumbo correcto. Lo mismo se puede decir de la vida espiritual. Analicemos cuatro de esas influencias desviadoras.

INFLUENCIAS DESVIADORAS

1. Un viajero solitario en el altiplano andino se detiene perplejo. El camino se divide en dos senderos. No sabe a cuál de los dos seguir para llegar al pueblo distante. La noche se acerca. El frío se hace más intenso. Una mala elección pudiera ser fatal. Se regaña por no haber averiguado mejor la dirección. Por fin, escoge la senda que le parece mejor y sigue caminando. Pero cuando debiera haber llegado al pueblo, le sorprende una tormenta entre los picachos nevados donde anda completamente extraviado. Perece en la noche. ¿Por qué? No conocía el buen camino.

2. Cierto piloto de avión vuela cerca de la frontera de un país enemigo. Busca en su radio la señal que le ha de guiar a su propia base donde quiere aterrizar. Sintoniza lo que cree que es la señal correcta. Corrige el rumbo del vuelo. Al poco rato, sin saberlo está volando sobre territorio enemigo. El avión cae a tierra acribillado por las balas antiaéreas. Una señal engañosa lo ha desviado.

3. Un grupo de cazadores acepta los servicios de un "guía" quien les asegura que conoce el terreno como la palma de la mano. Lo siguen confiadamente cuando se interna en la selva. Pero todos pierden la vida porque su guía no tiene experiencia alguna y es el primero en extraviarse. Siguieron a un guía que no merecía su confianza.

4. ¡Vimos con asombro que el sol se levantaba en el occidente! Por supuesto eso no podía ser. Dos hermanos míos y yo íbamos del centro de los Estados Unidos al sur, rumbo a Miami, Florida. Habíamos viajado toda la noche, pero en cierta ciudad donde varias carreteras iban unidas por un trecho y luego se repartían, mi hermano que manejaba el auto se había equivocado. Seguía confiado por horas mientras mi otro hermano y yo dormíamos. Teníamos mapa de carreteras, pero nadie se fijó en él. Pasamos por pueblos que no estaban en nuestra ruta y junto al camino había señales que debían habernos advertido de nuestro error. Pero en la oscuridad nadie se fijaba. Sólo cuando se levantó el sol "en el occidente" nos dimos cuenta del error. Íbamos al norte en un estado donde no nos correspondía estar. A tiempo el sol, las señales de carretera y el consultar el mapa nos hicieron cambiar de dirección y llegamos sin novedad a Miami. Nos habíamos extraviado por no consultar el mapa de carreteras.

Estos cuatro casos sacados de la vida ilustran las influencias responsables de muchas desviaciones espirituales:

1. Poco conocimiento del camino al cielo.
2. Señales de origen satánico hechos para confundir al hombre.
3. La personalidad atrayente de guías falsos.
4. El no consultar el mapa, la Biblia.

¿POR QUÉ ESTUDIAR LAS DOCTRINAS FALSAS?

En defensa propia

El propósito de este libro es combatir estas cuatro influencias desviadoras que han apartado a muchas personas de la verdad. Jesucristo nos ha dicho: "Yo soy el camino, y la verdad y la vida; nadie viene al Padre, sino por mí" (Juan 14:6). Hay que seguirlo a Él de cerca, conocerlo bien. Nos comunicamos con Él constantemente en oración para que su luz nos ilumine. Le pedimos que nos guarde de todo error y nos conduzca al hogar celestial.

Dios nos ha dado la Santa Biblia como mapa para señalarnos el camino. El que no se ocupe de estudiarla no sabrá distinguir si es falsa o verdadera cualquier doctrina que se le presente. El que ignora las Escrituras confunde fácilmente el camino.

Hay muchos senderos doctrinales que parten del camino verdadero. Algunos de ellos parecen derechos, citan la Biblia y contienen mucha verdad, pero poco a poco van alejándose del camino verdadero. No se nota a primera vista el error. El que viaja por el camino al cielo debe comparar cuidadosamente las enseñanzas que encuentre con lo que se halla en su mapa, la Biblia.

Varias de esas religiones enseñan a sus miembros a ir de casa en casa procurando ganar adeptos para su fe. Se brindan a ayudarlos a comprender mejor la Biblia, y les enseñan el error. El estudiante debe basarse tan firmemente en las Escrituras que ni los argumentos, ni las invitaciones, ni el ejemplo de otros lo puedan apartar de la verdad revelada en Cristo y en su Palabra.

Hay mucha verdad en el refrán: "Guerra avisada no mata soldados." Los miembros de nuestras iglesias deben estar al tanto de lo que enseñan tales grupos y conocer la refutación bíblica de sus errores. "Para que ya no seamos niños fluctuantes, llevados por doquiera de todo viento de doctrina, por estratagema de hombres que para engañar emplean con astucia las artimañas del error" (Efesios 4:14).

Para ayudar a otros

La mayoría de los grupos que se estudian en este libro profesan ser cristianos, pero tienen ciertas doctrinas erróneas o corrientes teológicas que apartan de Cristo la fe para ponerla en otras cosas. Algunos se han desviado más y otros menos de la verdad. Entre ellos hay muchos buenos cristianos que aman y sirven al Señor a pesar de los errores que enseña su iglesia.

El conocimiento del error en el cual se encuentran las personas nos ayuda a presentarles la verdad que necesitan. Entre ellas se hallan muchas que desean conocer la verdad. Es de esperar que estos estudios nos inspiren mayor compasión hacia los que andan errados y nos muevan a orar y trabajar por su salvación.

Entre los nuevos convertidos en nuestras iglesias hay quienes han estado enredados en doctrinas falsas. Estos estudios pueden ayudarnos a comprenderlos y darles el auxilio que necesitan.

LOS PUNTOS DE ORIENTACIÓN

En vez de estudiar todas las doctrinas de cada grupo religioso, veremos cómo se ajustan o se apartan de cuatro puntos cardinales de la doctrina bíblica: Dios, el pecado, la salvación y la vida futura. Veremos también algo de su fondo histórico y algunas de sus creencias y prácticas que no se relacionen directamente con estos puntos cardinales.

En las páginas 4 y 5 del libro aparece un cuadro comparativo de las creencias principales de las iglesias o sistemas religiosos estudiados. Donde aparece la palabra "ortodoxo" (que significa "doctrina correcta") quiere decir que se adhiere a la enseñanza bíblica en ese aspecto. Es bueno que el lector se familiarice con el cuadro antes de estudiar el libro, porque así asimilará más rápidamente la materia. El cuadro también le ayudará a repasar rápida y frecuentemente lo estudiado.

EL TRATO CON LOS DE OTRA RELIGIÓN

En cada capítulo se dan sugerencias para el evangelismo personal con personas del grupo que se estudia. Los principios fundamentales dados a continuación pueden servir en el trato con todos.

1. Reconozca desde un principio que los argumentos son incapaces de mover el corazón al arrepentimiento. Sólo el Espíritu de Dios puede hacer esto.

2. Ore por las personas a quienes desea llevar a Cristo, pidiendo que Dios les abra el corazón a la verdad.

3. Evite las discusiones acaloradas. "Que con mansedumbre corrija a los que se oponen, por si quizá Dios les conceda que se arrepientan para conocer la verdad, y escapen del lazo del diablo" (2 Timoteo 2:25,26).

4. Demuestre la cortesía y el amor de Cristo en todo momento, tomando en cuenta que la vida diaria se encarga de confirmar o desmentir las palabras que uno habla.

5. Nunca demuestre una actitud de "soy más santo que tú".

6. Nunca critique la religión de la persona con quien trata ni a los fundadores de ella. No los ponga en ridículo. Las creencias religiosas de una persona le son muy valiosas y suelen estar profundamente arraigadas en ella. Si alguien las ataca, se siente obligada a defenderlas. Lo más probable es que se ofenda y no estará dispuesta a aceptar nada de lo que diga el que la ha "insultado" así.

7. Presente la verdad positiva del evangelio en vez de atacar las creencias de la persona. Así estará más dispuesta a recibir la enseñanza. Por ejemplo, si usted fuera una persona que orara a otros dioses, ¿a cuál de estos evangélicos estaría más dispuesto a escuchar? Uno le dice: "Es malo orar a esos dioses falsos; así se va a ir al infierno." El otro le dice: "Quiero contarle lo que Dios hizo por mí en respuesta a la oración."

8. No se ponga a discutir puntos de importancia secundaria que únicamente lo desviarían de la conversación principal.

9. Testifique de Cristo y de lo que Él ha hecho para usted y para otros. El gozo rebosante de una vida victoriosa atrae a más personas que grandes cantidades de buena lógica y argumentos acertados. El testimonio respaldado por la vida puede hacer que otros deseen lo que usted ha encontrado en el Señor.

10. Si no se han entregado a Cristo, invítelos a que se entreguen, arrepintiéndose del pecado y poniendo su fe en Él. Si logra eso, Él les iluminará la mente para entender las Escrituras y recibir la verdad que se les enseña. Note este orden en 2 Timoteo 2:25,26. Al acercarse a la luz, las tinieblas se disipan. "Conoceréis la verdad, y la verdad os hará libres" (Juan 8:32).

11. Aproveche los puntos en que estamos de acuerdo. Puede usarlos como punto de partida en vez de ir directamente

a las diferencias. Por ejemplo, pueden darle gracias a Dios que tienen fe en Él en estos tiempos de tanta incredulidad. ¿Aman a Dios? Nosotros también. Entonces ¿por qué no orar juntos? ¿Quisieran tener una comunión más íntima con Dios? Señale los versículos que explican cómo alcanzarla.

12. Sea obediente al Espíritu Santo. Pida su dirección para hallar a los que andan descarriados y llevarlos a Cristo. Eso puede ser mediante la amistad, el obsequiarles folletos o el Nuevo Testamento, el invitarlos a acompañarlo a reuniones evangélicas o de alguna otra manera. Pídale al Señor que lo llene a usted de su amor y valor, y que lo use como instrumento para la salvación de las almas para la gloria de Dios.

AVISOS EN EL CAMINO

¡Cuántas veces una señal de carretera nos ha salvado la vida! PELIGRO: CURVA CERRADA, nos dice una. La vemos a tiempo, disminuimos la velocidad y atravesamos sin novedad un tramo peligrosísimo. El Departamento de Obras Públicas tiene la responsabilidad de señalar claramente los lugares peligrosos para proteger la vida de los viajeros. No cumplir ese deber sería negligencia criminal.

¿Y acaso los obreros del Señor no tienen la responsabilidad de marcar bien el camino de la vida? ¿No les corresponde señalar los lugares peligrosos para evitar que los viajeros se aparten de la sana doctrina y sufran un desastre espiritual?

Las cruces colocadas al lado del camino en algunas regiones le hablan silenciosamente al viajero. "¡Cuidado! — le dicen —. En este punto otros han perdido la vida." De igual modo, la tragedia de los que han dejado el camino verdadero para seguir doctrinas erróneas sirve de advertencia contra las tendencias que los desviaron de la verdad.

Estas mismas tendencias pueden surgir en cualquiera de las iglesias evangélicas y ocasionar estragos. Por ese motivo se incluye en cada capítulo la sección "Avisos en el camino". Señala algunas tendencias peligrosas que a veces se presentan. Si las toma en cuenta el pastor, podrá reconocer a tiempo el problema y evitar dificultades serias en la iglesia.

El tratar sobre problemas existentes en iglesias evangélicas no es por espíritu de crítica ni de pugna. Tampoco es para indicar que es una situación característica o general. Es sencillamente para cumplir con la responsabilidad que nos corresponde de marcar bien el camino. "Entonces tus oídos oirán a tus espaldas palabra que diga: Este es el camino, andad por él" (Isaías 30:21). "Haced sendas derechas para vuestros pies, para que lo cojo no se salga del camino" (Hebreos 12:13).

PREGUNTAS Y ACTIVIDADES

1. ¿Cómo puede ayudarle el estudio de este libro?
2. Mencione tres influencias desviadoras que han contribuido al origen de grupos religiosos que se llaman cristianos pero enseñan doctrinas erróneas.
3. ¿Ha observado alguna vez en su iglesia o denominación una de estas influencias? ¿Cuál de ellas? En la clase se pueden citar casos. El análisis de problemas pasados puede ayudar a vencer otros similares en el futuro.
4. ¿Cuáles son los puntos cardinales que se examinan al estudiar una religión?
5. Lea el índice de los capítulos. Mencione siete de los grupos religiosos que se estudian en este libro.
6. ¿Para qué se incluye en cada capítulo la sección "Avisos en el camino"?
7. Hágase en la clase una dramatización en dos actos de cómo tratar con personas de otras religiones. Dos alumnos pueden hacer el papel de obreros personales. Otros dos actúan como adeptos de otra religión. En primer lugar, una pareja muestra cómo no se debe hacer el evangelismo personal. Después, la segunda pareja muestra un método mejor.
8. Haga una lista de los conocidos suyos que están en otra religión o secta. Empiece a orar por ellos.

Capítulo 2

EL JUDAÍSMO

Hermanos, ciertamente el anhelo de mi cora-
zón, y mi oración a Dios por Israel, es para
salvación.

Romanos 10:1

ASPECTOS HISTÓRICOS

El pueblo escogido de Dios

¡Cuánto debe el mundo a los judíos! Las leyes de muchos países se basan en los diez mandamientos que Dios dio a Moisés. ¿Y a quiénes debemos la Palabra de Dios que leemos cada día para nuestra dirección, alimentación espiritual y comunión con el Señor? A los judíos. Los que escribieron el Antiguo Testamento y todo el Nuevo (con la posible excepción de Lucas) eran judíos. Y de los judíos recibimos al Salvador. Cuando el Hijo de Dios se hizo hombre, vino al mundo como judío, del linaje real de David.

Desde los tiempos de Abraham, Isaac y Jacob, los judíos han sido el pueblo escogido de Dios. A pesar de sus caídas nacionales, siempre un núcleo permanecía fiel al pacto con el Dios verdadero. A través de los siglos recibieron, conservaron por escrito y le dieron al mundo la revelación de Dios y de su voluntad para la humanidad.

Esparcidos por todo el mundo en el cautiverio y por el comercio, abandonaron la idolatría que había ocasionado su caída y diseminaron entre las naciones el concepto de un Dios soberano. Hablaron también de un Salvador prometido a su nación. Sería el Mesías (que significa "ungido de Dios", traducido "Cristo" en el Nuevo Testamento), un Libertador que restauraría a Israel a su gloria anterior y lo pondría por cabeza de las naciones.[1]

---

1 El historiador Flavio Josefo relata mucho acerca de las pruebas y los triunfos de los judíos.

Dios los devolvió a su tierra. El Mesías prometido vino, pero la nación no lo conoció. Lo crucificaron, creyendo que era un impostor. Sin embargo, unos cuantos judíos se encontraron con el Cristo Resucitado y dedicaron su vida a contarles a los demás las buenas nuevas de salvación por la fe en Él. Fueron perseguidos y martirizados, pero antes de su muerte llevaron el evangelio a todas partes del mundo conocido de aquel entonces, y millares de judíos y gentiles (no judíos) aceptaron a Cristo. Debido a su espíritu misionero, los gentiles podemos brindarles la felicidad eterna con su Mesías, el Hijo de Dios.

La nación fue deshecha por los romanos y sufrió diecinueve siglos de destierro después de rechazar al Mesías, pero hemos visto su regreso y la formación de nuevo de la nación de Israel.

Situación espiritual

Millones de judíos hoy leen el Antiguo Testamento y oran por la venida del Mesías prometido. Muchos ya lo conocen, oran por la salvación de su pueblo y esperan el retorno del Salvador de Israel. Y otros ni creen en Dios. Los judíos de hoy se dividen en cuatro grupos principales respecto a la religión:

1. El judío racionalista ha abandonado la fe de sus padres. En este grupo hay muchos agnósticos y ateos.
2. El judío reformado o liberal se ha apartado del cumplimiento estricto de su religión. Es el representante moderno de los saduceos de la época de Cristo. Cree en Dios, pero en un Dios lejano.
3. El judío ortodoxo cree en el Antiguo Testamento, en la resurrección de los muertos, el cielo, el infierno y el juicio final. Espera la venida del Mesías. Usa el Talmud (que contiene las leyes civiles y religiosas, y comentarios sobre el Antiguo Testamento) más que el mismo Testamento. No acepta el Nuevo Testamento, y cree que Jesús era un impostor.
4. El judío convertido a Jesucristo puede sufrir persecución de parte de su pueblo, sobre todo de los ortodoxos. Sin embargo, Dios está usando a esos judíos a fin de ganar a los suyos para Cristo.

DOCTRINA

Compararemos las doctrinas de los judíos *ortodoxos* con las creencias evangélicas basadas en la Biblia.

Dios

⇨ Los judíos sólo creen en la deidad de Dios el Padre. Dicen que los cristianos somos politeístas (adoradores de varios dioses), por nuestra doctrina de la Trinidad. Citan textos que afirman que Dios es uno (Deuteronomio 6:4; Éxodo 20:3; Isaías 44:6 y otros).

No podemos comprender todo el misterio de la unidad y diversidad existente en la Trinidad, pero lo creemos porque la Biblia lo enseña. Lo vislumbramos en el Antiguo Testamento y se muestra claramente en el Nuevo. No presenta a las tres personas como tres dioses. El Padre, el Hijo y el Espíritu Santo están perfectamente unidos en esencia, carácter, propósito, poder, interacción y trato con la humanidad; tan unidos que se presentan como uno. Juan llamaba a Jesucristo el Verbo (la expresión de Dios en términos que podemos comprender) y escribió: "Porque tres son los que dan testimonio en el cielo: el Padre, el Verbo y el Espíritu Santo; y estos tres son uno" (1 Juan 5:7).

San Patricio empleó el trébol para ilustrar esta verdad. Como las tres hojitas unidas en un solo tallo forman un solo trébol, así las tres personas, distintas entre sí, forman el Dios único.

Ese misterio de las tres personas en uno se aclara a la luz de Juan 17:21,22. Jesús ora por sus discípulos: "Que todos sean uno; como tú, oh Padre, en mí, y yo en ti, que también ellos sean uno en nosotros . . . así como nosotros somos uno." No pedía que todos los discípulos llegaran a ser una sola persona. Oraba por la perfecta armonía y unidad de espíritu entre ellos, unidad en fe, amor, propósito y acción, así como Él y el Padre son uno.

Más tarde veremos otros textos sobre la Trinidad en el Nuevo Testamento, pero en el trato con los judíos, veamos lo que dice al respecto el Antiguo Testamento.

Pluralidad en la creación. Desde Génesis 1 se halla evidencia de la pluralidad y unidad en la Deidad. Dios emplea pronombres plurales al revelar cómo creó el mundo. "Entonces dijo Dios:

Hagamos al hombre a nuestra imagen, conforme a nuestra semejanza . . . Y creó Dios al hombre a su imagen" (Génesis 1:26,27). ¿A quién se dirigía Dios al decir "hagamos"? La expresión "nuestra imagen y semejanza" indica una pluralidad en la Deidad.

En Juan 1:1-3 leemos que el Verbo creó el mundo. Génesis 1 y 2 nos hace ver que lo hizo en cooperación con los otros miembros de la Trinidad: "El Espíritu de Dios se movía sobre la faz de las aguas" (1:2), y Dios daba las órdenes para todo lo que se hiciera. Luego todo el capítulo dos emplea otro nombre, Jehová Dios, para el Creador. ¿Se refieren estos tres nombres (el Espíritu de Dios, Dios y Jehová Dios) a la Trinidad?

Pluralidad vista en otras ocasiones. Leemos las palabras de Jehová en Génesis 11:7: "Ahora, pues, descendamos, y confundamos allí su lengua." Isaías 6:8 dice: "Oí la voz del Señor, que decía: ¿A quién enviaré, y quién irá por nosotros?" Isaías 54:5 dice: "Tu Hacedor es tu marido." En el hebreo original las palabras por "hacedor" y "marido" ambas están en plural. La traducción literal sería: "Tus Hacedores son tus maridos."

Pluralidad en los nombres de Dios. Citamos a continuación tres párrafos de Myer Pearlman, judío convertido y profesor de teología, en su libro *Curso para el evangelismo personal.*[1]

> Puesto que en Mateo 28:19 se habla de un nombre que pertenece al Padre, al Hijo y al Espíritu Santo, es bueno que estudiemos los nombres de Dios para ver si hay algún nombre que incluya las tres personas de la Deidad. ¡Hay tres nombres así! Son Elohim, Adonai y El Sadai.
>
> En Génesis 1:1 el nombre en el original es Elohim, nombre que se emplea en la Biblia alrededor de dos mil quinientas veces. Esto nos indica que en realidad el Trino Dios hizo la creación, de acuerdo con lo que ya aprendimos en el Nuevo Testamento, y soluciona el misterio que hay en la frase "Hagamos al hombre a nuestra imagen".
>
> En Génesis 15:2 el nombre es Adonai, que se emplea

---

1 Myer Pearlman, *Curso para el evangelismo personal,* p. 157, Editorial Vida, 1968. Esta obra (ya agotada) no debe confundirse con *El evangelismo personal,* del mismo autor.

doscientas noventa veces, mientras que en Génesis 17:1 es El Sadai, nombre que se emplea cuarenta y ocho veces. Es evidente que Dios lo estableció con mucha claridad, aun por sus nombres en el Antiguo Testamento, que mientras "Jehová nuestro Dios, Jehová uno es", sin embargo, en alguna forma misteriosa en ese ser hay pluralidad.

El Antiguo Testamento habla del Hijo de Dios. Proverbios 30:4 y Daniel 3:25 implican que Dios tiene un Hijo. El Salmo 2 habla de Él. Dios habla de Él y de su reino eterno en 2 Samuel 7:10-16; 1 Crónicas 17:13,14. En Isaías 7:14 vemos que un niño nacería de una virgen y se llamaría Emanuel, que significa "Dios con nosotros". Sería llamado Admirable, Consejero, Dios fuerte, Padre eterno, Príncipe de paz (Isaías 9:6). Dios encarnado en Jesucristo sería esto para la humanidad. Véase Mateo 1:18-25.

Creencia antigua en la Trinidad. La antigua literatura judía da testimonio respecto a la trinidad de la Deidad. Eso incluye el Talmud. Hasta la letra *shin*, la letra inicial del nombre Sadai, se empleaba para representar la forma de la existencia divina — tres en uno — con tres rasgos verticales y un rasgo horizontal que unía los tres. En la Edad Media la doctrina antigua fue rechazada y atribuida a un cristianismo perseguidor y corrupto.[1]

La naturaleza de Dios exige una pluralidad. La Biblia nos enseña que Dios es amor (1 Juan 4:8). Vemos su amor demostrado a través del Antiguo Testamento y el Nuevo. Siempre ha existido y siempre ha tenido esta naturaleza. Es invariable. Ahora bien, el amor no puede existir sin que exista alguien o algo a quien amar. Tiene que haber algún objeto del amor de Dios que haya sido coexistente y coeterno con Él. Creemos que esta es la relación que ha existido eternamente entre los miembros de la Santísima Trinidad: Dios el Padre, Dios el Hijo y Dios el Espíritu Santo.

1 J.C. Macauly y Robert H. Belton, *Personal Evangelism*, p. 229.

Jesucristo el Mesías

⇨ Los judíos ungían con aceite a sacerdotes, profetas y reyes como símbolo de la unción que el Espíritu Santo les daba para desempeñar su función. El Mesías debía ejercer los tres ministerios.

Jesús, el Ungido de Dios, ejerció su ministerio de profeta en su predicación y en el anuncio de acontecimientos futuros: la caída de Jerusalén, la traición de Judas, el abandono de sus discípulos, su propia muerte y resurrección al tercer día, su ascenso al cielo, la venida del Espíritu Santo y su regreso en gloria.

El libro de Hebreos lo presenta como sacerdote al ofrecerse como sacrificio por nuestros pecados y al orar por nosotros.

Jesús le dijo a Pilato que era rey, pero su reino no era de este mundo (era espiritual). Millones le sirven ahora como Rey de su vida, y volverá a la tierra para establecer su reino universal.

⇨ Los judíos rechazaron a Jesucristo porque no vieron cumplidas en Él las profecías mesiánicas respecto a su obra como Rey.

Dos corrientes de profecías mesiánicas se unen en Cristo: la del sufrimiento y la de su gloria venidera. Respecto al sufrimiento tenemos Salmos 22; 41:9; 69:1-26; Isaías 50:4-7; 52:13-15; 53:1-12; Daniel 9:25,26; Zacarías 11:12,13; 12:10; 13:6,7.

En cuanto a su gloria venidera vemos Salmos 2:1-9; 18; 33; 45; 72; 118:22; Isaías 9:6,7; 11:1-10; 32:1-3; 42:1-7; 53:11,12; Jeremías 23:5,6; Daniel 2:44; 7:13,14; Miqueas 5:2; Zacarías 6:12,13; 9:9,10; Malaquías 3:1-3. En estos textos y en el Nuevo Testamento vemos la parte que Israel tendrá en el reino de Cristo. Lucas 1:54,55,67-79; 2:25-32; 21:25-28; 22:28-30; Romanos 10,11; Hebreos 8:6-12; Apocalipsis 7; 21:9-14.

Es probable que Isaías 53 haya sido más usado por Dios que cualquier otro pasaje bíblico para la conversión de los judíos. Dice claramente que ya había un plan divino establecido para la muerte del Mesías. Muestra que la persona es salva cuando acepta la muerte de Cristo en lugar de la suya. Profetiza el rechazo del Salvador, el juicio, su muerte vicaria, resurrección y triunfo eterno. ¿Cómo podría vivir largos días (v. 10) después de su muerte y sepultura (v. 9) si no es porque resucitó? Este

PROFECÍAS MESIÁNICAS CUMPLIDAS

Año a.C.	Profecía mesiánica	Texto en el A.T.	Cumplimiento
4000	Simiente de la mujer	Génesis 3:15	Lucas 1:31-35
742	Nacido de una virgen	Isaías 7:14	Mateo 1:18-25
1042	Del linaje de David	2 Samuel 7:12,13	Lucas 1:27,32 Mateo 1:1-16
721	Nacido en Belén	Miqueas 5:2	Mateo 2:1
1452 698	Una estrella anunciaría su nacimiento	Números 24:17 Isaías 60:3	Mateo 2:2,9,10
1000	Adorado por magos	Salmo 72:10	Mateo 2:11
740	Llamado de Egipto	Oseas 11:1	Mateo 2:15
1451	Profeta como Moisés	Deuteronomio 18:15-19	Hebreos 3:1-6
713	Ungido por el Espíritu Santo	Isaías 61:1	Mateo 3:16; Lucas 4:17-21
713	Milagros de sanidad	Isaías 35:5,6	Mateo 11:4,5
487	Entrada triunfal sobre pollino de asna	Zacarías 9:9	Mateo 21:1-11
1000	Aborrecido sin causa	Salmo 35:19	Juan 15:24,25
712	Rechazado por los judíos	Isaías 53:1-3	Juan 1:11
741 1000	Piedra de tropiezo para Israel, puesta por piedra principal	Isaías 8:14; 28:16 Salmo 118:22	1 Pedro 2:6-8 Mateo 21:42
1000	Traicionado por un amigo	Salmo 41:9	Juan 13:18,19
487	Vendido por 30 piezas de plata echadas en el templo	Zacarías 11:12,13	Mateo 27:9,10
487	Arrestado, abandonado por sus seguidores	Zacarías 13:6,7	Mateo 26:50,53-56
1000	Judíos y gentiles unidos contra el Mesías	Salmo 2:1-3	Hechos 4:26,27
730	Golpeado en la mejilla	Miqueas 5:1	Lucas 22:63,64
712	Escupido en el rostro	Isaías 50:6	Mateo 26:67 Marcos 14:65
538	Ejecutado 69 semanas de años después del decreto de restaurar Jerusalén. Tres decretos de 454 a 444 a.C. El cumplimiento sería de 29 a 39 d.C.	Daniel 9:25,26	Crucificado en aproximadamente 30 d.C. según cronología bíblica y la historia
1000	Manos y pies perforados	Salmo 22:16	Juan 20:24-27
538	Ejecutado, pero no por maldad suya	Daniel 9:26	Juan 19:6
1000	Escarnecido por enemigos	Salmo 22:7	Marcos 15:29,30
1000	Ofrecido hiel y vinagre	Salmo 69:21	Mateo 27:34,48
1000	Suertes echadas por ropa	Salmo 22:18	Mateo 27:35
712	Contado con transgresores	Isaías 53:12	Marcos 15:27,28
1000	Huesos no quebrantados	Salmo 34:20	Juan 19:33,36
518	Cuerpo traspasado	Zacarías 12:10	Juan 19:34-37
712	Sepultado con ricos	Isaías 53:9	Mateo 27:57-60
1000	Resucitado de la muerte	Salmo 16:10	Hechos 2:25-32
1000	Ascendido al cielo	Salmo 68:18	Hechos 1:9-11 Efesios 4:8-10
1000	Sentado a la diestra de Dios	Salmo 110:1	Hechos 2:32-36; 7:55,56

capítulo no se lee en las sinagogas, puesto que señala demasiado directamente a Cristo. Véase Salmo 16; Hechos 2:14-42.

El cumplimiento en Jesús de las profecías mesiánicas demuestra que Él es el Cristo. El cuadro "Profecías mesiánicas cumplidas" presenta algunas de las muchas profecías en el Antiguo Testamento del Mesías en su misión redentora, y las citas en el Nuevo Testamento de su cumplimiento en Jesucristo. Las fechas de las profecías son aproximadas.

Tengamos en cuenta que todas estas profecías tienen que ver con la primera venida del Mesías. Muchos otros textos en el Nuevo Testamento señalan cómo Jesús cumplió las profecías. El Evangelio según San Mateo y la Epístola a los Hebreos fueron escritos especialmente para los judíos, para demostrarles de qué forma Jesucristo es el cumplimiento de las Escrituras.

Hay muchas otras profecías acerca del Mesías que se refieren a su segunda venida para reinar sobre el mundo. El hecho de que Jesús ya cumplió las profecías sobre el sufrimiento del Mesías nos hace creer que en su segunda venida cumplirá las que faltan. Él reafirmó las profecías respecto a su muerte, resurrección y reino venidero, y agregó algunos detalles. El cumplimiento de lo que profetizó nos fortalece en esperar su regreso en gloria.

Jesús, los ángeles y los apóstoles hablaron de su regreso. Cumplirá luego las otras profecías y la esperanza de su pueblo en un reino universal de justicia y paz. Nos hacemos eco de la oración del apóstol Juan al terminar de escribir la revelación que había recibido de Jesucristo: "Amén; sí, ven, Señor Jesús."

La resurrección de Jesús. Tenemos muchos motivos para creer en la resurrección de Jesús. Entre las evidencias podemos citar:

1. Su documentación cuidadosa como hecho histórico. Mateo y Juan estaban entre los discípulos que tuvieron encuentros con el Cristo resucitado, y escribieron al respecto en sus Evangelios. El historiador Lucas acostumbraba "investigar con diligencia" de testigos oculares los acontecimientos que relató (Lucas 1:1-4). El Evangelio según San Lucas 22:47-24:53 relata el arresto, el juicio, la crucifixión, la muerte, la sepultura, la resurrección, las apariciones y la ascensión de Jesús. Luego Lucas inicia su

segunda carta a su amigo Teófilo (Hechos 1:1-3) mencionando que Jesús, después de su resurrección, "se presentó vivo con muchas pruebas indubitables, apareciéndoseles durante cuarenta días y hablándoles acerca del reino de Dios".

2. El sepulcro vacío a pesar de la vigilancia de los soldados que, so pena de muerte, tenían que evitar que se robaran el cuerpo.

3. Las apariciones de Jesús a los suyos durante cuarenta días, incluso a quinientos al tiempo de su ascensión.

4. El trato de los discípulos con Él. Lo tocaron, y Él comió con ellos para mostrarles que no era sólo un espíritu.

5. El cambio de actitud de sus discípulos que habían perdido la fe en su misión y reino futuro. Después proclamaban con valor que Él vivía y vendría otra vez para reinar.

6. La conversión de Pablo basándose en su encuentro con el Cristo resucitado y ascendido.

7. La afirmación de Pablo de que Jesucristo "fue declarado Hijo de Dios con poder ... por la resurrección de entre los muertos" (Romanos 1:4).

8. La proclamación de su resurrección en la predicación de los apóstoles como fundamental para nuestra salvación y resurrección.

9. La disposición de los apóstoles a sufrir la muerte por afirmar la veracidad de la resurrección.

10. La mención de la resurrección de Jesús en muchas de las epístolas y en el Apocalipsis.

11. El cambio en la vida de quienes lo aceptan ahora como Salvador, y la respuesta a las oraciones en su nombre.

Véanse 1 Corintios 15:3-24; Juan 19:31-21:25; Hechos 1:1-3, 9-11; 2 Timoteo 2:8; 1 Pedro 1:3,4; Apocalipsis 1:5,12-18.

La Biblia

⇨ Los judíos creen en la inspiración divina del Antiguo Testamento, pero no en la del Nuevo.

El problema está en convencerlos de la realidad histórica de que Jesús es el Mesías prometido. Al ver eso, es fácil que reconozcan la inspiración del Nuevo Testamento. Mientras tanto, que lo lean como historia para ver cómo lo relatado en él cumple las profecías y arroja luz sobre el Antiguo Testamento.

El Nuevo Testamento es el complemento del Antiguo. En él se cumple y se explica el antiguo pacto. Se ve cómo los cuadros ceremoniales se han cumplido en Cristo. La Epístola a los Hebreos tiene enseñanzas muy buenas en ese sentido.

La salvación

⇨ Los judíos creen que la salvación se obtiene por cumplir con la ley mosaica o por los sacrificios dispuestos para el pecador. Como son miembros del pueblo escogido de Dios, serán objeto especial de su misericordia y de su bendición.

‹ Hace falta demostrarles que todos los sacrificios desde los tiempos más remotos eran sólo cuadros proféticos del "Cordero de Dios que quita el pecado del mundo" (Juan 1:29). Es importante que estudien la Epístola a los Hebreos e Isaías 53.

Nadie (con la excepción de Jesús) ha podido cumplir con todos los requisitos de la ley (Romanos 3:23). La Epístola a los Romanos tiene un valor especial para hacer ver que la salvación no nos viene por cumplir la ley, sino por la fe en Cristo. Gálatas tiene el mismo mensaje: por las obras de la ley ninguno puede ser justificado (Gálatas 2:16; 3:11). Abraham fue justificado por la fe (Génesis 15:6; Romanos 4:1-5). La salvación es don de Dios; no se consigue por obras (Efesios 2:8,9).

Desde la época de los apóstoles no se han podido ofrecer los sacrificios ordenados por expiación, pues éstos debían hacerse en el templo. Desde la destrucción del templo por el ejército romano en el año 70 d.C., quedó suspendido el sacrificio. Todos los sacrificios por el pecado habían sido como "vales" o cheques contra la cuenta que sería puesta a favor de la humanidad por la muerte del Creador por su creación. Hecho el pago en efectivo, no hacían faltan los cheques como promesas del pago.

En la guerra de 1967 los judíos tomaron posesión del monte del templo, y desde entonces algunos han hecho preparativos para reedificar el templo y restaurar los ritos antiguos. Esto se ha demorado para no entrar en conflicto con los árabes que tienen su templo allí. De todos modos, de nada sirve el símbolo mientras se rechace la realidad, al Cristo prefigurado por sus sacrificios.

EL TRATO CON LOS JUDÍOS

Nuestra actitud

1. *Debemos superar todo antagonismo.* No hay que echarles a los judíos la culpa por la muerte de Cristo. Pilato y los soldados romanos representaban a los gentiles. ¿Acaso se comportaron mucho mejor que los judíos? Nosotros también somos culpables. Fueron nuestros pecados los que lo llevaron a la cruz.

2. *Seamos agradecidos con ellos por su contribución a nuestra salvación.* Nuestro Salvador era judío en cuanto a su humanidad. Recibimos nuestra Biblia y la predicación del evangelio de los judíos.

3. *Procuremos comprenderlos y reconocer sus muchas virtudes admirables.* Sería bueno estudiar su historia. Al leer de sus sufrimientos y su fidelidad a Dios en medio de la persecución, uno no puede menos que admirarlos. Por ser fieles a su religión y a su raza, han permanecido como pueblo aparte sin ser asimilados por las naciones donde han vivido por más de diecinueve siglos. Han hecho contribuciones notables a las artes y a las ciencias.

Dificultades

1. *La persecución.* Muchos judíos ortodoxos que han aceptado a Cristo han sido perseguidos terriblemente por su familia. Los han desheredado, expulsándolos de la casa y aun celebrando su funeral para hacer constar que ya no existen para la familia. Si los ven en la calle los tratan como desconocidos. Por esa razón, muchos creen en Cristo en secreto mientras oran por la salvación de su familia. Tienen que pedir que Dios les dé sabiduría y valor para hablarles de Cristo a su familia.

2. *Los prejuicios contra el cristianismo.* Creen que Jesús era un impostor blasfemo. El trato que han recibido de los llamados cristianos a través de los siglos ha aumentado sus prejuicios. Durante la Inquisición, el "cristianismo" trató de aniquilarlos. Y en la nación "cristiana" de Alemania, millones de ellos fueron exterminados en pleno siglo veinte por el "delito" de ser judíos.

En el movimiento ecuménico actual se acercan más los judíos y los cristianos en defensa de principios morales y religiosos. Varios grupos evangélicos han establecido buenas relaciones con la nación de Israel. Difunden noticias de su lugar en la profecía y señalan acontecimientos que indican su próximo cumplimiento.[1]

Hay que mostrarles sincera amistad y ganar su confianza. Se les puede explicar y demostrar con los hechos que hay una diferencia entre quienes sólo se llaman cristianos y quienes lo son de verdad. Los verdaderos cristianos no desprecian a los judíos, sino que los saben apreciar. Cierto creyente dijo a un judío: "Mi mejor amigo también es judío." Luego le habló de su mejor amigo, Jesucristo.

La conversación sobre las hazañas de los israelíes en la transformación de Palestina en nuestros tiempos es buena manera de establecer contacto y mostrar interés sincero en su nación. Esto abre el camino para hablar de las profecías cumplidas sobre el restablecimiento de Israel en su tierra.

3. *La incredulidad de los liberales*. Entre los liberales hay menos prejuicio contra el cristianismo y menos persecución a los convertidos, pero hay menos hambre espiritual.

Tácticas especiales[2]

1. Usar sus propias Escrituras, el Antiguo Testamento.
2. Mostrar cómo Jesús cumplió las profecías mesiánicas.
3. Emplear preguntas porque eso les gusta a los judíos.
4. Pedir que estudien el Salmo 22 e Isaías 53.
5. Tratar de que lean el Nuevo Testamento, sobre todo Mateo, Juan, Romanos, Gálatas y Hebreos.
6. Presentar el plan de Dios para los judíos en el reino eterno de Cristo. Muchos han sido ganados para Cristo mediante esa presentación.
7. Llevarlos a aceptar a Cristo como su Salvador personal. No basta reconocer que Jesús es el Mesías. Hace falta el arrepentimiento y la entrega de su vida a Él.
8. Hacer ver que uno no se convierte en menos judío al aceptar a Cristo. Al contrario, llega a ser judío completo.

1 Se destaca "Amigos de Israel" dirigido por David A. Lewis.
2 Muchas de estas sugerencias son de Myer Pearlman, en *Curso para el evangelismo personal*, pp. 161,162.

Gozará de beneficios y privilegios eternos por estar en una relación personal con el Salvador, el Mesías, el Hijo de Dios.

9. Tener paciencia en el trato y orar por las personas.

PREGUNTAS Y ACTIVIDADES

1. ¿Hay comerciantes judíos en su comunidad? ¿Cuál es la actitud general del pueblo hacia ellos? ¿Sería bueno cultivar su amistad?
2. Dramatice: primero, la manera en que no se debe hacer evangelismo personal con los judíos; entonces el primer encuentro entre un buen obrero personal y un comerciante judío, luego los encuentros siguientes en los cuales le presenta el evangelio.
3. Asigne lectura sobre los judíos para informar en clase.
4. Si hay cónsul o embajador israelí en su ciudad, véanse las posibilidades de conseguir que hable a la clase (o a todo el instituto bíblico o a la iglesia) acerca de su nación.
5. Haga amistad con un judío. Dígale que está estudiando la historia admirable de su pueblo. Pídale que le cuente algo sobre su religión.
6. ¿Qué hemos recibido los cristianos de los judíos?
7. Divida la clase en dos bandos. Un bando citará una profecía mesiánica del Antiguo Testamento. El otro citará el cumplimiento en el Nuevo Testamento.
8. Mencione las reglas para el trato con los judíos.
9. ¿Qué capítulo del Antiguo Testamento muestra claramente que el Mesías debía morir por nuestros pecados?

Capítulo 3

EL ISLAM

Naturaleza: Una religión mundial con su capital en la Meca, Arabia Saudita.

Fundación: 20 de junio de 622 d.C.

Fundador: Mahoma.

Autoridad: El *Corán* y las tradiciones en el *Hadith*.

Teología: Unitaria. Dios (Alá) es uno. Jesús era uno de sus profetas pero no el Hijo de Dios.

Salvación y vida futura: Sumisión a la voluntad de Dios y cumplimiento de los cinco requisitos del Islam. Depende del balance entre las obras buenas y las malas que uno hace. El cielo para los musulmanes, el infierno para otros.

Símbolo: La luna creciente.

Miembros: Aproximadamente 1.126.000.000 entre más de cien sectas.

ASPECTOS HISTÓRICOS

En 1994 una de cada cinco personas en el mundo seguía la religión del Islam. Eran los musulmanes.[1] La palabra *islam* significa "sumisión" y se refiere a sumisión a Dios. El nombre musulmán se deriva de la misma raíz y significa "el que se somete". De modo que el Islam se presenta como la religión de los que se someten a Dios. A veces a los musulmanes se les llama mahometanos, por el nombre del fundador de su religión, pero eso no les gusta porque no adoran a Mahoma. La historia de su origen y expansión abarca la persecución de parte de sus enemigos y las guerras de conquista que resultaron en su soberanía en el Oriente Medio, el norte de África y partes de Europa y Asia.

1 Valentín González B. *El desafío del Islam*, p. 157.

Mahoma, el fundador

Mahoma nació en la Meca, Arabia, en 570 d.C. Su padre, Abdullah (cuyo nombre significa "esclavo de Dios"), murió antes del nacimiento de Mahoma. Cuando Mahoma tenía seis años de edad, su madre Amina también falleció. Fue criado por un tío, Abu Talib, un político de mucha influencia. En su juventud Mahoma tuvo empleo en las caravanas de una viuda rica llamada Khadija. Se casó con su patrona, y de este matrimonio nacieron dos hijos varones (los cuales murieron en su niñez) y dos hijas.

Como árabe, su herencia religiosa se trazaba desde Abraham y la promesa que Dios le había dado de bendecir a su hijo Ismael y hacerle el padre de una gran nación (Génesis 17:20). La tradición decía que la Meca era donde el ángel habló a Agar cuando huía de Sara, y le dio promesas respecto a su hijo Ismael que nacería (Génesis 16). El cumplimiento se hallaba en las tribus árabes que descienden de Ismael. Entre ellas había muchas pequeñas tribus beduinas en la región que ahora es Arabia Saudita.

Creían que Ismael, y no Isaac, era el hijo a quien Abraham iba a sacrificar en el monte Moriah cuando Dios intervino. Decían que Abraham e Ismael en el desierto edificaron de piedra la Kaaba para un altar a Dios. Era un santuario en forma cúbica en el sitio donde después se levantaría la ciudad de Meca. A un lado del santuario estaba la Piedra Negra (probablemente un meteorito) que, según la tradición, Gabriel había traído del cielo. La Kaaba era el centro de adoración para los árabes.

La tribu de Quraish a la cual pertenecía Mahoma era guardiana de la Kaaba. Pero para aquel entonces los árabes se habían apartado mucho de la fe de su padre Abraham en un solo Dios. En esa región adoraban a por lo menos trescientos sesenta dioses y habían colocado sus cuadros o imágenes en la Kaaba. Entre ellos había un cuadro de María y Jesús. Durante cierto mes cada año la gente venía de muchas partes para dar vueltas alrededor de la Kaaba, besar la Piedra Negra e invocar la bendición de los dioses.

En sus viajes a Siria y Palestina, Mahoma conoció a judíos y cristianos. Y había cristianos nestorianos en Arabia, y entre la familia de su esposa. Mahoma no sabía leer, pero escuchaba la lectura bíblica y aprendió bien sus enseñanzas. Aceptó el hecho de que había un solo Dios, el Dios de la Biblia (llamado Allah en arábigo, y Alá en español).

Iba con frecuencia a una cueva cerca de la Meca para meditar y buscar una relación más íntima con el Dios soberano. En el año 613 ó 614 tuvo allí su primera revelación. Dijo que el arcángel Gabriel le apareció en un sueño y le dio un mensaje de Dios. Él debía ser recitador de lo que Dios le diría. Después tuvo otras revelaciones que debía enseñar. Dijo que eran palabras leídas por Gabriel de un libro que Dios mismo había escrito antes de la fundación del mundo.

Mahoma se convirtió en un profeta fogoso. Proclamaba que Alá era uno y que todos debían arrepentirse para no perecer en el terrible día de juicio. Recitaba por dondequiera los mensajes que recibía supuestamente de Gabriel. No los escribió, pero algunos de sus seguidores lo hicieron. Después de su muerte los recogerían y compilarían el *Corán*, el libro sagrado del Islam.

Por lo general la gente de la Meca rechazaba el mensaje de Mahoma y se enojaron por su predicación en contra de los ídolos. Pero su familia y otros lo aceptaron. Entre ellos estaba Abu Bakr, comerciante y amigo íntimo de Mahoma quien llegaría a ser su sucesor. Fallecieron su esposa Khadija y el tío quien lo había criado, y se levantó tanta oposición en la Meca que la vida de Mahoma peligraba. Algunos de sus seguidores huyeron a Etiopía.

Mahoma envió a sus otros partidarios en pequeños grupos a Medina (llamado entonces Yathrib). Luego en el año 620, él y Abu Bakr salieron una noche e hicieron la famosa "huida a Medina" (la *hégira*). Los musulmanes celebran la *hégira* como la fundación del Islam, su religión. Su calendario empieza con esta fecha.

En Medina, Mahoma ejerció mucha influencia política y religiosa sobre los habitantes y las tribus vecinas, entre las cuales no faltaban las riñas y rivalidades. Muchos aceptaron sus enseñanzas y se consolidaron bajo su liderazgo.

Después de la muerte de Khadija, Mahoma se casó con un número creciente de mujeres, una de ellas era hija de Abu Bakr. La poligamia era común en ese tiempo, y parecía una reforma cuando Mahoma limitó a cuatro el número de esposas que uno podía tener simultáneamente. Pero si alguna le causaba problemas, podía divorciarse de ella con sólo decir "Me divorcio de ti", y posiblemente Alá le daría otra mejor en su lugar. Mahoma tuvo una revelación de que a él se le daba una dispensación especial de tener más esposas, y en total tuvo once. Sus adeptos continuaron con la limitación a cuatro en los países donde se permitía la poligamia.

Mahoma llamó a sus seguidores a una "guerra santa" (*jihad*) para subyugar a todos a la fe en Alá. Al cabo de ocho años fue a la Meca con diez mil soldados y la tomó. Purgó la Kaaba de los ídolos y la dedicó como el santuario del Islam. Siguió con los peregrinajes anuales y estableció ciertos requisitos.

Al principio Mahoma había aprendido mucho de los judíos y de los cristianos, y los trataba con respeto. Pero al ver que resistían sus enseñanzas, todo eso cambió. Mandó observar el viernes en vez del sábado como día sagrado y orar mirando hacia la Meca y no hacia Jerusalén. Millares de judíos y cristianos fueron muertos en el *jihad*, y se enseñó que el que daba muerte a un cristiano tenía asegurada la entrada en el paraíso.

Requisitos del Islam

Mahoma estableció lo que se conoce como los cinco pilares del Islam, que son requisitos para todo musulmán.[1]

1. *El credo*. Se requiere el repetir cada día en arábigo el credo: No hay Dios fuera de Alá, y Mahoma es su profeta.

2. *La oración*. Se debe orar cinco veces al día a tiempos señalados. Cinco veces al día suena el llamado a la oración. Los hombres deben arrodillarse con el rostro hacia la Meca y la frente en el suelo, y repetir ciertas oraciones en arábigo. De modo que la oración es un ritual más que una comunicación individual de la persona con Dios. Aun cuando uno no conoce el árabe, aprende de memoria las palabras y las repite. Algunos usan también un collar de oración con noventa y nueve cuentas que representan los noventa y nueve nombres de Dios que revelan su carácter.

---

1 C.R. Marsh, *Comparte tu fe con los musulmanes*, p. 22.

3. *La limosna*. Mahoma, siendo huérfano él mismo, tenía compasión especial por los huérfanos y los pobres. Estableció el requisito de dar limosna a los pobres y a la familia del profeta. El dos y medio por ciento del capital de cada persona sostenía a los líderes religiosos, a los necesitados y al ejército en sus misiones para extender el Islam.

4. *El ayuno*. Se ayuna durante todo el mes de Ramadán, sin tomar bebida o alimentos desde antes de salir el sol hasta su puesta. Después de la puesta del sol se puede comer a gusto, y llega a ser un tiempo de banquetes y celebración.

5. *El peregrinaje (hajj)*. Se requería el hacer un peregrinaje a la Meca por lo menos una vez en la vida, donde se daba vuelta a la Kaaba y besaba la Piedra Negra siete veces. Con la extensión mundial de la religión esto era imposible para millones. Algunos de ellos contribuyen para los gastos de viaje de otro en vez de ir. Millares visitan la Kaaba cada año.

Además de los requisitos, se prohibían ciertas cosas, entre ellas el uso del licor o el tabaco y el comer carne de cerdo.

Guerras de conquista

Cuando Mahoma falleció en 632 d.C., las autoridades islámicas en la Meca nombraron a su suegro y fiel compañero, Abu Bakr, como su sucesor, el primer califa. Él ordenó la recopilación de los dichos de Mahoma para formar el *Corán*. Después de dos años lo sucedió un joven militar llamado Omar, quien llevó la guerra de conquista a los países vecinos, logrando el dominio sobre Palestina, Siria, Persia y parte de Egipto.

Con la muerte de Omar en 644 surgió una disensión sobre cuál de dos yernos de Mahoma sería el próximo califa, Otmán o Alí. Otmán ganó el respaldo de las autoridades y dirigió el Islam hasta 656. Extendió el imperio musulmán hasta Afganistán, la Cordillera del Cáucaso y Libia. Hizo sacar una versión revisada del *Corán* y mandó destruir las copias de la anterior. Esto levantó tanta oposición que un fanático partidario de Alí asesinó a Otmán.

El poder pasó a Alí, esposo de Fátima la hija de Mahoma. Pero se produjo una ruptura y guerra civil con Moawiya, el gobernador de Damasco, respaldado por Aischa, la esposa favorita y viuda de Mahoma. En 661 Alí fue asesinado y Damasco llegó a ser la capital del Islam. Después de otra guerra entre facciones, la capital pasó a Bagdad (Iraq). La Meca continuó como el centro religioso.

Con el paso de los años siguió la conquista islámica de todo el Oriente Medio, el norte de África, y mucho del sur de Europa y Asia. En 732 el Islam dominaba España y una parte de Francia cuando sus tropas fueron derrotadas por Carlos Martel en la Batalla de Tours (Poitiers, Francia). Desde allí no continuaron en la conquista militar en Europa, sino consolidaron su poder en varios países donde hasta fines del siglo veinte el Islam es la religión oficial. En los siglos once, doce y trece los cristianos de Europa se unieron en cruzadas para tomar la Tierra Santa (Palestina) de los musulmanes. Muchos millares de personas perdieron la vida y sólo se arraigó más un odio a los cristianos que existe hasta la fecha en algunas partes.

Sunnitas, sufíes y chiítas

Desde el principio el Islam ha sido un movimiento tanto político como religioso, y su división en sectas y subsectas se debe a conflictos políticos y diferencias en doctrina. En el siglo veinte ya había setenta y dos sectas islámicas. Cuatro ramas principales son los sunnitas, los sufíes, los chiítas y una subsecta chiíta que ya se puede clasificar como una religión aparte, los Baha'is.[1] En el capítulo doce hay más información sobre el Baha'i y su penetración en el mundo occidental. Sin contar aparte las subsectas, se calcula que el noventa por ciento de los musulmanes hoy son sunnitas, y el diez por ciento, chiítas.[2]

Los sunnitas se consideran los musulmanes ortodoxos, los que más se adhieren a las doctrinas originales del Islam.

Los sufíes (entre los sunnitas y los chiítas) dan más énfasis al aspecto espiritual que al político del Islam. Buscan la relación individual con Alá, tienen sus monasterios y se esfuerzan en observar los requisitos del Islam. Se destacan por su literatura.

Los chiítas también se dan mucho al misticismo. En las guerras entre facciones, establecieron su capital en Bagdad, Iraq, y tuvieron parte importante en la expansión del imperio.

---

1 González, op. cit., p. 173.
2 John Elder, *Biblical Approach to the Muslim*, p. 31.

No reconocen lo legítimo de algunos de los califatos y dicen que el duodécimo califa, o imán (líder espiritual), desapareció y retornará para reinar sobre el mundo entero.

Avance y conversiones

El avance del Islam continúa aún, no tanto por la espada como por misiones. Se ha extendido hacia el sur en el África y es la fuerza dominante en varios países. En 1993 levantaban nuevas mezquitas (templos) en Francia y Alemania a razón de una cada dos semanas. En el Hemisferio Occidental también ganaba cada día más adeptos.

A fines del siglo veinte, se clasifica el Islam en Norteamérica como la religión que más rápido crece. Naciones islámicas del Oriente Medio, ricas por su exportación petrolíferas, contribuyen con dinero para construir mezquitas. Millares de árabes estudian en universidades norteamericanas. Misioneros de varias sectas del Islam entran en el país y ganan convertidos.

Algunos líderes atraían en particular a las personas de color en los Estados Unidos. Durante varios años la organización de Musulmanes Negros creció rápidamente. Luis Farrakán encabeza una organización llamada La Nación de Islam, cuya membresía se multiplica entre los afroamericanos y otros que ven en Farrakán a un campeón de la justicia social. Dirigió una manifestación pacífica en la capital de la nación con su "marcha de millón de hombres sobre Washington".

Farrakán no pertenece a una secta ortodoxa del Islam. Se proclama abiertamente como el Mesías. Se refiere a profecías bíblicas al decir que es como el Elías que había de venir y también es el Cristo prometido. Predica que el Jesús de la Biblia fue sólo un símbolo y precursor de él, Farrakán, el verdadero Jesucristo que ofrece la salvación a quienes lo sigan.

Entre las muchas sectas diferentes del Islam, varían las enseñanzas sobre el *jihad* (guerra santa). El *jihad* todavía es obligatorio para todos los musulmanes, pero la mayoría de las sectas lo interpretan como una lucha pacífica por la justicia en la difusión de su fe. Mientras tanto, ciertas sectas fanáticas creen que el *jihad* iniciado por Mahoma con fuerzas armadas tiene que continuar como una guerra santa similar para la conquista del mundo. Para ellas tal meta justifica el terrorismo internacional, las bombas y la matanza de los de otra religión.

Sin embargo, en los decenios de 1980 y 1990 las iglesias cristianas han visto con más claridad su responsabilidad de evangelismo al mundo islámico. En esta época ha habido más conversiones que nunca de musulmanes a Cristo. La Palabra de Dios, sembrada de varias maneras, lleva fruto; y el Espíritu de Dios obra en millares, ayudándoles a poner su fe en Jesucristo.

DOCTRINAS DEL ISLAM

Las doctrinas principales del Islam se resumen en seis artículos de fe: en Dios, sus ángeles, sus libros, sus profetas, el día del juicio y los decretos soberanos de Dios.

Dios

⇨ La creencia más importante del Islam es la existencia de un solo Dios, Alá. Él es eterno, santo, soberano y todopoderoso. Es el Creador del cielo y la tierra, el Dios de la Biblia, el Dios de Abraham y sus descendientes, el Dios quien inspiró a los profetas del Antiguo Testamento y a Jesús.

Estamos de acuerdo acerca de la existencia de un solo Dios.

Jesucristo

⇨ El Islam reconoce a Jesús (llamado Isa) como profeta, un hombre perfecto, pero no lo considera como el Hijo de Dios. Algunos dicen que era hijo del ángel Gabriel.

El llamar a Jesús el Hijo de Dios escandaliza a los musulmanes. Suponen que creemos que Dios tuvo relaciones sexuales con María, y como resultado nació Jesús. Por supuesto, no creemos eso. Él siempre existente Hijo de Dios se encarnó en la virgen María no por la unión sexual sino por la obra del Espíritu Santo. Así tomó Dios el Hijo un cuerpo humano y añadió la naturaleza humana a su deidad. Lo hizo para poder vivir entre nosotros, revelarnos la voluntad y naturaleza de Dios, tomar la culpa por nuestros pecados y morir — el Creador por su creación — en nuestro lugar.

Los ángeles anunciaron a María (Lucas 1:26-38), a José (Mateo 1:18-23) y a los pastores (Lucas 2:8-14) el nacimiento del Salvador que había de venir, y Gabriel lo llamó el Hijo de Dios (Lucas 1:35). Dios habló desde el cielo anunciando que Jesús era su Hijo (Mateo 3:13-17; 17:1-5). Jesús se refería a Dios como su Padre y se llamó el Hijo de Dios (Juan 3:16; 5:17-30).

⇨ Se enseña que Jesús no fue crucificado, que las autoridades crucificaron a otra persona creyendo que era Él. Jesús fue al cielo y volverá, aceptará las enseñanzas del Islam y morirá.

Los sacerdotes que exigían la muerte de Jesús lo conocían bien. Estuvieron presentes en el juicio ante Pilato y en la crucifixión y no habrían permitido tal sustitución. El desánimo de los discípulos verifica la muerte de su líder. Juan y la madre de Jesús presenciaron la crucifixión y podían identificarlo (Juan 19:25-27). Muchos testigos oculares, aun cuando esto los llevaba al martirio, aseveraban que Jesús murió, resucitó y ascendió al cielo. Volverá, no para morir sino para reinar sobre el mundo.

El Espíritu Santo

⇨ El Islam enseña que el Espíritu Santo es sólo una emanación de Dios y no una persona. Enseña que Jesús como infante en la cuna habló profetizando la venida de Mahoma y después se refería a él cuando prometió la venida del otro Consolador en Juan 14:16,26.

La venida del Espíritu Santo que se narra en Hechos 2:1-4 es el cumplimiento de la promesa dada en Lucas 3:16; Juan 14:16,26; Hechos 1:1-8. Lo confirma Pedro en Hechos 11:15,16.

Según las Escrituras el Espíritu Santo es una persona. Él intercede por nosotros (Romanos 8:26,27), nos instruye, es nuestro Consolador, se entristece y muestra otros atributos personales que un principio impersonal no tendría (Juan 14:16,26; 16:7,8,13-15; Efesios 4:30).

La Trinidad

⇨ Los musulmanes creen equivocadamente que los cristianos adoramos a tres dioses: Jesús, María y Dios el Padre.

Esta no es la Trinidad que adoramos. Los evangélicos honramos a María porque permitió que Dios se valiera de ella como instrumento, pero no la adoramos ni oramos a ella. Creemos que Dios ha existido desde la eternidad pasada y siempre existirá en tres personas: Padre, Hijo y Espíritu Santo, la Santísima Trinidad. Cada uno tiene su propia identidad y esfera de acción, pero son tan unidos en carácter, propósito, poder y acción que se presentan como tres en uno, una Trinidad.

La Biblia declara que hay un solo Dios, pero lo presenta en más de una persona. Vemos esta pluralidad en acción unida desde el primer capítulo de la Biblia. Génesis 1:1 dice que Dios creó los cielos y la tierra. En 1:2 el Espíritu de Dios se movía sobre las aguas. En 1:26 Dios dijo a los otros miembros de la Deidad que compartían su imagen y semejanza: "Hagamos al hombre a nuestra imagen, conforme a nuestra semejanza." Y 1:27 dice: "Y creó Dios al hombre a su imagen."

El nombre Elohim usado para Dios muchas veces en el Antiguo Testamento es plural. El Salmo 2 habla del Hijo de Dios. Isaías profetizó (7:14; 9:6) que nacería de una virgen un niño que se llamaría Emanuel (Dios con nosotros), Admirable, Consejero, Dios fuerte, Padre eterno y Príncipe de paz.

Jesús mandó bautizar en el nombre del Padre, del Hijo y del Espíritu Santo (Mateo 28:18-20). Enseñó acerca del Espíritu Santo, el otro Consolador, a quien el Padre enviaría (Juan 14:16,26). El Espíritu Santo vino para residir en los creyentes y darles poder, de modo que Hechos de los Apóstoles bien pudiera llamarse Hechos del Espíritu Santo (Hechos 1:1-8; 2:1-47).

Pablo inicia sus epístolas invocando la gracia de Dios el Padre y del Señor Jesucristo. En muchos pasajes enseña que Jesús es el Hijo de Dios y habla del Espíritu Santo (Romanos 1:1-5; Gálatas 4:4-7; Colosenses 1:1-23). Juan escribió su Evangelio para que el lector pudiera creer que Jesús es el Hijo de Dios y así alcanzar la vida eterna en Él (Juan 20:31). Habla también en sus epístolas de la obra del Padre, del Hijo y del Espíritu Santo (1 Juan 5:5-9; 2 Juan 9), y el Apocalipsis es la revelación de Jesucristo. En casi todas las epístolas se halla enseñanza respecto a los tres miembros de la Trinidad.

Los ángeles y otros espíritus

⇨ Se cree que los ángeles interceden ante Dios por los hombres. Algunos llaman al arcángel Gabriel el Espíritu Santo. Trajo de Dios las revelaciones para Mahoma. Los *jinn* (genios) son espíritus buenos y malos, en un nivel inferior a los ángeles y superior a los hombres. Uno de ellos es *Shaitin* (Satanás), también llamado *Iblis* (del término griego *diabolos*). Es el tentador y encabeza un grupo de espíritus malos, los *Shaiyatin*.

Nosotros también reconocemos la existencia de los espíritus buenos (los ángeles) y los malos (los demonios). Vemos en la Biblia y en la actualidad el ministerio de los ángeles a los siervos de Dios, y vemos el conflicto con las fuerzas malignas bajo la dirección de Satanás. La Biblia presenta a Gabriel como un ángel de alta categoría, no como el Espíritu Santo. Es un mensajero de Dios y no daría una revelación falsa, pero algún espíritu mentiroso haciéndose pasar por Gabriel pudiera hacerlo.

Según Jesús, Satanás es "mentiroso y padre de mentira" (Juan 8:44). "Se disfraza como ángel de luz" (2 Corintios 11:14). Es el gran imitador de las cosas de Dios y suele dar "revelaciones" falsas a los humanos, de donde han salido muchas herejías y religiones falsas. Pablo indica que debemos juzgar las profecías (1 Corintios 14:29). Si no concuerdan con la Palabra de Dios, la Biblia, no son de Él. Nos advierte 1 Juan 4:1-3 el peligro de espíritus engañadores y nos exhorta a "probar los espíritus si son de Dios". Se los conoce por lo que dicen acerca de Jesús.

La Biblia y la autoridad

⇨ El Islam enseña que Dios ha dado cuatro libros a la humanidad: La ley (Torá) dada a Moisés, los Salmos (Zabur) dados a David, el Evangelio (Injil) dado a Jesús, y el *Corán* dado a Mahoma. Como la revelación final, el *Corán* sustituye a los libros anteriores de Dios y es la expresión de su voluntad para los seres humanos hoy. En cuanto a la Biblia, se dice que los cristianos la han cambiado en ciertas partes, ajustándola a sus creencias, de modo que no se puede confiar en ella.

Muchas evidencias confirman que la Biblia es fidedigna y es la inspirada Palabra de Dios. La comparación con manuscritos antiguos muestra que los cristianos no han alterado sus enseñanzas. Más bien se encuentran alteraciones en el *Corán* de los acontecimientos bíblicos a los cuales Mahoma se refería. Él conocía muy poco de la Biblia y a veces sus "revelaciones" se contradecían o eran una versión errada de la enseñanza bíblica.

Los decretos y la salvación

⇨ Se enseña que lo que sucede — bueno o malo — ha sido predestinado por los decretos de Alá, aun la fe o la incredulidad de cada persona. El deber del hombre es someterse a la voluntad de Dios, abrazando la fe del Islam y cumpliendo con sus requisitos. No creen en la muerte de Cristo como sacrificio por nosotros.

Aunque Dios es soberano, ha dado al hombre el libre albedrío, el privilegio de escoger, y nos exhorta a escoger el bien (Deuteronomio 30:19; Josué 24:14-24). La humanidad se ha apartado de Dios y se encamina hacia la perdición eterna, pero Dios ofrece a todos la salvación gratuita en Cristo. Él no quiere que nadie perezca (2 Pedro 3:9). Predestina la salvación de todos los que la aceptan. Se pierden quienes la rechazan. Tenemos la responsabilidad de nuestra decisión. Nuestra salvación depende de creer en Cristo y aceptarlo como Salvador y Señor de nuestra vida (Juan 3:16; 20:31; Hechos 2:37-39; Romanos 6:23; 1 Juan 1:5-9).

El juicio y la vida futura

⇨ Se enseña que en el día final sonará la trompeta y todos los muertos resucitarán. Todos los no musulmanes irán al infierno. De cada musulmán los hechos malos y los buenos se pesarán en la balanza. Si pesan más los buenos, entrará en el paraíso, a menos que Dios en su soberanía opte por rechazarlo. Si los hechos malos pesan más, será echado al infierno.

Jesús prometió al ladrón arrepentido en la cruz que ese día estaría con Él en el paraíso (Lucas 23:39-43). No dependía de tener más obras buenas que malas. Hay dos resurrecciones y dos juicios futuros. La primera resurrección es de los salvos que han muerto confiando en el Salvador. Ellos irán con Cristo al cielo y sus obras serán juzgadas para darles su recompensa en el reino de Dios (1 Tesalonicenses 4:13-18; 2 Corintios 5:10; Apocalipsis 11:18). Al cabo de mil años resucitarán y serán juzgados y echados al lago de fuego los que no han aceptado la salvación que Cristo ha provisto para todos (Apocalipsis 20:1-15).

⇨ El paraíso es un lugar de gran placer, ríos hermosos, jardines, frutas deliciosas y mujeres bellas para el deleite de los hombres.

La Biblia habla de la Jerusalén celestial como lugar de belleza y gozo indescriptible (Apocalipsis 21:1-22:5). ¡Pero no dice nada de bellas mujeres para el deleite de los hombres! Al contrario, Jesús dijo que en el cielo seremos como los ángeles de Dios que no se casan (Lucas 20:27-36).

EL TRATO CON LOS MUSULMANES

John Elder, misionero presbiteriano durante veinticuatro años en Irán, señala varios principios fundamentales para los que trabajan entre los musulmanes.[1] Mostrarles amistad y no tratarlos como enemigos. Conocer sus costumbres y observar la cortesía que exige su cultura. No hablar en contra de Mahoma o llamarlo un falso profeta; eso solamente los antagoniza y los pone a defenderlo.

Si le preguntan al obrero cristiano qué opina de Mahoma, puede responder sencillamente: "Si yo lo hubiera aceptado, no sería cristiano." Luego puede señalar que lo que le interesa es Jesucristo y testificar de lo que Él ha hecho y hace ahora. Los musulmanes se interesan mucho en el testimonio personal.

La paciencia, perseverancia y oración son esenciales. A veces uno siembra el evangelio por años sin ver ningún resultado, pero la cosecha vendrá. El que se convierte necesita la amistad y apoyo cristianos para no ceder a la presión de volver al Islam.

En treinta y un países el gobierno islámico impone restricciones contra el evangelismo.[2] En algunos, leyes estrictas prohíben el intentar convertir a un musulmán. El que se convierte corre el riesgo de ser asesinado por su propia familia o de ser echado del hogar y declarado muerto para ellos. Algunos son creyentes "en secreto" mientras oran por la salvación de sus familiares.

---

1 Elder, op. cit., pp. 13-20.
2 Patrick Johnstone, *Operation World*, p. 31.

Los medios principales de evangelización son los programas evangélicos de radio y televisión, los materiales impresos, la sanidad divina en respuesta a la oración y el evangelismo personal. Se recomienda el Evangelio según San Lucas para la lectura inicial. Muchos que no se atreven a asistir a reuniones evangélicas se interesan en saber lo que creen los cristianos, aunque sea para combatirlo. Compran Biblias, libros y otros materiales impresos en librerías cristianas, o responden a la oferta por radio de un curso por correspondencia gratuita. En 1969 un conjunto de organizaciones misioneras que publicaban cursos por correspondencia indicó que doscientos cincuenta mil musulmanes de casi todos los países árabes o donde se hablaba el arábigo se habían matriculado en los cursos.[1] Desde entonces han aumentado en número y muchos indican que han aceptado a Cristo por lo que han aprendido.

El amor cristiano en acción facilita el trato individual en clínicas, hospitales, orfanatos, escuelas, comedores y hogares para los desamparados, y ayuda en tiempos de desastre.

Para principios de la década de los años noventa el mundo evangélico comenzó a concentrar sus oraciones y esfuerzos más que nunca en llevar a los musulmanes a una fe salvadora en Cristo. Y Dios está contestando sus oraciones.

AVISOS EN EL CAMINO

Al contemplar el rumbo que ha tomado el Islam, vemos cuatro avisos de peligro para nosotros y nuestras iglesias.

1. ¡Cuidado con las revelaciones! Las legítimas de Dios fortalecen la iglesia, pero también las hay que dividen iglesias y apartan del camino. Hay que juzgarlas por la Biblia y rechazar las que no concuerden con ella. 1 Corintios 14:29; 2 Pedro 2:1-3.

2. ¡Cuidado con un líder que se ensalza como designado de Dios para regir a su pueblo, o que enseña que sólo sus seguidores son salvos! 1 Pedro 5:1-4.

3. ¡Cuidado con el espíritu bélico que produce divisiones y lucha contra los opositores humanos en vez de usar las

1 Elder, op. cit., p. 18.

armas espirituales en la guerra contra Satanás! Efesios 6:12-18.

4. ¡Cuidado con aceptar falsas doctrinas en la ecumenicidad!

También vemos un ejemplo digno de seguir. ¡Ojalá que todo evangélico fuera tan dedicado a esparcir las buenas nuevas de la salvación en Cristo como lo son los musulmanes en el avance de su fe! ¡Que Dios nos ayude a cumplir con su Gran Comisión, aunque sea a costa de nuestra vida!

PREGUNTAS Y ACTIVIDADES

1. Relate en forma breve la historia del inicio y desarrollo del Islam y algo sobre su fuerza actual en el mundo.
2. Cite los cinco pilares del Islam y dos prohibiciones.
3. Simulen una conversación doctrinal entre un cristiano y un musulmán sobre las seis doctrinas principales del Islam.
4. Mencione tres ramas del Islam.
5. ¿Hay actividad musulmán o mezquitas islámicas en su país? ¿Dónde? Averigüe lo que pueda al respecto. Tengan informes en la clase sobre la existencia, actividad y naturaleza del Islam en su región. ¿Qué se está haciendo para presentarles el evangelio?
6. Si el Islam no ha penetrado en su región, ¿hay comerciantes árabes? ¿Se les ha brindado amistad y libros cristianos? Oren por ellos.
7. Hágase el propósito de orar cada día por los musulmanes.

Capítulo 4

EL CATOLICISMO ROMANO

Iglesia: La Iglesia Católica Apostólica Romana.

Fundación: No se puede fijar una fecha de fundación para la organización actual. Ha sido un desarrollo gradual de la iglesia cristiana fundada alrededor del año 33 d.C.

Autoridad: Tradiciones eclesiásticas, la iglesia y la Biblia.

Teología: Fundamental en muchos aspectos. Trinitaria, pero en la práctica muchos deifican a María y a los santos.

Atracción especial: Su lugar en la cultura y en la sociedad nacional. La aceptación sin necesidad de un cambio en la vida.

Miembros: Más de 620.000.000 en el mundo entero.

ASPECTOS HISTÓRICOS

Origen

La Iglesia Católica da como fecha de su fundación el año 33 d.C. y dice que Jesucristo fue su fundador. Eso es cierto sólo en el sentido de que toda denominación cristiana puede buscar su origen en la iglesia fundada por Cristo. En cuanto a su organización y a las doctrinas que la hacen tan diferente de la Iglesia primitiva, es difícil fijar la fecha de su fundación.

Se debe recordar que durante más de mil años la iglesia no era ni católica romana, ni ortodoxa griega ni protestante, sino sencillamente cristiana. Durante ese milenio se desarrollaron ciertos elementos y tendencias que la dividieron. Estos fueron mayormente la degeneración doctrinal, moral y espiritual de la iglesia y la ambición de sus dirigentes.

Degeneración doctrinal, moral y espiritual

Durante los primeros tres siglos, la persecución ayudó al cristianismo a conservarse puro y relativamente libre de hombres ambiciosos. Su combate con las doctrinas erróneas tuvo por consecuencia una expresión más clara de la teología cristiana en las epístolas apostólicas y los escritos de los padres de la Iglesia primitiva. Cuando los emperadores se esforzaban por exterminar la religión cristiana, sólo se atrevían a unirse con esa secta tan odiada quienes por su gran fe en Dios estaban dispuestos a renunciar al paganismo y sufrir el martirio. En las catacumbas (tumbas subterráneas) de Roma y en otros lugares donde se reunían clandestinamente, no había lugar para nada de pompa; los ritos eran sumamente sencillos y la adoración, ferviente y nacida del corazón.

Luego sucedió lo que parecía ser un triunfo, pero en la realidad, produjo resultados desastrosos dentro de la iglesia. En el año 312 d.C., el emperador Constantino vio en el cielo una cruz luminosa con las palabras latinas *In hoc signo vinces* (Con esta señal vencerás). En la batalla, puso su fe en el Dios de los cristianos y triunfó. De inmediato puso fin a la persecución y a partir de entonces apoyó el cristianismo, haciéndolo la religión oficial de todo el Imperio Romano. También convocó el Concilio de Nicea, en el cual los dirigentes de la iglesia en todas las provincias se reunieron, adoptaron el Credo Apostólico y fortalecieron su organización.

La decadencia de la iglesia empezó cuando millares de personas fueron recibidas como miembros sin haberse convertido; sólo añadían a su fe en los dioses paganos la adoración del Dios de los cristianos. Hombres ambiciosos y sin escrúpulos buscaban puestos en la iglesia para obtener influencia social y política, o para disfrutar de los privilegios que el estado proveía para el clero. Así los ritos, ceremonias y creencias del paganismo se infiltraban en la iglesia cristiana. Los verdaderos hombres de Dios protestaban enérgicamente contra tales cosas.

El historiador H. G. Wells explica cómo era posible que los romanos aceptaran tan pronto el cristianismo, sin abandonar a sus propios dioses. Se había popularizado el concepto de que los dioses de las naciones eran en realidad los mismos, aunque fueran adorados bajo nombres distintos. Por eso les daba igual adorar al ser supremo bajo el nombre de Júpiter o el de Jehová, Zeus, Osiris, Serapis o Dios.[1]

En el principio toda la humanidad había recibido una revelación del Dios verdadero, y unos rasgos de esa revelación se observaban incluso en las religiones corrompidas que se habían apartado de la verdad. Entre estos rasgos estaban los sacrificios sangrientos, la existencia de la Trinidad en el ser supremo y la esperanza en el nacimiento de un Salvador que sería Hijo de Dios. Por corrupción de la revelación original, se extendió por todas partes una religión que rendía culto a una trinidad celestial: el ser supremo, su esposa — la "reina del cielo" — y su hijo, el salvador. La devoción mayor iba dirigida a la "reina del cielo", desde el norte de África hasta la China, bajo nombres como Astarté, Isis, Venus, Diana, Hariti y Kuan-Yin.

Frank Boyd traza el desarrollo de esta religión y muestra cómo llegó a ser la religión oficial de Roma y cómo sus costumbres y doctrinas penetraron en la iglesia cristiana.[2] Aunque los cristianos nunca oraban a María durante los primeros tres siglos del cristianismo, los muchos paganos en la nueva iglesia imperial empezaron a adorarla llamándola madre de Dios y reina del cielo.

Pronto se comenzó a fomentar abiertamente la adoración a María con estos títulos. Se restauraron los templos paganos y se restablecieron los ritos antiguos, con un requisito: que todas las diosas llevaran desde entonces el nombre de María.

En la adoración de Isis se le encendían velas y se colocaban alrededor de su imagen figuritas de cera llamadas "ex votos". Estas representaban las partes del cuerpo para las cuales se le suplicaba socorro. Isis contaba con muchos adoradores que hacían voto de dedicarle su vida. Después de un período largo de preparación, hacían el voto de celibato, se les rapaba la cabeza y se los vestía de lino. Todo eso llegó a formar parte de las costumbres de la Iglesia Católica Romana.

---

1 H.G. Wells. *The Outline of History*, Vol.1, pp. 305-308, 318-320, 432. Garden City, N.Y.: Garden City Books, 1961.

2 Frank M. Boyd. *Apocalipsis, Estudios Bíblicos*. Editorial Vida, 1967. Véase lo referente al capítulo 17 de Apocalipsis.

La multiplicidad actual de vírgenes, santos y cristos en la Iglesia Católica Romana es otro efecto de la asimilación de creencias y ritos de otras religiones dondequiera que ha penetrado ella.

En la religión antigua de Roma, cada dios tenía su especialidad. Uno era el dios de la guerra, otro el de la agricultura, otro el del amor, y así por el estilo. Según la necesidad, se solicitaba ayuda al dios correspondiente. Además de los dioses de primer orden, se dirigían también a dioses de segunda categoría que se interesaban en los seres humanos e intercedían por ellos ante Júpiter, el padre de los dioses.

En la asimilación de tales creencias y costumbres, se les dio a los santos un puesto similar como intercesores cuasidivinos. En algunos lugares hoy se enciende una vela ante una imagen de San Antonio, para que él le ayude a su devoto a encontrar un objeto extraviado. Se cree que San Cristóbal socorre a los viajeros, y San Pedro bendice la pesca.

Organización eclesiástica

La iglesia cristiana nació en Jerusalén en el día de Pentecostés del año 33. Durante los siguientes treinta y siete años, hasta la destrucción de esa ciudad en el año 70, Jerusalén se destacó como centro de operaciones o sede del cristianismo. Pero con el establecimiento de iglesias fuertes en las ciudades de mayor importancia de cada país, el gobierno eclesiástico se desarrollaba sobre una base local y regional más que central. Las iglesias metropolitanas propagaban el evangelio por todos sus contornos, y el pastor de la iglesia madre vigilaba por el bienestar espiritual de las congregaciones nuevas y sus dirigentes.

Al principio todos los pastores se llamaban "obispos" o "presbíteros", pero con el tiempo se llamaba "obispo" sólo a quienes tenían la dirección de las iglesias en cierta región o diócesis. Bajo su autoridad estaban los presbíteros y diáconos. A veces los dirigentes eclesiásticos se llamaban "metropolitanos". El obispo de Constantinopla tomó el título de "patriarca", y el de Roma era llamado "papá" por el pueblo, palabra que se transformó en el actual título de "papa".

Después de la muerte de los apóstoles y de la destrucción de Jerusalén, se sentía la necesidad de tener una sede central y alguna autoridad decisiva en los problemas de la iglesia. Así surgió la rivalidad entre las iglesias de los grandes centros metropolitanos. El obispo de Roma gozaba de cierto prestigio por estar en la capital del imperio, pero Alejandría y Antioquía también eran centros destacados en el desarrollo de la iglesia.

Los partidarios de Roma empezaron a enseñar que su obispo debía tener preeminencia sobre los demás porque Jesús había comisionado a Pedro para ser la cabeza visible de la iglesia en la tierra, como representante de Cristo, su cabeza invisible en el cielo. Afirmaban que Pedro estableció la iglesia en Roma y fue su primer obispo desde el año 41 hasta su crucifixión en el año 67. Después de su muerte, tenía que ser cabeza de la iglesia universal el siguiente obispo de Roma, y así sucesivamente.

Orígenes, uno de los escritores más brillantes entre los padres de la iglesia de su época, visitó Roma a principios del siglo tercero después de Jesucristo. Se expresó en forma enérgica en contra de esta teoría. La enseñanza de que Pedro había sido designado para ocupar un cargo tan preeminente siempre ha sido repudiada por cierto sector de la iglesia.

Hasta el año 313 d.C., la persecución del cristianismo por los emperadores había contribuido a que la organización eclesiástica tuviera bases locales y regionales, y no fuera centralizada. Pero el cuadro cambió al cesar la persecución y al ser aceptado el cristianismo por Constantino como religión oficial del imperio.

En el año 330, Constantino mudó la capital del imperio a Bizancio, a la que llamó Constantinopla (ahora Estambul). El patriarca de la nueva capital consideraba que él era quien debía ejercer la autoridad máxima entre las iglesias, y no el obispo o papa romano, o cuando menos no tenía por qué someterse a él.

En el año 375, el vasto Imperio Romano se dividió en dos para facilitar la administración, con la capital del Imperio Oriental Griego en Constantinopla y la del Imperio Occidental Latino en Roma. Casi setecientos años más tarde también se dividiría en dos la iglesia cristiana, con aproximadamente las mismas líneas geográficas y lingüísticas. Esto sucedió mayormente por la insistencia de Roma en ser la iglesia dominante y en que su obispo debía ser cabeza universal del mundo cristiano.

A principios del siglo quinto, el papa Inocencio I insistió en que la sede romana era la cabeza de todas las iglesias. Algunos consideran que León el Grande (papa del 440 al 461) fundó el papado, pero muchos otros dicen que Gregorio I (590-604) fue su verdadero fundador. Lo cierto es que a través de los siglos iban aumentando la autoridad eclesiástica y el poder temporal del obispo romano. Inocencio I dispuso que todos los obispos que no estuvieran de acuerdo con la decisión del obispo metropolitano tenían el derecho de apelar al obispo de Roma, o sea, al papa. En 445 d.C., el obispo romano fue declarado jefe supremo de la Iglesia Occidental. La resistencia a la autoridad del papa fue declarada una ofensa contra el estado romano. En el año 510 se declaró que el pontífice romano debía ser juzgado sólo por Dios y no estaba sujeto a ningún gobierno terrenal.

En el 741 d.C. se formuló la doctrina de la infalibilidad del papa en sus pronunciamientos oficiales como cabeza de la iglesia, pero se demoró hasta el año 1870 su aceptación como dogma. No toda la iglesia aceptó este dogma en 1870. En los Países Bajos, quienes lo rechazaban formaron su propia iglesia, llamada la Iglesia Católica Antigua, que no reconoce el papado romano.

Durante la época medieval la historia de la iglesia muestra una profunda degradación moral, y se buscaban puestos en la iglesia para tener influencia política más que por vocación espiritual. El papado se degeneró y es difícil trazar la llamada "sucesión apostólica". Durante un corto período (1045-1047), tres papas rivales se condenaban mutuamente y se combatían mediante las armas. Durante quinientos años hubo entre el papa y el emperador del "Sacro Imperio Romano" cierta rivalidad por la supremacía. A veces uno era el poder dominante y la autoridad máxima; a veces el otro controlaba este imperio que abarcaba la mayor parte de Europa.

Se agravó durante este período la tirantez entre la Iglesia Occidental y la Oriental. En el año 1054 se separaron del todo, tomando la Iglesia Oriental el nombre de Ortodoxa (que significa "doctrina correcta"). El punto principal de doctrina que debatían era si el Espíritu Santo procedía del Padre solo o del Padre y del Hijo. La Iglesia Ortodoxa mantiene que procede sólo del Padre. También rechaza el uso de las imágenes, aunque emplea "iconos" o cuadros pintados, a los que les rinde igual veneración. No reconoce el papado. Sus sacerdotes pueden casarse.

Movimientos de reforma

Surgieron dentro de la iglesia entre los años 1000 y 1500 cinco movimientos de reforma que prepararon el terreno para la Reforma de 1517 y los años siguientes. Al parecer, fueron aplastados por la persecución, pero los albigenses y los valdenses de Francia, Juan Wycliffe y sus seguidores (los lolardos) en Inglaterra, Juan Hus en Bohemia y Jerónimo Savonarola en Italia todos fueron usados por Dios para despertar la conciencia del pueblo y dirigirlo hacia la Biblia.

Poco se sabe de las doctrinas de los albigenses. Surgieron en el suroeste de Europa alrededor del año 1000 y alcanzaron su máximo desarrollo en 1170. Amaban la Biblia y es probable que ellos hicieran la primera traducción de las Sagradas Escrituras a un idioma romance. Pero el papa y los obispos que lo seguían optaron por prohibir que los laicos leyeran la Biblia en el idioma común. Esto se hizo en el Concilio de Tolosa, en el año 1229.

Contra los albigenses y otros reformadores se adoptó una política de exterminio de los herejes para acabar con la herejía. Al matar a casi todos los habitantes de la región donde radicaban los albigenses, se logró acabar con aquella secta odiada.

Aunque los valdenses sufrieron fuerte persecución desde el año 1170 por su predicación de la Biblia y su oposición a algunas doctrinas y costumbres de la iglesia, hallaron albergue en Italia y constituyen hoy uno de los grupos evangélicos de esa nación.

En Inglaterra, Juan Wycliffe, doctor en teología (1324-- 1384), enseñaba en contra de la doctrina de la transubstancia- ción, que había sido aprobada por la iglesia en 1215. Tradujo la Biblia al inglés y enseñaba que el papa no tenía derecho a ejercer autoridad sobre Inglaterra. Después de su muerte la persecución contra sus seguidores exterminó la secta.

Los escritos de Wycliffe influyeron en Juan Hus, rector de la Universidad de Praga, en Bohemia. Él enseñó los derechos de la conciencia individual, predicó las doctrinas de Wycliffe y la liberación de la autoridad papal. Hus fue quemado en la hoguera en 1415, pero despertó en su patria el deseo de reforma.

En Italia, Dios usó de una manera maravillosa a un fraile dominico llamado Jerónimo Savonarola para encender el fuego del avivamiento y llevar al pueblo al arrepentimiento. A sus oyentes les hacía ver la necesidad de la experiencia individual de conversión, de una fe viva en Dios y una vida recta delante de Él. El papa lo excomulgó y lo condenó a ser ahorcado en 1498. Después de muerto, su cuerpo fue quemado en la plaza mayor de Florencia, donde había predicado a las multitudes.

Sólo diecinueve años después de eso estalló en Alemania la Gran Reforma. El conflicto comenzó cuando un monje, profesor de teología en la Universidad de Wittenberg, se opuso a la venta de indulgencias. La protesta de Martín Lutero comenzó en 1517 como un esfuerzo a favor de la reforma dentro de la iglesia, al oponerse a Juan Tetzel (agente del papa) en la venta de indulgencias para levantar fondos para la iglesia. El papa lo excomulgó, pero algunos de los príncipes alemanes lo apoyaron y lo protegieron contra los esfuerzos papales para poner fin a su vida.

Ciertos aspectos del Renacimiento (el despertar intelectual que estaba en pleno desarrollo en aquel entonces) contribuyeron al éxito de los reformadores en el conflicto con el papa. El creciente patriotismo en las distintas naciones las tenía ya listas para rechazar el dominio papal. El énfasis sobre los derechos humanos había preparado a las masas para aceptar a Lutero como campeón popular contra los abusos del clero. La nueva importancia dada a la razón humana predisponía al pueblo para examinar las Escrituras por sí mismo, en vez de aceptar ciegamente, por obligación, todo lo que dijera la iglesia.

El conflicto entre los reformadores y Roma duró por muchos años y tuvo por consecuencia la división de la iglesia. En líneas generales, todo el norte de Europa se separó de la Iglesia Católica Romana, y los países del sur permanecieron leales al papa. Las iglesias protestantes que salieron de la Reforma tenían entre ellas algunas diferencias de doctrina y de organización, pero habían establecido cinco principios fundamentales que los separaban del segmento no reformado de la iglesia cristiana:

1. La Biblia, y no la iglesia, es el fundamento de la verdadera religión y la regla infalible para la fe y la conducta.

2. La religión debe ser racional e inteligente. La razón se somete a la revelación, pero a la vez rechaza las doctrinas y costumbres contrarias a la razón.
3. La religión debe ser personal. No se necesita un sistema de santos y sacerdotes como mediadores entre Dios y el hombre.
4. La religión debe ser espiritual, con más énfasis sobre la experiencia interna que sobre los ritos externos.
5. La organización y el gobierno eclesiástico deben ser nacionales en vez de universales, y la adoración debe celebrarse en el idioma del pueblo.[1]

Roma no había cedido a las exigencias de los reformadores, pero después de la división de la iglesia efectuó en la Contrarreforma muchos de los cambios que hacían falta. Y aunque había perdido territorio en Europa, se había descubierto un Nuevo Mundo que la invitaba a la conquista por la espada y la cruz.

El catolicismo romano en el Nuevo Mundo

En 1539 el español Ignacio de Loyola organizó la Sociedad de Jesús (los jesuitas). Su propósito en la Contrarreforma era combatir el movimiento protestante. La orden demostró desde el principio un gran celo misionero. Francisco Javier, uno de sus primeros miembros, estuvo al frente del esfuerzo misionero. Mostró de manera marcada el Espíritu de Cristo y realizó una labor prodigiosa, estableciendo la fe católica en la India, Ceilán, Japón y otros países del lejano Oriente.

Mientras tanto, otros jesuitas navegaron hacia el Nuevo Mundo en compañía de los conquistadores para cristianizar a los aborígenes. Fue admirable el sistema educativo que establecieron, e hicieron mucho bien. Sin embargo, durante la Inquisición eran tan intransigentes y crueles en sus esfuerzos por exterminar a los supuestos herejes que fueron expulsados de muchos países, y su orden fue suprimida por un tiempo.

La historia muestra que donde la Iglesia Católica Romana estaba en minoría, deseaba gozar de la tolerancia religiosa. Pero donde estaba en poder como religión oficial, no quería mostrar tolerancia para el ejercicio de otra fe.

---

1 Hurlbut, Narro y Flower. *Historia de la iglesia cristiana*, pp. 139-142. Editorial Vida, 1964.

La renovación carismática

A través de los siglos se han visto tiempos de avivamiento en la Iglesia Católica Romana. A mediados del siglo veinte hubo un derramamiento del Espíritu Santo en muchas iglesias evangélicas y católicas. Se produjo un mayor sentido de fraternidad cuando unos ministros evangélicos llenos del Espíritu oraban con los católicos en varias iglesias y seminarios. Dios llenó de su Espíritu, tal como sucedió en el día de Pentecostés (Hechos 2), a centenares que tenían deseos de saber más de Él. Fueron evidentes los frutos y los dones del Espíritu Santo. Dios manifestó su poder mediante la sanidad milagrosa de los enfermos en respuesta a la oración, y transformó vidas al llenar a las personas de su amor, gozo y paz.

Se extendió este avivamiento y llegó a conocérsele como la renovación carismática, de la palabra griega *charismata*, que significa "dones", o "dádivas". Muchos sacerdotes y otros líderes que fueron bautizados en el Espíritu Santo siguieron en la Iglesia Católica y fomentaron el avivamiento. Otros, que ya no estaban de acuerdo con algunas de las doctrinas católicas, se retiraron de esta iglesia y se unieron con los evangélicos o formaron iglesias carismáticas independientes.

Juan XXIII (papa desde 1958 hasta 1963) era muy sensible a la obra del Espíritu Santo y oraba por un avivamiento. Se cambió la actitud oficial de la iglesia hacia los protestantes. En vez de la persecución, ya se fomentaba el "diálogo". Esto resultó en la cooperación entre las iglesias católicas y protestantes de muchas denominaciones en el movimiento ecuménico (ecuménico significa "mundial").

El Concilio Vaticano II y el movimiento ecuménico

El papa Juan XXIII (1958-1963), así como sus sucesores Pablo VI y Juan Pablo II, han hecho mucho para fomentar la tolerancia y un acercamiento entre católicos y protestantes. Como resultado, el ambiente ha cambiado. Se fomenta la cooperación en proyectos de ayuda social entre católicos, protestantes y judíos, y hay "diálogos" entre sacerdotes, pastores y rabinos para lograr un mejor entendimiento. En vez de mirar a los protestantes como herejes, ya se les considera hermanos separados.

El papa Juan XXIII inició una campaña para modernizar la iglesia y ayudarla a hacer frente a los problemas del siglo veinte y cumplir su misión cristiana con mayor eficiencia. Dio un paso radical cuando recomendó la lectura bíblica por los laicos, cosa que se había prohibido o desaconsejado por muchos siglos.

Convocó para 1962 el Concilio Ecuménico Vaticano II. Un concilio ecuménico es una convocación de los obispos y teólogos de la iglesia de todo el mundo, para considerar la acción que la iglesia debe tomar en asuntos importantes y para aprobar las doctrinas oficiales. El primer concilio se había celebrado en Nicea, en 325 d.C., y el último había sido el Concilio Vaticano I, en 1870.

El Concilio Vaticano II fue diferente, porque el papa invitó a los dirigentes de otras iglesias a asistir como observadores. Aceptaron la invitación representantes de las iglesias orientales ortodoxas y de muchas denominaciones protestantes.

El concilio se reunió en tres sesiones anuales desde 1962 hasta 1964. Después del fallecimiento de Juan XXIII, el nuevo papa Pablo VI presidió las dos sesiones finales.

Los dos mil trescientos obispos y el papa estaban dispuestos a adaptar algunas de las costumbres y actitudes de la iglesia para aprovechar mejor las oportunidades de servicio en el siglo veinte. Entre las decisiones principales del concilio se hallan las siguientes:[1]

1. Los obispos deben participar con el papa en el gobierno universal de los fieles.

2. Hombres casados de edad madura, ordenados como diáconos, podrán desempeñar muchas funciones litúrgicas, tales como la predicación del evangelio y la distribución de la Santa Comunión.

3. Se debe buscar la unión cristiana, y se reconoce que el Espíritu Santo está obrando entre los cristianos no católicos tal como obra en la Iglesia Católica.

4. Deben gozar de amplia autonomía los grupos no latinos de católicos romanos, cuyos ritos orientales son similares a los de las iglesias ortodoxas. Se deben reconocer

---

1 Los datos históricos de esta sección se toman de *The American People's Encyclopedia, Yearbooks* 1963, 1964 y 1965. Grolier, Inc.

como válidos los matrimonios celebrados por los sacerdotes ortodoxos entre los católicos de los ritos orientales y los ortodoxos.

5. Se debe condenar el antisemitismo, reconociendo que ni los judíos de hoy ni todos los judíos de la época de Cristo han sido culpables de su muerte.

6. Se deben reconocer los amplios valores espirituales en muchas religiones no cristianas: judaísmo, budismo, islamismo y brahmanismo.

7. Se aplica a la virgen María el nuevo título oficial de madre de la Iglesia.

Surgieron cambios en las costumbres. Se dio permiso para celebrar los ritos de la iglesia en el idioma del pueblo en lugar del latín. Y se permitió modificar los hábitos usados por las monjas para hacerlos más apropiados a su trabajo. En 1967 se eximió a todos los católicos de la obligación de abstenerse de carne los viernes. Entre otros asuntos que seguían debatiéndose estaban el divorcio, el uso de los anticonceptivos en casos especiales y la posibilidad de matrimonio para el clero.

Se celebraron unas reuniones históricas entre el arzobispo de Canterbury, autoridad suprema de la Iglesia Anglicana (de Inglaterra), y el papa. Entre las iglesias protestantes, la anglicana es la que menos se separó de la romana en sus reformas, siendo más político que doctrinal el motivo de la división. El acercamiento en el movimiento ecuménico y en las conversaciones entre los dos dirigentes alentaba las esperanzas católicas de que la iglesia anglicana volviera al seno de la romana.

Mientras muchos dirigentes protestantes mostraban entusiasmo por el acercamiento a la unión cristiana, los evangélicos observaban que las concesiones hechas por la Iglesia Católica Romana no incluían ningún cambio con respecto al culto a las imágenes y otros puntos doctrinales que violan las enseñanzas bíblicas. Daban gracias a Dios por el aumento en la libertad religiosa, y por la lectura bíblica que causaba la salvación genuina de muchos católicos, pero a la vez consideraban que tenían que "contender ardientemente por la fe una vez dada a los santos" (Judas 3).

DOCTRINAS DEL CATOLICISMO ROMANO

La naturaleza de Dios

⇨ La Iglesia Católica cree en la Trinidad. Sin embargo, el concepto general del Padre es el de un ser remoto, severo, airado, a quien se tiene que aplacar por la intercesión de Jesús, la virgen y los santos, como también por penitencias y buenas obras.

Este concepto de Dios Padre es completamente contrario a la revelación de su naturaleza como la tenemos en la persona y las enseñanzas de Jesucristo. Dios es amor. Es misericordioso y lleno de compasión (Juan 3:16; 14:9; 1 Juan 4:7-10,16,19). En su amor, el Padre celestial ha hecho posible nuestra reconciliación a costa del sacrificio de su propio Hijo. Ahora nos invita con amor a acercarnos a Él y gozar de su presencia y comunión.

Oración a los santos

⇨ Se enseña que hay un solo Dios, pero es bueno invocar a la virgen María y a los santos para que intercedan a nuestro favor y nos consigan de Dios las bendiciones que necesitamos. Esta práctica se basa en la idea de que el pecador no se debe atrever a dirigirse a un Dios santo. En cambio los santos, habiendo pasado por las mismas luchas y tentaciones que nosotros, nos comprenden mejor y nos tienen compasión. Ellos interceden por nosotros, probablemente primero ante la virgen María. Ella presenta la petición a su Hijo, quien no puede negarle nada a su madre, y Él a su vez le presenta la petición a su Padre, Dios.

En esta práctica muchas personas adoran a la virgen María y a los santos. El santo patrón del pueblo toma el lugar de Dios para la gente en muchos lugares. Tal enseñanza deshonra a Dios, haciéndolo menos compasivo, misericordioso, amoroso y comprensivo que los santos. La Biblia enseña todo lo contrario. Nos amó tanto que dio a su Hijo amado para salvarnos. ¿Por qué no ha de interesarse en nuestras necesidades y darnos todas las cosas? (Romanos 8:32.) Él, más amoroso que cualquier padre o madre humanos, se compadece de sus hijos (Salmos 103:13; 34:8).

Esta doctrina distancia al hombre de Dios, quien quiere un acercamiento por el camino abierto por Cristo. El velo del templo se rasgó. Tenemos acceso directo al trono de la gracia. Cristo mismo fue tentado también y se compadece de nosotros. Él es el único abogado que nos hace falta; el único mediador (Hebreos 4:14-16; 1 Timoteo 2:5). Nos invita a acercarnos confiadamente a Dios (1 Juan 2:1,2; Hebreos 7:25; 10:19-22).

Orar a los santos, a los ángeles o a la virgen es quitarle a Dios el honor que le pertenece. Si la persona consigue así lo que desea, tiende a agradecérselo a los santos y no a Dios.

⇨ La Iglesia Católica Romana ha enseñado que deben venerarse las imágenes de Cristo, de la virgen y de los santos. Esta honra se extiende a los cuadros, las cruces y crucifijos, las medallas, los escapularios y las reliquias.

Dios prohíbe terminantemente hacer imágenes para honrarlas o venerarlas. Tan fuerte es esta prohibición escrita por el dedo de Dios en las tablas de la ley, que se ha omitido del catecismo. En la parte sobre los diez mandamientos, se ha dividido en dos el mandamiento noveno para que siempre fueran diez. En la Biblia católica, al igual que en la protestante, esta prohibición es el segundo de los diez mandamientos, en Éxodo 20:4,5.

"No te harás imagen, ni ninguna semejanza de lo que esté arriba en el cielo . . .", incluye las imágenes de Cristo, de María, y de todos los santos que están en el cielo con Cristo ahora. Los católicos responden que no adoran las imágenes o los cuadros, solamente los veneran. Pero Dios mismo escribió: "No te inclinarás a ellas ni las honrarás." Las flores, las velas, las procesiones, los besos, las oraciones de rodillas ante las imágenes, las promesas que se les hacen, la oración por su protección, las fiestas en su honor, las joyas que se les consagran, ¿qué son todas esas cosas sino una idolatría en desobediencia abierta al segundo mandamiento?

⇨ Se acostumbraba a prometer ciertos méritos espirituales o indulgencias a los que visitaban el templo de cierto santo, encendían velas ante su cuadro o imagen, o celebraban una fiesta en su honor.

Desde mediados del siglo veinte un avivamiento y la lectura de la Biblia han traído muchos cambios al catolicismo. Muchas iglesias han quitado las imágenes de los templos, enseñando que se debe orar directamente a Dios.

El lugar de la virgen María

⇨ Se le ha asignado a la virgen María un lugar intermedio entre los santos y Dios, como la principal entre los santos y la madre de Dios (culto de hiperdulía). Se enseña que María es la madre de Dios, reina del cielo, abogada nuestra, nacida milagrosamente por la inmaculada concepción, siempre virgen sin mancha de pecado original, defensora nuestra ante su Hijo, esposa de Dios, mediadora de toda la gracia, corredentora de la humanidad y madre de la Iglesia. Después de su muerte, resucitó, y Dios la llevó corporalmente al cielo para hacerla reina de hombres y ángeles.

Ninguno de los apóstoles ni de los padres primitivos de la iglesia dicen nada de esto. Surgieron estas enseñanzas de la amalgama de religiones que empezó bajo Constantino. Se inventaron para que María llegara a ser reina del cielo. Algunos de los grandes hombres de la iglesia, tales como Nestorio y Anastasio, las combatieron vigorosamente, pero las creencias persistieron como tradición de la iglesia. Por fin, en el año 1854, se aprobó como dogma oficial la doctrina de la Inmaculada Concepción de María, y en 1950 se promulgó como dogma la doctrina de su Asunción. Aunque estas doctrinas se debatieron en la iglesia por milenio y medio antes de su aceptación oficial, desde el momento de hacerse dogmas, su aceptación ha sido obligatoria para todo católico romano.

¿Y cómo pudiera María ser la madre de Dios? Nuestro Señor Jesucristo es Dios hecho carne. La virgen María, bienaventurada entre todas las mujeres, fue escogida por Dios para ser la madre de la naturaleza humana de Cristo. Fue madre de su cuerpo físico, pero no pudo ser madre de su deidad. Cristo, la segunda persona de la Santísima Trinidad, es eterno. Como Dios, siempre ha existido. No es lógico hablar de María como la madre de Dios. Colosenses 1:16; Juan 1:1-3; 8:57,58 hablan de la preexistencia de Cristo, y prueban que nadie puede ser madre de su deidad.

Muchos dirigentes protestaron enérgicamente el empleo de este título, diciendo que era incorrecto. Pero por fin se dio aprobación oficial a su uso.

⇨ La doctrina de la inmaculada concepción enseña que María fue concebida sin pecado y nació sin mancha de pecado original.

La Biblia no enseña esto. La propia María no lo creía, porque menciona su Salvador (Lucas 1:47). No se enseñó esta doctrina hasta más de doscientos años después de su muerte, y se demoró hasta el año 1054 para aceptarla como dogma.

⇨ Se enseña que María fue siempre virgen. José, su esposo, lo era sólo de nombre, para ser su protector. Los llamados hermanos de Jesús eran primos hermanos, pues María no tuvo otros hijos.

Para los evangélicos es de poca importancia si María tuvo o no otros hijos. Sin embargo, no deshonramos a María al creer lo que parece indicar la Biblia, que ella tuvo otros hijos. La Biblia enseña que el matrimonio es honroso (Hebreos 13:4).

Mateo 1:24,25 parece enseñar claramente que después del nacimiento de Jesús, José y María llevaron la vida normal de cualquier matrimonio. Si no tuvieron hijos, la palabra "primo-génito" es por demás en este texto. No se habla del hijo mayor de una familia si no hay más de uno.

Mateo 12:46 habla de los hermanos de Jesús. En Mateo 13:55,56 el pueblo da los nombres de sus cuatro hermanos varones. Parece extraño que citara los nombres de unos primos, cuando se estaba tratando de identificar al Señor con sus familiares inmediatos (Marcos 6:3; Juan 2:12; 7:3,5,10; Hechos 1:14; 1 Corintios 9:5; Gálatas 1:19). La mención de los hermanos de Cristo en compañía de María nos fortalece en la creencia de que eran los hijos de ella y no sus sobrinos (Marcos 3:31,32).

⇨ Se presenta a María como mediadora para la humanidad. En el Ave María se reza: "Santa María, madre de Dios, ruega por nosotros los pecadores, ahora y en la hora de nuestra muerte. Amén." En el rosario, se rezan diez avemarías por cada padre-nuestro, poniendo así más importancia sobre la abogacía de María que sobre la forma de oración que Cristo enseñó.

Tenemos tres motivos principales para no dirigirnos a Cristo o a Dios el Padre por medio de María como mediadora.

1. Es antibíblico. Cristo es el único Mediador (1 Timoteo 2:5).
2. Es inútil. Cristo enseñó, cuando aún estaba en la tierra, que María no tenía más privilegios o derechos que cualquiera que creyese en Él (Mateo 12:46-50; Lucas 11:27,28; Marcos 3:31-35).
3. Es innecesario. ¿Por qué andar con rodeos cuando tenemos la invitación de llegar directamente a Cristo? (Hebreos 4:15,16). Y ya que hemos nacido de nuevo, tenemos derecho a ir directamente a nuestro Padre celestial en oración (Lucas 11:1,2).

La Biblia

⇨ La Iglesia Católica cree en la inspiración divina de la Santa Biblia. Pero dice: "Las verdades reveladas por Cristo están contenidas parte en la Biblia y parte en la tradición eclesiástica." Pone a la Iglesia como la autoridad suprema para la fe y la conducta de sus miembros. Como la Iglesia ha determinado qué libros aceptar en el canon de la Biblia y qué libros rechazar como no inspirados, le atribuye mayor autoridad que a la misma Biblia. Donde hay conflicto entre las tradiciones eclesiásticas y la Biblia, generalmente se acomoda la interpretación de la Biblia de tal manera que esté de acuerdo con las tradiciones, o por lo menos no dé la impresión de contradecirlas.

La iglesia evangélica pone a la Biblia, y no a la iglesia, como la autoridad suprema para la fe y la conducta de sus miembros. Debe vivir en obediencia a la Palabra de Dios. Donde hay conflicto entre ella y las tradiciones eclesiásticas, rechaza éstas y defiende aquella (Isaías 8:20; Mateo 15:3,6,9). Cuando una persona o una iglesia pone la tradición eclesiástica al mismo nivel de las Escrituras, está quebrantando el mandato divino de Deuteronomio 4:2, y corre el peligro de que caiga sobre ella el juicio pronunciado en Apocalipsis 22:18.

En la página siguiente se presenta un cuadro del desarrollo doctrinal en la Iglesia Católica Romana. Muestra lo desastroso de poner el criterio de la iglesia por encima de la autoridad de la

Biblia. Algunas de esas doctrinas se discutieron durante varios siglos antes de ser declaradas artículos de fe. Algunas fueron afirmadas en un concilio y reafirmadas en otros, pudiéndose escoger entre dos o más fechas.

⇨ Los católicos creen que su Biblia es la verdadera y la Biblia protestante está incompleta. Dicen: "La Iglesia Católica Romana es la depositaria de la Palabra divina, y de ella se recibieron las Sagradas Escrituras."

La Biblia vino de la Iglesia apostólica primitiva antes que se formara la Iglesia Católica. Pertenece a todo el cristianismo, que tiene la misión de entregarla al mundo entero. El Vaticano tiene algunos manuscritos muy antiguos, pero hay otros.

Fechas clave en el desarrollo doctrinal	
Año d.C.	
381	Organización del culto a María.
593	Introducción de la doctrina del purgatorio.
608	Comienzo del papado.
787	Culto a imágenes y reliquias.
1000	Canonización de los santos.
1100	Culto a los santos y a los ángeles.
1100	Sacrificio de la misa.
1100	Pago por las misas.
1123	Celibato del sacerdocio declarado obligatorio.
1160	Los siete sacramentos.
1190	Venta de indulgencias.
1215	La transubstanciación.
1215	Confesión auricular declarada artículo de fe.
1229	Prohibido que los laicos lean la Biblia.
1303	No hay salvación fuera de la Iglesia Católica Romana.
1439	Purgatorio declarado artículo de fe.
1546	La tradición tiene la misma autoridad que la Biblia.
1854	La inmaculada concepción de María.
1870	La infalibilidad del papa al hablar ex cátedra.
1950	La asunción de María.

Se han traducido las versiones protestantes directamente de los idiomas originales (hebreo y griego) al idioma del pueblo. Algunas versiones católicas son traducciones de la versión latina llamada Vulgata, que fue tomada de los idiomas originales. Es más fácil conservar el significado del mensaje traduciéndolo directamente de los manuscritos originales al idioma del pueblo. Algunas versiones católicas más nuevas son traducciones directas de los idiomas originales. Y en algunas han colaborado católicos y protestantes en la traducción.

Basta comparar las versiones católicas y protestantes para darse cuenta de que la Biblia es la misma. La única diferencia esencial está en: 1) los comentarios que se incluyen en algunas versiones, y 2) los libros apócrifos en algunas Biblias católicas.

⇨ Algunas versiones católicas incluyen en la Biblia los libros apócrifos, o "deuterocanónicos", es decir, del segundo canon.

Estos libros no fueron reconocidos como inspirados cuando se hizo el canon de la Biblia. Los protestantes no los incluyen en su Biblia por varios motivos:

1. Algunos de sus escritores niegan ser inspirados.
2. No tenían lugar en el canon del Antiguo Testamento.
3. Ninguno de los libros es citado por Cristo ni por los apóstoles.
4. Contienen doctrinas que contradicen las Sagradas Escrituras.
5. La propia Iglesia Católica no los aceptaba como inspirados antes del Concilio de Trento (1545-1546).
6. Contienen trivialidades que no concuerdan ni en su espíritu ni en sus puntos de vista con las grandes verdades bíblicas.

⇨ Algunos papas han prohibido al pueblo la lectura bíblica. Otros la han recomendado. Ahora se recomienda, pero el lector no está en libertad de interpretarla en el sentido que le parezca más lógico. Se dice: "Las Sagradas Escrituras deben interpretarse por la Iglesia. Si se les dejara a los laicos, probablemente interpretarían erróneamente algún pasaje."

Con respecto a la incapacidad del pueblo para entender la Biblia, ¿a quiénes fueron dirigidos los mensajes de los profetas y la mayoría de los discursos de Jesús que tenemos en la Biblia? Al pueblo común, y en un lenguaje sencillo. ¿Por qué no los ha de entender el pueblo común en la actualidad?

Dios les mandó a los israelitas enseñar las Escrituras a sus hijos en su casa (Deuteronomio 6:6-8). ¿Por qué no las han de comprender nuestros hijos en el siglo veinte?

En tiempos bíblicos se recomendaba la lectura de las Escrituras. La entrada de la Palabra iluminaba la mente. No era peligroso para la iglesia. ¿Por qué ha de serlo ahora si la iglesia se basa en las Escrituras? (Hechos 17:11; Juan 5:39; Josué 1:8; 1 Pedro 2:2; Juan 16:13; Salmo 1:1-3; 19:7-10; 119:105,130; Mateo 22:29; 2 Timoteo 3:15-17). Nos hacemos eco de las palabras del apóstol Juan: "Bienaventurado el que lee" (Apocalipsis 1:3).

La Iglesia

➪ "La iglesia Católica Romana es la única iglesia santa y apostólica; es la iglesia universal y fuera de ella no hay salvación", decían los católicos en el pasado, pero ya reconocen a otros cristianos como "hermanos separados".

La verdadera iglesia universal se compone de todos los que han nacido de nuevo, es decir, los que han creído en Cristo como su Salvador (Juan 3:3,16; 17:3,24; 1 Corintios 12:13).

➪ Creen que Cristo fundó la iglesia sobre Pedro. Pedro recibió de Cristo las llaves del reino de Dios, con lo que se convirtió en el vicario de Cristo, su representante en la tierra y jefe supremo del cristianismo. Pedro fundó la iglesia de Roma y le entregó a su sucesor el poder de las llaves. Desde entonces una sucesión divinamente ordenada de papas ha recibido y transmitido la autoridad que Cristo le dio a Pedro.

La iglesia está fundamentada en la confesión de Pedro: "Tú eres el Cristo, el Hijo del Dios viviente" (Mateo 16:16,18). Sobre esta verdad, esta fe en Jesucristo el Hijo de Dios, el Señor edifica su iglesia universal. En el versículo 18 hay un juego de palabras. El nombre de Pedro en griego es *Petros*, que quiere decir piedra pequeña. En cambio, *petra* es la palabra para peña, roca grande. Cristo dijo: "Tú eres *Petros*, y sobre esta *petra* (refiriéndose a la confesión de Pedro) edificaré mi iglesia." "Tú eres una piedra pequeña y sobre esta peña grande (que acabas de señalar en tu confesión de fe) edificaré mi iglesia."

Pedro comprendió que él no era la peña sobre la cual se edificaría la iglesia. Explica en su primera epístola que Cristo es la peña, el fundamento de la iglesia. Todos los cristianos son piedras vivas que son edificadas sobre Él como casa espiritual (1 Pedro 2:4-8). De esta misma forma lo entendía también el apóstol Pablo (1 Corintios 3:11; Efesios 2:20-22).

No hay pruebas de que Pedro haya estado en Roma. Algunos creen que su saludo desde "la iglesia en Babilonia" en 1 Pedro 5:13 pudiera referirse a Roma. Sin embargo, cuando Pablo les escribe a los creyentes de Roma, no menciona a Pedro entre todos los saludos que envía, algo raro si Pedro era pastor de aquella iglesia.

Durante los primeros siglos de la era cristiana, las iglesias de Jerusalén, Alejandría, Antioquía y Constantinopla eran tan importantes como la de Roma. La sede de la iglesia madre fue Jerusalén, y no Roma, y el pastor de la iglesia de Jerusalén era Jacobo, y no Pedro (Gálatas 2:9,12).

Ya hemos visto cómo se originó la doctrina de la sucesión papal. Al principio, la iglesia de Roma gozaba de cierto prestigio por estar en la capital del imperio. Contaba con el apoyo personal del emperador. Pero cuando la capital pasó a Constantinopla, había que buscar otra base para la autoridad del obispo romano sobre las demás iglesias. Así surgió la doctrina de la sucesión de autoridad por línea directa desde Pedro.

Pedro nunca reclamó para sí ningún título o puesto especial. No se consideraba el jefe supremo de la iglesia, ni permitió que la gente se postrara ante él (Hechos 10:25,26). No profesó tener poder para perdonar los pecados (Hechos 8:22). Era enviado por otros a predicar (Hechos 8:14). Exhortaba en contra de una actitud autoritaria de parte de los pastores hacia su grey, recordándoles que Cristo es el Príncipe de los pastores, el sumo pastor (1 Pedro 5:1-4). El papa reclama para sí un título que Pedro nunca se atrevió a arrogarse.

Los otros dirigentes de la Iglesia primitiva no trataban a Pedro como si fuera la cabeza infalible del mundo cristiano. Pablo lo reprendió públicamente (Gálatas 2:11-16). Consideraban que Pedro era una columna de la iglesia, pero no su fundamento, ni su única columna (Gálatas 2:8-10). Pablo no se consideraba inferior a él (2 Corintios 11:5). El concilio de Jerusalén fue presidido por Jacobo, y no por Pedro (Hechos 15:13-19).

Hay mucha discusión sobre el significado de las llaves del reino de los cielos entregadas a Pedro según el texto de Mateo 16:19. Un comentario señala que las llaves eran la divisa de los rabinos, los maestros de la ley. Lucas 11:52 se refiere a esto. Estas llaves serían entonces las del conocimiento. Es cierto que a Pedro le correspondió usar las llaves de la enseñanza para abrirles las puertas de entrada al reino de los cielos a millares de judíos en el día de Pentecostés. Más tarde, en la casa de Cornelio, su enseñanza del evangelio abrió el reino de los cielos al mundo gentil (Hechos 2:14-36; 10:25-47).

Otra interpretación es que las llaves (la autoridad) se refieren a la administración de la iglesia. Pedro, junto con los demás apóstoles, tuvo parte importante en ella.

Muchos creen que el pasaje se refiere al ministerio en el poder del Espíritu Santo. Por la oración de fe, Pedro ligaría en la tierra las fuerzas demoniacas del príncipe de las potestades del aire, y desataría en la tierra a los cautivos de esas fuerzas satánicas. Dios obraría con él, confirmando la Palabra con las señales que seguirían. Cristo habló de ligar y desligar con respecto a su propio ministerio de sanar a los enfermos y de echar fuera a los demonios (Lucas 13:16; Mateo 12:28,29).

Cristo enseñó claramente que la autoridad de las llaves no era sólo para Pedro, ya que se les dio a todos los discípulos cuando le habló a todo el grupo (Mateo 18:18). Todos tenían la autoridad de atar y desatar. En los versículos 19 y 20 aparece el significado de este lenguaje simbólico y Cristo extiende este derecho a todos los creyentes. Donde dos o tres se unan en su nombre, Él estará presente para hacer maravillas.

La infalibilidad papal

⇨ Se enseña que el papa es infalible en lo que dice ex cátedra. Lo que dice oficialmente sobre cualquier doctrina o práctica es tan inspirado por Dios e infalible como las mismas Escrituras.

Durante siglos algunos enseñaban esta doctrina y otros la rechazaban. En 1870 fue declarada dogma, creencia obligatoria.

Como no hay base bíblica para el papado, tampoco la hay para su infalibilidad. Mirando la historia de la iglesia, vemos dos cosas que refutan esta doctrina:

1. Ciertos papas han contradicho lo enseñado por otros. Algunos han prohibido la lectura de la Biblia terminantemente diciendo que es peligrosa; otros la han recomendado para todos.
2. Algunas opiniones doctrinales pronunciadas por los papas contradicen las Escrituras. En tal caso, el papa es el que se equivoca, y no la Biblia.

El sacerdocio

⇨ La Iglesia Católica ha convertido a sus sacerdotes en mediadores entre Dios y el hombre. Hay que confesarles los pecados, y de ellos se recibe el perdón.

Todo ministro de Dios, y aun todo creyente en Cristo, tiene ciertas responsabilidades de interceder por otros en oración. En un sentido espiritual, ejercemos un sacerdocio de intercesión (Apocalipsis 1:5,6). La Biblia nos exhorta a confesar nuestras ofensas unos a otros y orar los unos por los otros (Santiago 5:16). Pero es Dios quien perdona los pecados, y Jesucristo es el único mediador entre Dios y los hombres, según 1 Timoteo 2:5. Nos invita a llegarnos directamente a Él (Mateo 11:27,28), nuestro Sacerdote (1 Juan 2:1). Su sangre nos ha conseguido el acceso a la presencia misma de Dios (Hebreos 4:14-16; 10:18-22).

Los apóstoles nunca fueron nombrados como sacerdotes. Cristo nos advirtió del peligro de que los dirigentes espirituales se convirtieran en jefes deseosos de títulos y de poder. Llegó a prohibir que le dieran a un hombre el título de "padre" que reclamaban para sí los rabinos de su tiempo (Mateo 23:8-12).

⇨ Se dice: "El sacerdote debe proceder con la debida intención mientras realiza sus tareas, o de lo contrario su servicio no será eficiente. Si viviera en pecado, pero actuara con la debida intención, sus actos sacerdotales seguirían siendo eficaces."

El libro de Hebreos nos enseña que el sacerdocio imperfecto de los hombres desapareció para dar lugar al sacerdocio perfecto de Cristo. Este sacerdocio no ha fracasado, y por tanto no tenemos que recurrir al sacerdocio de hombres débiles e imperfectos (Hebreos 7:11,12,16-28; 8:1-6; 4:14-5:10). Ni la rectitud de intención ni la obra misma de nuestro Sacerdote pueden fallar.

⇨ En 1123 d.C. se estableció como norma oficial de la Iglesia Católica que sus sacerdotes no debían casarse.

Esa prohibición no está en la Biblia. Los sacerdotes del Antiguo Testamento eran casados y el puesto pasaba de padre a hijo. En la iglesia apostólica, los pastores (obispos o ancianos) también eran casados (1 Timoteo 3:2,4,5; Tito 1:5,6). Dios mismo instituyó el matrimonio antes de la caída y afirmó que no era bueno que el hombre estuviera solo (Génesis 2:18-24; 1:27,28). Se debe honrar el matrimonio y no violarlo (Hebreos 13:4).

La prohibición de casarse se halla en la lista de "doctrinas de demonios" en 1 Timoteo 4:1-3. Tal prohibición ha contribuido a mucha inmoralidad de parte del clero. Pablo enseña que es mejor casarse que estar tentado continuamente, aunque es cierto que las responsabilidades familiares pueden limitar el tiempo disponible para la obra de Dios (1 Corintios 7:1,2,9).

ASPECTOS DE LA SALVACIÓN

El pecado y su remedio

⇨ Los pecados, según los católicos, se dividen en dos categorías: mortales y veniales. Los mortales, que son más graves, no pueden ser expiados por el sufrimiento o las obras buenas. El que haya cometido uno de ellos y no consiga su perdón mediante los sacramentos y disposiciones de la Iglesia Católica, sufrirá en el infierno por toda la eternidad.

La Biblia no hace esta distinción entre los pecados. Además, enseña que es la sangre de Cristo la que nos limpia de todo pecado, y no los sufrimientos o las obras del hombre, ni tampoco los sacramentos de la Iglesia (1 Juan 1:7,9).

⇨ Se enseña que los católicos que mueren sin haber dado satisfacción por sus pecados veniales irán al purgatorio, lugar de tormento. Mediante sus sufrimientos en ese lugar purgan sus pecados. Cuando se haya completado el castigo, irán al cielo.

No hay en la Biblia tal enseñanza. Es contraria a la doctrina bíblica de la salvación durante la vida de la persona por fe en el Señor Jesucristo y en su obra expiatoria. Él dijo "Consumado es" al morir en sacrificio por nuestros pecados (Juan 19:30). "La sangre de Jesucristo, su Hijo, nos limpia de todo pecado" (1 Juan 1:7). Él es el único que nos limpia de toda maldad (1 Juan 1:9). No hay necesidad de ir a otro lugar después de la muerte para purgar los pecados, o completar la obra redentora de Cristo.

Dios es misericordioso y amplio en perdonar todas nuestras iniquidades (Isaías 55:7; Salmo 103:3). "Ninguna condenación hay para los que están en Cristo Jesús" (Romanos 8:1). Estar ausente del cuerpo es estar presente con el Señor (2 Corintios 5:8).

Los católicos citan Mateo 5:26: "No saldrás de allí hasta que pagues el último cuadrante." Pero aquí Jesús hablaba de la cárcel literal y no de la vida futura. Léase el contexto.

⇨ Mediante ciertas obras meritorias se puede conseguir una indulgencia. Ésta rebaja el número de días de castigo que uno debe sufrir en satisfacción por sus pecados, ya sea en este mundo o en el purgatorio. El sufragio es una indulgencia que se consigue a favor de una persona fallecida, para acortar el tiempo que tiene que pasar en el purgatorio.

Así como toda la doctrina del purgatorio es antibíblica en su concepto de Dios y de la salvación, también lo es la doctrina de las indulgencias, que se deriva de ella. Todo se basa en un concepto pagano de méritos que se pueden comprar, y de un Dios severo que libera a las almas de sus tormentos por el dinero pagado por misas e indulgencias, y no por misericordia.

La venta de indulgencias fue uno de los males que provocaron la protesta de Lutero y precipitaron la Reforma. Tetzel, el representante del papa, aseguraba que tan pronto el dinero sonara en su cofre, saldría del purgatorio el alma de la persona a cuyo favor se compraba la indulgencia.

⇨ Los parientes y amigos pueden pagar por misas para acortar el tiempo que las almas tienen que pasar en el purgatorio.

Hace algunos años se pidió a todos los católicos que rezaran por el alma de cierto papa que había fallecido hacía cincuenta años. Se celebraban misas para sacarlo del purgatorio. Uno se pregunta: "Si después de cincuenta años tantos millones de personas no han logrado sacar del purgatorio con sus rezos al propio representante de Cristo en la tierra, ¿qué esperanzas hay para un simple pecador?"

Hoy es el día de salvación. Si una persona muere sin salvación, no hay forma de mejorar su suerte. Ninguno puede dar rescate por su hermano (Salmo 49:7; 2 Corintios 6:2; Hebreos 2:3).[1]

El sacrificio de la misa: la transubstanciación

⇨ Se enseña que en la misa se ofrece a Jesucristo a diario en los altares como sacrificio propiciatorio a Dios por los vivos y los muertos. Cuando el sacerdote bendice el pan (la hostia) y el vino, se transforman verdaderamente en el cuerpo y la sangre del Señor. Esta es la doctrina de la transubstanciación: Cristo es sacrificado de nuevo, en un sacrificio no cruento, que se considera una continuación de su sacrificio en la cruz.

Hebreos 9:12,24-28; 10:10-14 dice que el sacrificio de Cristo fue realizado de una vez por todas. Él ya no vuelve a morir (Romanos 6:9). Está en los cielos, y no puede ser sacrificado cada día en miles de altares (Filipenses 2:8,9; Hechos 2:33-36).

En el año 1215 la iglesia adoptó la idea de que el vino y el pan se convertían en el cuerpo y la sangre de Cristo. Pero cuando Jesús dijo "Esto es mi cuerpo" (Lucas 22:19), su cuerpo físico estaba

1 Véase *Catolicismo Romano*, por Hugo P. Jeter, pp. 98-108.

presente en medio de ellos. Es evidente que hablaba en lenguaje figurado, ya que no tenía dos cuerpos: uno en la mesa y el otro que todos veían. Su mensaje era: "Lo que el pan es para el cuerpo, lo soy yo para el alma." Hablaba en el mismo sentido figurado cuando dijo: "Yo soy la puerta; yo soy la vid; yo soy la luz; yo soy el camino." No quería decir que fuera una puerta de madera, o una cepa de uvas con raíces y hojas, en un sentido literal.[1]

Hay que recordar que Cristo instituyó la celebración de la Santa Cena como memorial de su muerte, que sustituiría la cena memorial de la Pascua. El pueblo de Dios comía el cordero pascual para recordar que había sido liberado de la esclavitud de Egipto. Ahora habría de comer el pan y tomar el vino en memoria de su liberación del pecado. Anteriormente recordaba el sacrificio del cordero para librar a los primogénitos del ángel destructor. Ahora debía recordar la muerte del Cordero de Dios, que libra de la muerte eterna. El pueblo comió la carne del cordero en la primera Pascua para tener fuerza para salir de viaje con destino a la tierra prometida, y los cristianos tienen que alimentarse de Cristo para obtener en Él la fuerza espiritual que necesitan en su viaje rumbo al cielo (1 Corintios 5:7).

El mismo hecho de que la doctrina de la transubstanciación haya sido adoptada en el siglo trece hace evidente que no formaba parte de las creencias de la Iglesia primitiva.

La confesión auricular

⇨ En la Iglesia Católica, para recibir el perdón de los pecados, se deben confesar todos los pecados de acción, palabra o pensamiento. Si la persona no recuerda o oculta parte de ellos, se invalida la absolución que le da el confesor. Para ayudarle a vencer la timidez y hacer una confesión completa, el confesor debe preguntarle si ha hecho, dicho o pensado tal o cuál cosa.

Lejos de limpiar la conciencia, estas preguntas sirven muchas veces para despertar la curiosidad de los inocentes y encaminarlos hacia la inmoralidad y la perdición.

---

1 Ibid., pp. 34-43.

Sus efectos en el mismo confesor son lamentables. Por su propio testimonio se sabe que muchos sacerdotes que habían dedicado su vida a Dios con el sincero deseo de servirle, han terminado por horrorizarse y desilusionarse al comprender su responsabilidad en la confesión auricular.

De la confesión auricular se derivan consecuencias tan serias que se oye decir: "Yo soy católico, apostólico y romano, pero jamás voy a permitir que mi esposa y mis hijos vayan a confesarse." Por sus frutos negativos, sabemos que este sistema no ha sido dispuesto por Dios (Mateo 7:20).

La absolución divina no depende de que hagamos una relación completa de nuestras faltas. El publicano solamente oró: "Dios, sé propicio a mí, pecador", y recibió el perdón (Lucas 18:13,14). No tenemos que remover el fango en busca de pecados ya olvidados: Dios conoce todos sus tristes detalles. Basta que reconozcamos nuestra maldad con un arrepentimiento sincero. Si acudimos directamente a Dios, Él nos perdona y nos da una mente limpia.

Dios no quiere que se hable tan siquiera de las torpezas del pecado; mucho menos que se insinúen en mentes inocentes en nombre de la religión (Efesios 5:3,12).

La Biblia dice que debemos confesar nuestras ofensas los unos a los otros y orar los unos por los otros, pero esto no tiene nada que ver con el sistema que se sigue en la confesión auricular, ni el ambiente en medio del cual se desarrolla (Santiago 5:16).

Debemos confesar nuestra ofensa ante aquel a quien hayamos ofendido; hay que reconocer las faltas y reparar el mal que hayan causado. Quien le robe un pan al panadero, no podrá conseguir que lo perdone el carnicero, por mucho que se lo suplique. Si hemos ofendido a un ser humano, es a este ser humano al que debemos confesarle nuestra culpa y pedirle perdón (Mateo 5:23,24). Igualmente, si hemos ofendido a Dios, es a Él a quien le hemos de confesar nuestro pecado, y sólo Él nos lo podrá perdonar (Proverbios 28:13; Salmo 32:5; 1 Juan 1:9).

La absolución

⇨ Se enseña que Dios les dio a los apóstoles y a sus sucesores, los obispos y sacerdotes, la autoridad de perdonar los pecados, según Juan 20:23.

En los grandes discursos y las epístolas que los apóstoles han escrito sobre la salvación, no nos dan ni la más mínima idea de que ésta se pueda conseguir por la confesión de los pecados a un sacerdote para que él nos dé la absolución, o sea, el perdón de los pecados.

Sólo Dios puede perdonar los pecados. ¿Cómo entendieron los discípulos las palabras de Cristo en Juan 20:23? La multitud, compungida de corazón en el día de Pentecostés, les preguntó a Pedro y a los apóstoles: "Hermanos, ¿qué haremos?" En aquel momento, ¿qué respondió Pedro? ¿Acaso dijo: "Confiésense con nosotros y los absolveremos?" Al contrario, les dijo: "Arrepentíos, y bautícese cada uno de vosotros en el nombre de Jesucristo para perdón de los pecados." El método que empleó para ofrecerles la remisión de sus pecados fue señalarles el camino del arrepentimiento y la fe en Jesucristo (Hechos 2:37,38).

El carcelero de Filipos clamó: "¿Qué debo hacer para ser salvo?" ¿Lo perdonó Pablo? De ninguna manera. Le dijo: "Cree en el Señor Jesucristo y serás salvo" (Hechos 16:30,31).

La explicación de la salvación, la predicación, la invitación y la oración intercesora todos toman parte en llevar al pecador a Dios para obtener el perdón de los pecados, pero es Dios quien perdona (Santiago 5:14,15; 1 Juan 5:16; Hechos 8:22; Salmo 32:5).

Para poner en libertad a los cautivos de Satanás, y para el perdón de los que se han rebelado contra Dios, somos embajadores de Cristo con el ministerio de la reconciliación (2 Corintios 5:18-20). Cumplamos con la Gran Comisión de ir y predicar el evangelio a toda criatura: los que acepten el mensaje tendrán la remisión de sus pecados (Marcos 16:15,16).

Los siete sacramentos

⇨ Los católicos creen que la salvación se obtiene con el uso de los sacramentos y las disposiciones de la iglesia. Un sacramento es una señal externa de una realidad interna que simboliza y produce al mismo tiempo; imparte la gracia de Dios al alma. Son siete en total: el bautismo, la confirmación, la eucaristía, la penitencia, la unción de los enfermos, el matrimonio y el orden sacerdotal. Los primeros cinco se consideran fundamentales en la vida, y el bautismo, esencial para la salvación.

Jesús no consideró necesario ninguno de estos medios de gracia para la salvación del ladrón penitente que estaba crucificado junto a Él (Lucas 23:42,43). Pablo no se los citó al carcelero que quería saber cómo ser salvo (Hechos 16:31).

⇨ Se cree que mediante el bautismo, administrado generalmente a los infantes y a los niños por aspersión, la persona recibe la gracia de la regeneración, es lavada del pecado original y perdonada de cualquier pecado mortal o venial que haya cometido hasta aquel momento. Ya es miembro de la iglesia e hijo de Dios.

Los evangélicos creemos que el bautismo no regenera, sino que es un testimonio de la regeneración ya efectuada en el alma por el Espíritu Santo. El lavamiento del cuerpo simboliza el lavamiento del alma, que debe ser anterior al bautismo. La sepultura en agua (en el bautismo por inmersión), es testimonio de que la persona ya ha muerto con Cristo para la vida antigua. Su salida del agua significa que se levanta con el Cristo resucitado para andar en novedad de vida, según Pablo lo explica en Romanos 6:2-5.

Hay que creer el evangelio y arrepentirse del pecado primero, para después dar fe de la nueva vida mediante el bautismo en agua. Este es el orden que Cristo estableció sobre el bautismo, y es el que los discípulos observaban. Un infante no puede creer el evangelio, ni arrepentirse (Marcos 16:16; Hechos 2:38; 8:36-38). La persona debe dar prueba de su arrepentimiento mediante un cambio en su vida, antes de ser bautizada (Lucas 3:7,8).

⇨ Hay la creencia, no oficial en la actualidad, de que los niños que mueren sin ser bautizados van al limbo, un lugar de más bendición que la tierra y menos que el cielo.

En la Biblia no se menciona tal lugar. Según lo que dice Jesús, parece que los niños ocupan un lugar apropiado en el reino de los cielos "porque de los tales es el reino de Dios" (Lucas 18:16). Los niños inocentes sufren muchas veces en este mundo por los pecados de los padres. No serán excluidos de la presencia de Dios porque sus padres hayan descuidado el cumplimiento de sus deberes de tipo religioso (Ezequiel 18:20).

⇨ En la confirmación, el obispo hace la señal de la cruz en la frente de la persona, la unge con aceite, le da una palmadita en la mejilla y le impone las manos. La unción simboliza el bautismo del Espíritu Santo; la palmada (opcional) simboliza la madurez cristiana y las pruebas con las que se enfrentan todos los cristianos como soldados de Cristo.

Sólo hacemos constar que la unción con aceite no imparte el bautismo del Espíritu Santo. Esta experiencia llega al cristiano mediante un encuentro personal con Dios, y sus efectos se ven de inmediato en la vida espiritual. ¡Ojalá alcanzaran la realidad y no sólo el símbolo!

⇨ Después que el sacerdote ha realizado la consagración del pan y del vino en la misa, la persona recibe la hostia (el pan consagrado). Actualmente en algunas iglesias puede recibir también el vino. Al comer la hostia, recibe el cuerpo y la sangre de Cristo. En este acto le son perdonados los pecados veniales, pero esto no quiere decir necesariamente que no tenga que sufrir el castigo correspondiente a ellos.

La Biblia enseña que la Santa Cena nos quedó como memorial o recordatorio de la muerte del Señor, y no como un medio a través del cual podamos alcanzar el perdón de los pecados.

⇨ La persona que ha cometido algún pecado mortal después del bautismo debe hacer una confesión completa al sacerdote. Éste le indicará cierta penitencia, alguna acción meritoria que debe hacer para demostrar la sinceridad de su arrepentimiento. Puede ser rezar cierto número de padrenuestros (Mateo 6:9-13) o avemarías, o afligirse el cuerpo para purificar el alma.

La palabra griega traducida "haced penitencia" en algunas versiones católicas de la Biblia, se traduce "arrepentíos" en otras y en todas las versiones protestantes. Dios busca un sincero cambio de actitud hacia el pecado: el pesar de haberlo ofendido y la firme resolución de abandonar el pecado. Este es el arrepentimiento. Muchísimas veces, después de "hacer penitencia", los penitentes vuelven a los mismos pecados sin dar indicación alguna de un verdadero arrepentimiento de corazón.

La idea de obtener el favor de Dios castigando el cuerpo se encuentra en muchas religiones paganas. No tiene lugar en el cristianismo, porque Cristo ya sufrió el castigo de nuestros pecados. Además, Dios nos ama. Lo que Él busca no es la aflicción del cuerpo en la penitencia, sino el arrepentimiento del corazón y la fe en el sacrificio que Cristo hizo en lugar nuestro.

Muchas personas piadosas pasan noches de rodillas, laceran el cuerpo con púas, se flagelan, hacen largas peregrinaciones, caminan de rodillas, ayunan y hacen muchas otras cosas para obtener el favor de Dios. No saben que las bendiciones de Dios no se obtienen ni con sufrimientos ni con buenas obras. Somos justificados por la fe, no por obras para que nadie se gloríe (Efesios 2:8,9; Gálatas 3:11).

Mientras uno no crea que Dios lo ha perdonado y siga castigándose, no tendrá paz. De esta manera deshonra a Dios, porque muestra que no cree en su promesa, ni cree que el sacrificio de Cristo sea suficiente, sin que el culpable también tenga que sufrir. Pero una vez que acepte el perdón, creyendo en la promesa, alcanzará la paz con Dios y consigo mismo, y se establecerá una gozosa comunión con Él (Romanos 5:1).

⇨ Los católicos citan 1 Corintios 5:5 al hablar sobre la destrucción de la carne para que el alma sea salva.

Un estudio del contexto muestra claramente que no se trata de la penitencia en este caso. Es incorrecto el concepto de que el cuerpo es malo y tiene que ser castigado. El cuerpo del cristiano renacido es templo del Espíritu Santo y se somete al espíritu. El sacrificio vivo del cuerpo consiste en servir al Señor, y no en imponerse aflicciones (Romanos 12:1,2; 1 Corintios 6:19,20).

⇨ En el sacramento de la extremaunción, el sacerdote unge con aceite al moribundo en los párpados, las orejas, la nariz, los labios, la ingle, las manos y los pies. Esto es para que el Señor le perdone los pecados o faltas que haya cometido por la vista, el oído, el olfato, el gusto, el tacto o los pies.

El ungir con aceite (símbolo del Espíritu Santo) y orar por los enfermos para que Dios los sane es práctica bíblica (Santiago 5:14,15). El rito de la extremaunción en sí no puede quitar el pecado. Sólo pudiera ayudar al moribundo a encomendar su alma a Dios, pero en la Biblia vemos que para esto no es necesaria la extremaunción (Hechos 7:59). En los tiempos bíblicos, el mismo cristiano encomendaba su propia alma a Dios (1 Pedro 4:19).

La seguridad de la salvación

➪ Los católicos dicen que nadie puede saber hasta el momento de su muerte si es salvo o no. Si uno está "en pecado mortal", debe confesarlo antes que le sorprenda la muerte. Muchos creen que las buenas obras contrapesan con las malas y así es imposible saber hasta el día del juicio cuál es el saldo.

La Biblia enseña que la salvación es por gracia y no por obras (Romanos 11:6; Tito 3:5). Las obras se toman en cuenta para la recompensa recibida en la vida futura, y no para la salvación (Mateo 16:27; Apocalipsis 22:12).

Obtenemos la salvación cuando aceptamos lo que Cristo ha hecho a nuestro favor y confiamos en Él como nuestro Salvador y Señor. No hay por qué estar en dudas sobre ella. "El que cree en el Hijo tiene vida eterna" (Juan 3:36). Juan escribió una epístola a fin de librar a los cristianos de cualquier duda sobre su salvación, "para que sepáis que tenéis vida eterna" (1 Juan 5:13).

Tenemos el testimonio externo y fidedigno de la Palabra de Dios, además del testimonio interno del Espíritu Santo. Él nos da a conocer que somos hijos de Dios, y nos guía al goce de los privilegios de esa condición de hijos (Romanos 8:14-16).

EL TRATO CON LOS CATÓLICOS

Recordemos que muchos católicos aman sinceramente a Dios y han dedicado su vida a servirle. Millares de religiosos y religiosas abnegados se hallan en hospitales y escuelas alrededor del mundo sirviendo a la humanidad por amor a Cristo. Merecen nuestro respeto por su sinceridad y consagración. Aunque la iglesia se ha deteriorado doctrinalmente a través de los siglos, ha habido en ella grandes hombres de Dios que han luchado por la verdad.

En vez de atacar las doctrinas falsas, empecemos donde haya puntos similares de partida. Creen en: 1) la Santísima Trinidad, 2) la inspiración divina de la Biblia, 3) la encarnación de Jesucristo, su muerte expiatoria, su resurrección, ascensión y regreso en gloria, 4) la realidad del pecado, la expiación y la salvación, 5) el juicio futuro, el cielo y el infierno, 6) el bautismo en agua y la Santa Cena, 7) la obediencia a la Palabra de Dios, 8) la reverencia por las cosas divinas, 9) la oración, 10) el poder de Dios manifiesto en milagros hoy.

Tenemos prácticamente la misma Biblia. Si es posible, usemos una Biblia católica con ellos. La versión Nácar-Colunga es muy buena. Es bueno que lean la verdad en su propia Biblia.

Hagamos resaltar el amor de Dios hacia ellos. Él no es indiferente a sus problemas y necesidades. En vez de discutir sobre si los santos nos pueden oír o no, hagamos ver el gran privilegio que tenemos de ir directamente a Dios en oración. Nuestro testimonio personal y nuestra propia vida de oración los convencerán mejor que todas las discusiones.

Ellos pueden citar como ejemplo la necesidad de presentarse ante un secretario antes de poder dirigirse a un personaje como el presidente de la república. Es bueno hacerles ver que el hijo del presidente puede ir directamente a su padre, así como nosotros vamos directamente a nuestro Padre celestial. ¡Qué dolor sentiría un padre amante si sus hijos tuvieran tan poca confianza en él que nunca se atrevieran a hablarle! ¿Será menos el dolor de nuestro Padre celestial al ver que sus hijos siempre buscan a otros que le presenten sus necesidades y le hablen a su favor?

Procuremos conseguir que oren con nosotros. Cuanto más sensibles sean a Cristo en la oración, tanto más el Espíritu Santo los iluminará para que vean y acepten la verdad. Una vez que estén en comunión con el Dios vivo y verdadero, les será fácil dejar a un lado las imágenes.

Insistamos también en el privilegio que tenemos los nacidos de nuevo de saber que somos salvos por la fe en Cristo, y no por nuestras obras. No tenemos necesidad ninguna de vivir en un constante temor al infierno o al purgatorio.

A muchos católicos se les ha dicho que los protestantes desprecian a María. Podemos explicarles que creemos que María fue honrada por Dios sobre todas las mujeres al ser escogida para ser la madre del Señor. Todos le debemos nuestra gratitud por el cuidado que le dio a nuestro Salvador durante los años de su infancia. No discutamos el punto de si tuvo otros hijos o no.

Si no tienen Biblia, sería bueno prestarles un Evangelio según San Lucas o un Nuevo Testamento para que lean por su propia cuenta la historia de María y del Señor Jesús. ¿Quieren honrarla? No hay mejor manera que guardar el único mandato que ella nos dejó: "Haced todo lo que él os dijere" (Juan 2:5). Y Él dijo: "Arrepentíos y creed en el evangelio" (Marcos 1:15).

Con frecuencia los católicos dicen que el uso de los cuadros y las imágenes es sencillamente como el tener un retrato. Una esposa o una novia tiene el retrato del amado ausente y a veces lo besa. Podemos mencionar que Cristo está con nosotros siempre. ¿Qué haría el esposo, estando presente, si la esposa hiciera caso omiso de él y se pasara todo el tiempo mirando y besando su retrato? Seguramente se lo quitaría. Del mismo modo, Cristo desea que le hablemos a Él y lo adoremos en espíritu y en verdad, en vez de poner flores o velas a un "retrato".

Algunos evangélicos ponen mucho énfasis en "romper los santos". Procuran que desde un principio la gente que se interesa en el evangelio les entregue sus cuadros e imágenes para destruirlos. Recordemos que nada se consigue con persuadir a la gente para que abandone a los dioses falsos, a menos que acepte al Dios verdadero. Nada se logra con que quiten los cuadros de las paredes, si todavía los tienen entronizados en el corazón. Por lo general, apenas empiezan a buscar a Dios con sinceridad, se dan cuenta de que las imágenes son impotentes e inútiles.

A veces los nuevos convertidos tienen miedo de quitar las imágenes. Hay que orar por ellos para que Dios los libre de este temor e ilumine al obrero o al pastor que los atiende, para que los ayude a ver la verdad y a deshacerse de toda idolatría. Es práctico tener bonitos textos de pared, que sirvan de adorno y testimonio, además de reemplazar los cuadros destruidos.

La señorita Alicia Luce, en su libro *Probad los espíritus*, recomienda ciertos pasos y textos para el trato con católicos:

1. Guiarlos a tener confianza en Dios, y a creer en lo que Él dice (Juan 5:24; Judas 24; 1 Juan 5:13; Hechos 10:43).

2. Enseñarles que hay que nacer de nuevo y que el bautismo en agua no es la regeneración, sino un símbolo de ella (Juan 3:3; 2 Corintios 5:17; Hechos 8:13,18-24; Gálatas 6:15).

3. Mostrarles en qué consiste realmente el arrepentimiento: en reconocer el pecado, sentir pena por él y abandonarlo por completo (Isaías 55:7; Proverbios 28:13).

4. Enseñarles que pueden ser perdonados ahora, y que Cristo quiere salvarlos (Hechos 13:38,39; Efesios 1:7; Isaías 1:18).

5. Demostrarles que pueden saber que son salvos, desde el momento en que acepten a Jesús (Juan 5:24; 1 Juan 5:13).

AVISOS EN EL CAMINO

La historia de la Iglesia Católica sirve para amonestarnos con respecto a ciertas tendencias peligrosas para cualquier iglesia. La primera es el decaimiento espiritual en la pendiente peligrosa de la popularidad. La recepción de personas no convertidas como miembros de la iglesia fue la que lanzó a la Iglesia Católica Romana hacia el paganismo. Cuidado con acomodar el mensaje a los miembros, en vez de transformar a los miembros con el mensaje.

El sistema de aceptar la tradición de la iglesia como doctrina oficial no se limita al catolicismo. Muchos predicadores han puesto más énfasis en los pormenores de las costumbres que en las enseñanzas fundamentales de la Palabra de Dios. Cristo culpó a los fariseos por tal cosa diciendo: "Habéis invalidado el mandamiento de Dios por vuestra tradición . . . enseñando como doctrinas, mandamientos de hombres" (Mateo 15:6,9).

Cristo es el único camino. No puede ser "Cristo y las buenas obras" o "Cristo y las normas de la iglesia". Tengámoslo presente siempre. Somos justificados únicamente por la fe en Cristo. Por medio de Él "acerquémonos, pues, confiadamente al trono de la gracia, para alcanzar misericordia y hallar gracia para el oportuno socorro" (Hebreos 4:16).

PREGUNTAS Y ACTIVIDADES

1. Asigne la investigación e informe en clase sobre algunos de estos temas: los albigenses y valdenses, Juan Hus, Juan Wycliffe, Savonarola, Martín Lutero y la Reforma, la Inquisición, los jesuitas, el catolicismo romano en América Latina, el Concilio Vaticano II, el movimiento ecuménico, reformas en el catolicismo, el matrimonio mixto entre protestante y católico, el avivamiento carismático entre los católicos.

2. Proyecte una película sobre Martín Lutero.

3. Asigne a parejas de alumnos las principales doctrinas católicas. Cada pareja hará un trabajo de investigación, y en la clase, uno hará el papel de un católico y el otro dirá lo que dice la Biblia respecto a la doctrina.

4. ¿Cómo es el sistema de mediación por santos y sacerdotes resultado del concepto de la naturaleza de Dios?

5. Subraye en su Biblia y aprenda de memoria por lo menos tres textos en contra de venerar a las imágenes.

6. Cite tres razones para no buscar la mediación de María.

7. Explique la diferencia fundamental entre los evangélicos y los católicos respecto a la autoridad de las Sagradas Escrituras.

8. ¿Por qué no tenemos los libros apócrifos en nuestra Biblia?

9. Conversen sobre la misión que se le da a la Trinidad y la que se les da a María y a los santos en el catolicismo que conocen.

10. ¿Cuáles son los "santos" más populares en su país o región? ¿Qué se cree de ellos y de sus poderes?

11. Nombre los siete sacramentos.

12. Compare la confianza que imparte el evangelio, con la creencia católica respecto a la seguridad de la salvación.

13. Se pudiera invitar a alguien convertido del catolicismo y bien versado en sus doctrinas y prácticas para que hable a la clase.

14. Dramaticen una obra de evangelismo personal con un católico romano, primero cómo no se debe hacerlo, luego un método mejor.

15. Citen nueve puntos en que estamos de acuerdo con los católicos en la doctrina o en la práctica.

16. Los que han sido católicos pueden testificar. ¿Qué los atrajo? ¿Cómo se convencieron de la verdad del evangelio?

17. Relátense algunas experiencias en la evangelización de los católicos. ¿Podían haber hecho las cosas mejor? ¿De qué forma?

Capítulo 5

EL ESPIRITISMO ANTIGUO Y MODERNO

Religión: El espiritismo.

Organización y naturaleza: Hay muchas ramas distintas que practican el ocultismo, el consultar a los espíritus (incluso a los de los muertos). La Asamblea General Internacional de Espiritistas procura unificar diversas organizaciones y grupos independientes. Pero el espiritismo también se practica en otras iglesias y organizaciones (como las del movimiento de la Nueva Era) que no se llaman espiritistas.

Origen: Es imposible citar la fecha del origen del espiritismo. Desde tiempos antiguos se practicaba en varias partes del mundo. Se observa a través de los tiempos bíblicos. Se practica desde tiempos remotos en varias formas del animismo en muchas tribus. La forma moderna en Norteamérica tuvo su origen en 1848.

Autoridad: Las revelaciones recibidas de los espíritus a través de los médiums. En la forma moderna, los escritos de A. J. Davis, A. Conan Doyle, Allan Kardec y otros.

Teología: Se adapta según el ambiente donde se encuentre, desde el animismo de pueblos primitivos o el misticismo oriental hasta formas que se llaman cristianas. Puede ser politeísta (cree en muchos dioses), panteísta (cree que Dios es todo lo que existe) o monoteísta (cree en un solo Dios).

Atracción especial: El supuesto conocimiento de la vida de ultratumba. La oferta de consuelo en la comunicación con los familiares difuntos. Sanidad para los enfermos. Revelación del futuro y dirección para la vida. Poder sobrenatural. Venganza contra los enemigos mediante los hechizos.

ASPECTOS HISTÓRICOS

"No sea hallado en ti quien haga pasar a su hijo o su hija por el fuego, ni quien practique adivinación, ni agorero, ni sortílego, ni hechicero, ni encantador, ni adivino, ni mago, ni quien consulte a los muertos" (Deuteronomio 18:10-12).

Origen

El texto antes citado nos da un resumen de lo que es el espiritismo y nos hace ver que es muy antiguo. En la época de Moisés estaba muy desarrollado. Esas prácticas siguieron a través de los siglos. Con la extensión del cristianismo se vio menos espiritismo, pero el ocultismo siguió como base de algunas de las religiones orientales. En el Nuevo Mundo, dondequiera que se imponía la religión cristiana como obligación, la mayor parte de las tribus conquistadas retenía sus antiguas creencias y las unía a la religión cristiana.

La idolatría honraba a los demonios con quienes el pueblo se comunicaba. Moisés dijo: "Sacrificaron a los demonios, y no a Dios; a dioses que no habían temido vuestros padres" (Deuteronomio 32:17). Véanse Salmo 106:37 y 1 Corintios 10:20.

Los espiritistas creen que los espíritus con los cuales se comunican son almas de los muertos. En cambio, la Biblia nos hace saber que son espíritus engañadores, o sea demonios que se hacen pasar por los difuntos para apartar a los hombres de Dios y tenerlos bajo su propio control.

1 Timoteo 4:1 nos hace comprender que el resurgimiento del espiritismo y su crecimiento increíble en el siglo veinte es el cumplimiento de una de las señales de los últimos tiempos.

Desarrollo multiforme

Las muchas formas del espiritismo hoy son consecuencia de su facilidad de adaptarse al ambiente religioso y cultural donde se encuentra. Formaba parte de las religiones antiguas de Egipto, Babilonia, India y China y del animismo en varios continentes. La teosofía, el yoga y el movimiento de la Nueva Era contienen un espiritismo nacido del misticismo oriental.

En Haití se ve el vuduísmo violento y primitivo traído por los esclavos desde las selvas africanas. En Cuba hay una gran variedad, desde la hechicería de los santeros hasta la forma refinada que pretende trabajar por obra del Espíritu Santo y se cree cristiana. Tanto en esta nación como en muchas otras partes de América Latina, el espiritismo se ha adaptado al catolicismo romano y emplea en sus ritos la cruz y las imágenes de los santos y de la virgen María. En Brasil está muy arraigado y extendido el espiritismo. Se ha convertido en la fuerza predominante en la amalgama entre el animismo africano y el catolicismo. Mientras tanto, en Guyana se manifiesta en el culto a las sirenas. Estas, según su creencia, habitan en los ríos y en el mar.

A pesar de tener fuentes tan antiguas, el espiritismo de los Estados Unidos afirma que tuvo su origen en el año 1848. Esta fecha corresponde a un período de gran apostasía e incredulidad. Sin embargo, el alma humana siempre busca contacto con alguna realidad espiritual, alguna manifestación sobrenatural de poder.

En 1847, A. J. Davis publicó un libro llamado *Las revelaciones divinas de la naturaleza*. Contenía los fundamentos y la filosofía del espiritismo moderno, y preparó el terreno de tal forma, que Davis es reconocido como el "Juan Bautista del espiritismo".

Pero el honor de ser las escogidas de los espíritus para dar principio a esta nueva "dispensación" que empezó en 1848, les corresponde a dos niñas, Margarita y Kate Fox. Su hogar de Hydesville, Nueva York, es considerado como el "Belén" del espiritismo moderno.

Se dice que las hermanitas Fox desarrollaron un sistema para comunicarse con un duende que frecuentaba la casa paterna. Le hacían preguntas y el espíritu les contestaba mediante golpecitos de acuerdo con el sistema telegráfico que habían ideado. Según confesaron públicamente y por escrito cuarenta años más tarde, todo empezó como una broma. Las niñas mismas hacían los golpecitos e inventaban los mensajes del "espíritu de un asesinado" que frecuentaba la casa. Pero una hermana mayor se unió con ellas en el engaño y las amenazaba cuando querían revelar el secreto. La popularidad de estas "manifestaciones del mundo espiritual" aumentó tanto que las hermanas se encontraron atrapadas en su propio fraude. Confesarlo hubiera sido exponerse a la ira de la multitud de personas engañadas por ellas. Por tanto, aquí tenemos el extraño caso de las muy veneradas fundadoras de una religión moderna que no creían en ella.[1]

Pareciera que su confesión pública sería un golpe mortal para el espiritismo, pero para entonces se había hecho tan fuerte que no había cómo detenerlo. Había empezado como una broma, pero se había transformado en un engaño peor que el original; ahora los espíritus engañadores se les manifestaban verdaderamente a los que se rendían al control demoniaco.

Mientras tanto, gran número de personas miraba todo el asunto como un entretenimiento muy divertido. En sus fiestas se ponían a mover mesas con el poder de la mente, o consultaban a los espíritus con las "tablas de espiritista". Para esto apoyaban los dedos sobre una tablita y hacían una pregunta. La tablita se movía hacia las letras en una tabla mayor hasta deletrear la respuesta.

Algunos que al principio sólo buscaban en el espiritismo un entretenimiento, se convencieron de que eran ciertas las manifestaciones de los espíritus.

La primera guerra mundial le dio gran impulso a la práctica de consultar a los difuntos. Los familiares de los soldados muertos buscaban consuelo en el espiritismo. En sus sesiones oían una voz que les parecía la del finado que les hablaba por los labios del médium. La voz se refería a sucesos conocidos por los parientes, pero desconocidos por el médium. Cuando se le preguntaba por la vida de ultratumba, contestaba que todo era muy bonito y que los espíritus gozaban de armonía y felicidad.

Al aumentar la popularidad del espiritismo, se comenzaron a publicar libros para los que querían aprender a comunicarse con los espíritus, rendirse a su control y desarrollar así sus facultades de médium. En la América Latina son fundamentales los escritos de Allan Kardec. Los libros de dos novelistas populares, Arthur Conan Doyle y Stewart Edward White, dieron un impulso tremendo a la extensión del espiritismo.

En 1893 se organizó en Chicago la Asociación Nacional Espiritista, la más fuerte de las organizaciones de esta religión en los Estados Unidos. Tiene un seminario para la preparación

---

1 A. Milsom, *¿Sombra o sustancia?*, pp. 59,69.

de sus ministros y también da cursos por correspondencia. A fin de fomentar la unidad del movimiento, se organizó en 1936 un cuerpo cooperativo llamado Asamblea General Internacional de Espiritistas. Esto no nos da el cuadro completo de la fuerza del espiritismo, porque numerosos grupos no pertenecen a ninguna organización, y millares de personas que son miembros de otros grupos religiosos también practican el espiritismo.

Varias cosas han llevado a millones de norteamericanos a comunicarse con los espíritus a un nivel personal. El estar drogado ha puesto a muchos bajo la influencia de espíritus engañadores. El yoga y la meditación trascendental que se fomentan en muchas escuelas como medio de librar de la tensión nerviosa producen "un estado alterado de conciencia" en el cual la mente está dispuesta a comunicarse con los espíritus.

LAS MANIFESTACIONES DEL ESPIRITISMO

Alicia Luce, en su libro *Probad los espíritus*, menciona siete formas de espiritismo mencionadas en la Biblia. Veamos en ellas cómo la práctica actual de esa religión diabólica se asemeja a la práctica de los tiempos bíblicos.

La adivinación y la pronosticación

La adivinación y pronosticación consisten en predecir sucesos futuros o descubrir cosas secretas. Puede ser por comunicación directa con seres espirituales, o mediante señales o agüeros.

En Génesis 44:5, el siervo de José menciona una copa para adivinar. Algunos médiums usan hoy un vaso de agua o una bola de cristal en los cuales dicen ver revelados los sucesos futuros.

1 Samuel 28:8 y Hechos 16:16-19 hablan de un espíritu de adivinación que operaba a través de una persona. Eso es idéntico a las manifestaciones de los espíritus en los médiums de hoy.

Oseas 4:12 habla de la consulta a los ídolos y las respuestas. Esto sucede ahora en el trabajo de los santeros y espiritistas.

Ezequiel 21:21 cuenta cómo el rey de Babilonia practicaba la adivinación: sacudiendo saetas, consultando a ídolos y mirando el hígado de un ave sacrificada. Hoy también se mira el hígado del ave sacrificada.

Otras formas modernas de adivinación son las de tirar las barajas para ver cómo caen (cartomancia), "leer" las hojas de té en el fondo de la taza, usar la tabla espiritista, y leer la suerte en la palma de la mano del cliente (la quiromancia).

La astrología, aunque no conectada con el espiritismo, presenta otra forma de adivinación o pronosticación. Sirve al mismo fin diabólico de apartar al hombre de la dirección divina para ponerlo bajo el control de otros consejos. Millares no se atreven a emprender ningún negocio sin antes consultar su horóscopo para ese día. En cambio, la vida de los cristianos es dirigida por un Padre amante y no es juguete de las influencias astrales.

La curiosidad humana lleva a muchos a consultar sobre su suerte, pero recordemos que la Biblia condena severamente la adivinación y la pronosticación. Dios las prohíbe y las clasifica entre las prácticas paganas abominables para Él (Levítico 19:26,31; 20:22,23,26,27). El castigo para esas prácticas era la muerte.

La necromancia

La necromancia se representa como comunicación con los muertos y la revelación por este medio de misterios y sucesos del futuro. También se llama "nigromancia", que significa "magia negra".

Lo que ocurrió en la visita de Saúl a la adivina de Endor es tema de gran controversia. Los espiritistas toman este caso en 1 Samuel 28:3-20 como aprobación divina para las consultas a los muertos y prueba de que los muertos se presentan realmente.

Algunos comentaristas evangélicos creen que el espíritu que se presentó no era Samuel, sino una personificación de él. Se basan en la prohibición de Dios sobre la comunicación con los muertos. Otros creen que la mujer estaba acostumbrada a tratar con los espíritus engañadores, pero en esta ocasión, para gran sorpresa suya, Dios envió al mismo Samuel. Atribuyen el miedo de la adivina a que esta manifestación era diferente a las usuales. Creen que Samuel se presentó, no porque la adivina tuviera poder para hacerlo venir, sino porque Dios le iba a dar a Saúl un último mensaje para mostrarle que ni la necromancia podía ayudarlo, porque se había rebelado contra Él.

Cualquiera que sea el caso, lo cierto es que Dios prohíbe y condena la necromancia (Deuteronomio 18:10-12; Isaías 8:19). El colmo de los pecados de Saúl fue este acto de consultar a una médium en vez de arrepentirse y buscar a Dios. Eso le acarreó el juicio divino (1 Crónicas 10:13,14).

En los tiempos actuales la necromancia toma varias formas. A veces el médium es el único que ve al espíritu que se presenta, como en el caso de Samuel y Saúl. En este caso es él quien recibe el mensaje y se lo transmite al cliente. La descripción que hace de la persona y la naturaleza del mensaje lo convencen de lo genuino de la aparición.

En otros casos, hay una materialización, o sea, el espíritu se presenta en forma visible para todos los presentes. Algunas de estas materializaciones se atribuyen a lo que llaman ectoplasma, "la sustancia de vida espiritual", que sale de la boca o de otra parte del cuerpo del médium y toma una forma nebulosa parecida a la de la persona fallecida a quien se consulta.

A veces ni el médium ni el cliente ven al espíritu, pero éste toma posesión del médium y habla a través de él.

La ventriloquia

La ventriloquia es el arte de modificar la voz de manera que parezca venir de lejos, imitando la de otras personas o diversos sonidos. Se practica legítimamente en el mundo del espectáculo. Ha servido también a algunos charlatanes o farsantes en el espiritismo para explotar a su clientela.

Sin embargo, respecto a las manifestaciones de los espíritus este vocablo se refiere a la rendición de la lengua y las cuerdas vocales a un espíritu (Isaías 8:19; 29:4).

A veces el médium cae en un trance, o estado hipnótico, y está totalmente inconsciente de lo que sucede mientras el espíritu toma control de sus labios, lengua y cuerdas vocales y conversa con los que han pedido la consulta. La voz es idéntica a la del difunto a quien el espíritu representa y afirma ser. Lo que dice revela un conocimiento íntimo de toda la vida de esta persona, que el médium no puede haber tenido.

A veces las propias facciones del médium parecen transformarse hasta presentar la misma apariencia y expresión del difunto. Los clientes quedan convencidos de que están conversando en realidad con sus seres queridos. Varios ex médiums después de su conversión al evangelio han relatado cómo los demonios personifican así a los difuntos.

Leemos en el Nuevo Testamento sobre demonios que tomaban posesión de las personas y hablaban a través de ellas cosas que se hallaban más allá del conocimiento del poseso (Hechos 16:16-18; Marcos 5:2-12). Un estudio de los pasajes bíblicos que tratan de los demonios nos convence de que son los espíritus que operan a través de los médiums y se hacen pasar por difuntos.

Los hombres pueden registrar en forma permanente los hechos contemporáneos a fin de referirse a ellos en el futuro. Pueden hacerlo con su memoria o mediante registros escritos, filmados o grabados en cinta magnética. ¿Acaso no podrán hacer cosa semejante los seres inteligentes que pueblan la esfera espiritual que nos rodea? ¿No podrán consultar sus propios archivos, cualquiera que sea su sistema, para realizar el trabajo que su jefe les encomienda?

Con frecuencia los espíritus se presentan como personajes que lograron el éxito en otra época y ahora se ponen a disposición de la persona para aconsejarla en su especialidad. A lo mejor, un comerciante está muy contento porque un "economista europeo del siglo diecinueve" le da consejos sobre sus negocios. Millares de enfermos acuden a los médiums para recibir el diagnóstico de su mal y una prescripción médica de parte del "control espiritual", que afirma haber sido un gran médico en la vida anterior.

Repetidas veces los "mensajes de ultratumba" que aconsejan la inversión de todo el dinero del cliente en determinado negocio han tenido origen en un complot entre el médium y un cómplice para estafar a la persona. Algunas de las predicciones son acertadas, y algunos de los mensajes vienen realmente de los demonios y no de un farsante. Pero aun así, son incontables las veces en que el fiel cumplimiento de estos consejos ha producido solamente la desilusión, el desengaño y el desastre.

Los demonios son espíritus engañadores. Antiguamente hablaban mentiras por medio de los profetas falsos. Continúan esta actividad en la actualidad, y es una de las señales profetizadas como características de los últimos días (1 Reyes 22:12,19-23; 1 Timoteo 4:1). Dios permite que los espíritus mentirosos engañen a los que no quieren recibir la verdad (2 Tesalonicenses 2:9-12).

En su Palabra, le advierte claramente a su pueblo que no crea a todo espíritu (1 Juan 4:1-3).

La magia

El diccionario establece una diferencia entre la magia blanca y la magia negra. Llama blanca a la que hace uso de medios naturales, y negra a la que se practica mediante un pacto con el diablo. Es decir, la magia blanca viene a ser el conjunto de artimañas de los prestidigitadores y cosas por el estilo para entretener al público, mientras que la negra es la nigromancia.

Sin embargo, entre los espiritistas, se le da el nombre de magia blanca a la que se usa para ayudar a las personas, y el de magia negra a la que se emplea para hacerles daño. En este caso, ambas consisten en un trabajo hecho bajo el control de los espíritus. Según ellos, los "espíritus de luz" hacen trabajos buenos a través de los médiums, mientras que los "espíritus oscuros" ejecutan el mal, poniendo maldiciones sobre las personas.

La magia se practicaba en las religiones paganas de los tiempos bíblicos. Recordemos cómo los magos de Faraón imitaron los milagros de Moisés (Éxodo 7:11). También había magos en la época de José (Génesis 41:8; véase también Daniel 4:7; Hechos 8:9-24; 13:6-12; 19:19). La Biblia usa las palabras "encantadores" y "hechiceros" como sinónimos de "magos". Se ve por estos pasajes que la magia está en pleno conflicto con Dios. Al convertirse los que habían practicado la magia en la ciudad de Éfeso, quemaron sus libros sobre este arte diabólico para que no cayeran en manos de otras personas, aunque pudieran haberlos vendido por un alto precio. Esto debe servir de advertencia para el día de hoy: las artes mágicas y el evangelio no pueden mezclarse, aunque haya médiums que utilicen la Biblia en sus sesiones.

Entre las prácticas mágicas de la actualidad, se encuentra la "levitación", que consiste en hacer que un cuerpo flote suspendido en el aire. Esto se hace con mesas y otros objetos o con el cuerpo de una persona en estado hipnótico. La "transportación" es parecida: se traslada la persona o el objeto de una parte a otra por el aire.

El caminar con los pies desnudos sobre brasas encendidas o tomarlas entre las manos sin quemarse, el traspasarse varias partes del cuerpo con cuchillos o lancetas sin derramar una gota de sangre y otros prodigios semejantes — realizados por la persona poseída por un espíritu — convencen a los espectadores de que hay un poder real en la esfera espiritual que va más allá de los trucos o la superstición.

La hechicería y la brujería

La Real Academia define *hechizar*: "Según la credulidad del vulgo, privar a uno a otro de la salud o de la vida, trastornarle el juicio o causarle algún daño en virtud del pacto hecho con el diablo y de ciertas confesiones y prácticas supersticiosas."

Ya hemos visto varios textos bíblicos sobre la hechicería. Esta era castigada con la muerte en Israel. El Nuevo Testamento enseña que no hay lugar en el cielo para los hechiceros (a menos que se arrepientan, como los de Éfeso, antes que sea tarde). Su lugar está en el lago de fuego (Éxodo 22:18; Apocalipsis 21:8; 22:15).

La brujería se ve como la forma más baja del espiritismo; trabaja con espíritus malvados, "oscuros", que sólo quieren hacerles daño a los seres humanos. No obstante, una parte de la hechicería puede consistir en combatir a los espíritus malos y despojar a las víctimas de la brujería, o sea librarlas de los malos efectos producidos por sus encantamientos o hechizos.

Sin embargo, las palabras "hechicería" y "brujería" se emplean indistintamente por lo general.

Hay muchos tipos de hechizos. ¡Cuántas señoritas acuden al hechicero, o a la hechicera, para conseguir por sus encantamientos el amor de determinado joven! ¡Y cuántas mujeres abandonadas por sus esposos van en busca de una venganza sobre "la otra mujer" que les ha quitado el marido!

A veces el brujo trabaja con un muñequito que representa al enemigo del cliente, metiéndole alfileres en las partes del cuerpo que deben ser afectadas por la maldición. Otras veces emplea el retrato de la persona, alguna prenda de ropa o cualquier objeto que tenga que ver con ella, como recortes de uñas o de cabello. En esos casos hace sus encantamientos sobre esos objetos. En cambio, otros preparan sus brujerías con sangre, centavos de cobre, pañuelos rojos, el cuello y las plumas de un pollo, y cosas por el estilo, mandando tirarlas delante de la puerta de la persona que debe ser víctima del hechizo.

Algunos espiritistas trabajan con crucifijos, imágenes o estampas de santos y vírgenes, junto con toda clase de confecciones heredadas del animismo o del vuduísmo. Hay tal mezcla en el simbolismo y en la actividad vengativa atribuida a ciertos "santos", que en estos ambientes no se puede discernir dónde termina el catolicismo y dónde empieza la hechicería.

UNA IMITACIÓN DE LA OBRA DE DIOS

Desde tiempos inmemoriales Satanás se ha dedicado a imitar la obra de Dios. El Señor quiere comunicarse con su pueblo por medio del Espíritu Santo y darle la dirección que necesita. La iglesia es el cuerpo de Cristo, y cada miembro debe estar bajo el control del Espíritu Santo, el Espíritu de vida, para poder seguir haciendo en el mundo las obras que Cristo empezó cuando estaba en la tierra. El poder del Espíritu se manifiesta a través de los cristianos en la operación de sus dones, para la edificación de la iglesia y para traer bendición a la humanidad.

A su vez, Satanás, el adversario imitador, organiza su propia "iglesia", un cuerpo a través del cual pueda obrar el espíritu diabólico. Imita la obra de Dios por medio de espíritus engañadores. Falsifica los dones del Espíritu Santo. Aparenta dar bendiciones, pero se tornan en maldición y tragedia. Hasta señala en la Biblia los textos referentes a la obra legítima de Dios para defender la falsificación que él ofrece.

Todo esto tiene un efecto doble: 1) Hace que algunos caigan en el espiritismo, y 2) ahuyenta a otros de las manifestaciones genuinas del poder de Dios, porque las confunden con las imitaciones satánicas.

Imitación de los dones del Espíritu

Veamos cómo el diablo imita los dones del Espíritu Santo enumerados en 1 Corintios 12:1-12.

1. *Palabra de sabiduría.* Los espíritus dan consejos a través de los médiums.

2. *Palabra de ciencia.* Los espíritus revelan misterios y cosas ocultas. Algunos médiums reciben la facultad de diagnosticar la enfermedad del cliente.

3. *Fe*. Los adeptos tienen que ejercer fe en su "control" para desarrollar la facultad de médium y para hacer las maravillas que logran hacer. Por el ejercicio de su fe en los espíritus, los pueden ver, oír, sentir su toque, y recibir su dirección. Por fe caminan sobre las brasas y no se queman, son transportados por el aire y hacen otras cosas que parecen imposibles.

4. *Dones de sanidades*. Un ex médium que se convirtió y llegó a ser pastor evangélico relata que el espíritu que era su "control" le indicaba cuál era el problema de las personas que acudían a él y lo que tenían que hacer para efectuar la curación de su mal.

Muchos médiums practican la medicina bajo la dirección de espíritus que afirman haber sido médicos cuando vivían en la tierra. Algunos reciben dinero por estas obras. Otros dicen que es un don de Dios y no cobran nada en absoluto. Creen que están sanando a los enfermos por el poder del Espíritu Santo, y que de esta forma están cumpliendo con la voluntad de Dios.

5. *Milagros*. Ya hemos mencionado el triunfo sobre las leyes naturales mediante el poder espiritual.

6. *Profecía*. Así como el Espíritu Santo nos comunica el mensaje de Dios por labios de los cristianos que ejercen este don, los espíritus del reino de Satanás les transmiten a sus súbditos los mensajes de su máximo líder a través de los médiums espiritistas.

Hay una gran diversidad de espíritus. Los "espíritus oscuros" hablan obscenidades y terribles blasfemias contra Dios. Otros, como ángeles de luz, exhortan a una vida buena y bondadosa. Son tan expertos en imitar la obra de Dios que el apóstol Juan tuvo que advertirles a las iglesias: "Amados, no creáis a todo espíritu, sino probad los espíritus si son de Dios; porque muchos falsos profetas han salido por el mundo" (1 Juan 4:1).

7. *Discernimiento de espíritus*. Cuando Cristo estaba en el mundo, parte de su ministerio consistía en echar fuera a los demonios. Por el poder del Espíritu Santo, la iglesia sigue echándolos fuera (Marcos 16:17). Para esto, y para la protección de la iglesia contra los espíritus engañadores, Dios la ha provisto del don de discernimiento de espíritus, que es la capacidad para reconocer a los espíritus malignos.

El espiritismo antiguo y moderno 97

El espiritismo también practica el exorcismo, o sea, el acto de echar fuera a los espíritus malignos. Un ex médium que ahora predica el evangelio, cuenta las luchas que el espíritu que está en el médium sostiene con el espíritu maligno para destruir su poder. Al respecto, hace recordar la experiencia de los siete hijos de Esceva relatada en Hechos 19:13-16.

Podemos preguntarnos: "¿Cómo es posible que los demonios echen fuera a otros demonios?" Cristo mismo enseñó al respecto que una casa dividida contra sí misma no puede permanecer firme. Aunque el exorcismo espiritista puede librar a una persona de la posesión de determinado demonio (o demonios), no la libra del dominio de Satanás. Al contrario, la hace más que nunca esclava voluntaria del espiritismo. Desde ese momento, para conservar la salud debe ser leal a los espíritus que la han librado. Esta liberación es muy distinta de la de Cristo, ya que Él libra a la persona de la influencia y del dominio satánico.

En cuanto al discernimiento de espíritus en el sentido de percibirlos y conocerlos, esta capacidad está muy desarrollada en el espiritismo. Muchos médiums son videntes; es decir, pueden ver a los espíritus. Lo triste es que están engañados en cuanto a la identidad de los espíritus engañadores con quienes se comunican. Aun Satanás se disfraza de ángel de luz.

8. *Diversos géneros de lenguas.* A veces un médium habla en un idioma desconocido para él mientras está bajo el control del demonio. A veces el "control" habla el idioma de la tierra donde dice que ha vivido. Muchos brujos y hechiceros de origen africano hablan en otras lenguas cuando "se les sube el espíritu" o "el santo". Dicen por lo general que es un espíritu africano que habla un idioma africano mientras hace sus encantamientos.

Otros casos citados de esta manifestación incluyen el de un médium que trabajaba bajo el control de un espíritu que pretendía haber sido un médico francés. Hablaba perfectamente el francés y empleaba la terminología de la medicina. Todos sabían que el médium desconocía tanto el francés como la medicina. Se puede imaginar el efecto que esto tendría sobre un cliente que sabía francés y algo de medicina. Aunque los espiritistas toman estas manifestaciones como pruebas de su comunicación con los muertos, los evangélicos solamente las reconocemos como evidencias de que hay un poder espiritual que opera en el médium, pero creemos que el espíritu es un demonio y no un muerto.

Tales manifestaciones de lenguas satánicas confunden a muchos cristianos. Llegan a la conclusión de que todo don de lenguas procede del diablo. Se olvidan de que Satanás es el gran imitador de Dios. Según Pablo, entendemos que el poder del Espíritu Santo era señal para el incrédulo (1 Corintios 14:21,22). Así sucedió en el día de Pentecostés, cuando una serie de hombres de distintas naciones oyeron hablar en sus propios idiomas las alabanzas de Dios (Hechos 2:4-11). Esto los convenció de la realidad del poder sobrenatural que llenaba a los discípulos. Satanás, el imitador, emplea esta manifestación para convencer a los incrédulos de la realidad del poder que obra en el médium.

9. *Interpretación de lenguas.* A. Milsom cita casos en que los médiums ejercitan esa facultad.[1] Ocurre cuando ha habido un mensaje en otra lengua y después un espíritu da su significado a través del médium.

Sacrificios sangrientos

En el Antiguo Testamento vemos que Dios instituyó sacrificios de sangre para simbolizar el sacrificio de Cristo, quien habría de morir por los pecados del mundo.

Desde aquellos tiempos, el diablo ha incluido en el culto a los demonios los sacrificios sangrientos. Basta con subir por ciertos caminos a los cerros que rodean a la hermosa ciudad de Río de Janeiro. Llegará a un sitio donde encontrará una gran cantidad de cabos de velas, lazos rojos, manchas de sangre, cuchillos y restos de los sacrificios, tales como las patas y la cabeza de un cabrito.

Pregúnteles a los "devotos de Santa Bárbara" sobre los sacrificios sangrientos que ese dios africano disfrazado de santa católica les exige a sus fieles. En la película "Yo era brujo", se ve cómo en Guatemala también se hacen sacrificios de sangre para invocar el poder de los espíritus.[2]

1 A. Milsom, *¿Sombra o sustancia?*, p. 72.
2 Propiedad de la División de Misiones Foráneas de las Asambleas de Dios de los Estados Unidos.

El agua de purificación

Los judíos usaban con frecuencia el agua como purificación, para poner énfasis sobre la santidad de Dios y la necesidad de la limpieza física, moral y espiritual de los que se acercaban a Él.

En la imitación satánica llamada espiritismo, se le da mucha importancia al agua. Se ponen uno o más vasos de agua detrás de la puerta o en otros lugares para defensa contra espíritus malos que quisieran entrar. Se emplea agua en "el despojo" de una persona que es víctima de un hechizo. En algunos lugares, los espiritistas acostumbran echar agua a la calle cada mañana, pensando que así arrojan de la casa cualquier poder maligno que se hubiera infiltrado en ella. Algunos médiums ven la materialización del espíritu en un vaso de agua. Con frecuencia, el espiritista le responde al evangélico que le habla de la sanidad divina con las palabras: "Ah, sí; si se tiene fe, se puede sanar con cualquier cosa, aunque sea con un vaso de agua."

Escritos inspirados

Los espiritistas citan 1 Crónicas 28:19 en defensa de su práctica de escribir o dibujar con la mano movida por el "control espiritual" y no por su propia voluntad. Podemos decir que el carácter blasfemo de algunos de sus "escritos inspirados" muestra su origen, que no puede ser el Espíritu Santo.

LOS FRUTOS DEL ESPIRITISMO

Como los espiritistas "refinados" afirman que su religión procede de Dios, citan textos bíblicos y manifiestan poderes espirituales, vamos a aplicarles dos pruebas: el examen de sus frutos y el estudio de su doctrina.

1. *Colapso nervioso y mental.* Con respecto a las manifestaciones del Espíritu Santo, la Biblia dice: "Este es el reposo . . . este es el refrigerio" (Isaías 28:12). La bendición del Espíritu Santo sobre una persona le da refrigerio, reposo y renovación de sus fuerzas físicas. En cambio, después de una sesión espiritista, el médium se encuentra agotado física y mentalmente. Según el testimonio de varias personas que antes eran médiums, el sistema nervioso no soporta por mucho tiempo la tensión que se le impone, y una buena proporción de médiums sufren colapsos nerviosos y mentales. Más aun, los que suelen ceder sus fuerzas

mentales a los espíritus corren el peligro de caer en completa posesión de los demonios, de tal forma que pierdan totalmente su propio juicio. La locura es fruto muy común del espiritismo.

2. *Temor*. Cristo da su paz, pero el espiritismo llena a la persona de temores. Véase 2 Timoteo 1:7.

3. *Celos e inmoralidad*. Como al diablo le gusta destruir la felicidad humana, a veces los mensajes dirigidos a una mujer casada le aseguran que su esposo le es infiel, para sembrar la discordia en la familia. Otros recomiendan el amor libre, burlándose del carácter sagrado del matrimonio.

4. *Suicidio*. Se han cometido muchos suicidios como resultado de mensajes de los espíritus. El que imita al ser querido difunto, le asegura a la novia o a la viuda que la vida de ultratumba es bella y feliz. Lo único que le falta al difunto para colmar su felicidad es que se le una en ese paraíso la persona con quien habla. El resultado es un suicidio más.

DOCTRINAS DEL ESPIRITISMO

Las doctrinas de los diversos grupos son tan distintas que es imposible definirlas todas. En el "espiritismo sucio" de la magia negra se hace un pacto con el diablo y se hablan obscenidades contra Dios. Consideramos aquí las doctrinas de los grupos más "refinados" y la "Declaración de principios" adoptada por la Asociación Nacional de Iglesias Espiritistas.

La Biblia

⇨ No reconocen la Biblia como autoridad para la fe o doctrina. Basan su doctrina sobre las revelaciones. En la obra *El A.B.C. del espiritismo* preguntan: "¿Se basa en la Biblia el espiritismo?" y responden: "No. En lo que tiene de inspirada y cierta, la Biblia se basa en la mediumnidad y por consiguiente, el cristianismo y el espiritismo yacen sobre el mismo fundamento. El espiritismo no depende de ninguna revelación anterior para sus credenciales y pruebas."

Para los cristianos es pura blasfemia el acto de poner las revelaciones del espiritismo al mismo nivel de la Palabra infalible de Dios. Las muchas evidencias de la inspiración divina de la Biblia nos hacen aferrarnos a la "palabra profética más segura" que tenemos en ella, rechazando las revelaciones satánicas y espurias del espiritismo (2 Pedro 1:19-21).

Dios

⇨ El manual espiritista declara: "Creemos en una Inteligencia Infinita . . . Por esto expresamos nuestra creencia en un poder supremo, impersonal, presente en todo lugar, que se manifiesta como vida mediante todas las formas organizadas de la materia, y al que unos llaman Dios, otros Espíritu, y los espiritistas llaman Inteligencia Infinita."[1]

Los evangélicos creemos que Dios es un ser personal que posee una inteligencia infinita. Al hablar con sus criaturas, tal como hablaba con Abraham con respecto a Sodoma, al airarse por la idolatría de Israel, al amar al mundo tanto que envió a su Hijo a morir por los hombres, muestra ser un Dios personal. Nos ama. Se interesa por cada uno de nosotros. La Biblia lo prueba.

Russell Spittler dice: "Los espiritistas sustituyen al propio Dios por uno de sus atributos. Hacen caso omiso de todos los otros atributos. Luego le dan este atributo a toda la creación, haciendo que todo sea un poco divino. Esto es panteísmo, herejía."[2]

Jesucristo

⇨ Los espiritistas creen que Jesús fue el mejor maestro, ejemplo y médium que el mundo haya conocido jamás. Creen en la divinidad de Cristo en el mismo sentido en que creen en la divinidad de todo ser humano. No lo reconocen como divino en un sentido único. Creen que Jesús era uno más entre varios salvadores o cristos que han venido al mundo cada cierto tiempo, mediante cuyas enseñanzas y ejemplos los hombres han podido hallar su camino. En la lista están Buda, Mahoma y Confucio. Dicen que Jesús conocía todas las bases fundamentales del espiritismo y las practicaba.

Los cristianos creemos que Jesucristo es el unigénito Hijo de Dios, eterno y coexistente con el Padre, y el único mediador entre Dios y el hombre (1 Timoteo 2:5; Hechos 4:12), Él no consultaba

---

1 *Spiritualist Manual*, pp. 34,35, citado por Russell Spittler en *The Cults*, p. 26.
2 Para más detalles véase *Invasores de la cristiandad: El caos de las sectas*, por J.K. Van Baalen.

con los muertos. La mayor parte de sus milagros se hacían a plena luz, al aire libre, y no mediante la invocación a un "control". Jesús sólo oraba al Padre.

Los espiritistas niegan la verdad de todas las grandes enseñanzas de Jesús respecto al pecado, la redención, la resurrección y su segunda venida.

Si Él estaba equivocado en todas sus enseñanzas fundamentales, ¿cómo es posible que fuera "el mejor médium espiritista que el mundo haya conocido"?

Niegan la encarnación divina, la resurrección corporal de Cristo y su ascensión y regreso en forma personal. Dicen que Él resucitó sólo en espíritu y que ascendió a la sexta esfera espiritual. Su regreso ya tuvo lugar cuando hizo su aparición de iluminación espiritual.[1]

La base fundamental del evangelio es la divinidad de Jesucristo, su sacrificio vicario por nuestros pecados, su resurrección corporal de entre los muertos y su regreso visible para llevarnos al hogar que Él ha ido a preparar para los suyos (Juan 1:1-4,14; Mateo 1:18-23; Juan 3:14-21; Isaías 53:1-12; 1 Corintios 15:1-8,14-23; Juan 14:1-6; Lucas 24:36-48; Hechos 1:9-11; Mateo 24:23,27-31; 1 Tesalonicenses 4:16-17).

El Espíritu Santo

⇨ Algunos espiritistas hablan mucho del Espíritu Santo. Dicen que Él los inspira y opera a través de ellos. Emplean términos bíblicos, pero dicen que la creencia en la Trinidad es absurda. El Espíritu Santo es sólo otro nombre de la Infinita Inteligencia, el principio divino que habita en todo el universo.

Cristo hablaba del Espíritu Santo como una persona divina igual que el Padre y el Hijo, y enviado por ellos. Véase la doctrina de Dios en los capítulos sobre el judaísmo, el Islam y Sólo Jesús.

El pecado y la expiación

⇨ A. J. Davis, el "Juan Bautista del espiritismo", combate vigorosamente el concepto de la expiación. Según él, debe considerarse esa doctrina como algo de tendencia inmoral.

---

1 Spittler, op. cit., p. 26.

⇨ A. Conan Doyle dice que nunca ha habido evidencia de la caída del hombre. Sin embargo, reconocen la existencia del mal y creen que hay una especie de purgatorio para los espíritus oscuros.

Los textos ya citados en párrafos anteriores muestran nuestra base bíblica para la doctrina de la expiación. Sabemos que "en Adán todos mueren" (1 Corintios 15:21,22; Romanos 5:12).

La salvación

⇨ La "Declaración de principios" dice: "7. Afirmamos la responsabilidad moral del individuo. Él es quien hace su propia felicidad o infelicidad cuando obedece o desobedece las leyes físicas y espirituales de la naturaleza. 8. Afirmamos que la puerta a la reforma nunca se le cierra a ningún alma humana, aquí o en el porvenir."[1]

⇨ El alma del hombre es su cuerpo astral: Alrededor de nuestra tierra hay siete esferas espirituales. Las dos más bajas son una especie de purgatorio para las almas de los que han llevado una vida mala en la tierra. Las almas más puras van a esferas más altas. La mayoría de las personas van a la tercera esfera.

⇨ Mediante sus buenas obras a través de los años, las almas progresan de las regiones oscuras a las esferas de luz. Con el tiempo, todas llegan a las esferas superiores. No existen ni el infierno ni el cielo que describe la Biblia. El hombre se salva por sus obras, ya sea en esta vida o después de la muerte.

La Biblia enseña que nuestra salvación no es por obras, para que nadie se jacte, sino que todo es por la gracia de Dios (Efesios 2:8,9; Romanos 6:23; Juan 3:16; 2 Corintios 5:21; Tito 3:5).

⇨ Algunos creen que tienen que reencarnar en el mundo y purificarse a través de varias vidas. Creen que Juan el Bautista era una reencarnación de Elías, y que el "nuevo nacimiento" es una reencarnación. Según su conducta en cada vida uno progresa hacia las esferas más altas. El blanco final es ser asimilado en lo infinito y perder por completo su personalidad individual.

---

1 Frank S. Mead, *Handbook of Denominations in the United States*, p. 198, citando *The Declaration of Principles of the N.S.A.*

En cuanto al significado del "nuevo nacimiento" (Juan 3:3-15), las Escrituras deben interpretarse a la luz de otros textos sobre el mismo tema. Pablo explica que, si alguno está en Cristo, "nueva criatura es" (2 Corintios 5:17; Gálatas 3:26). Esta nueva vida no viene de otro nacimiento físico, sino de un cambio radical de la naturaleza en la conversión (Romanos 8:12-16). Cristo habla en Mateo 18:2-4 del cambio de actitud necesario.

La reencarnación no concuerda de ninguna manera con la doctrina bíblica de la resurrección. Habría muchos cuerpos para cada alma; ¿cuál resucitaría? Además, la Biblia enseña que está establecido para los hombres que mueran una sola vez, y después el juicio (Hebreos 9:27). La descripción del juicio no dice nada de que exista tal oportunidad de seguir reformándose (Apocalipsis 20:12-15; 21:8). El castigo es eterno, al igual que la vida más allá de la muerte también lo es (Mateo 25:46; Daniel 12:2).

EL TRATO CON LOS ESPIRITISTAS

Para conocer mejor lo que creen las personas con quienes usted trate, recomendamos un libro que identifica a varios grupos ocultistas y sus creencias: *Ocultismo: ¿Fraude o realidad?* por Josh McDowell y Don Stewart, Editorial Vida, 1988.

Los espiritistas dicen que Jesús era el mejor médium que haya existido, y que vino de la sexta esfera espiritual para enseñarles a los hombres el camino. Esto nos da un buen punto de partida en el trato con ellos. Sería bueno usar un Nuevo Testamento con las palabras de Jesús subrayadas en rojo, y obsequiárselo al espiritista. Así podrá saber más sobre el camino que Jesús trazó para nuestra salvación.

Para quienes viven en temor a los espíritus malos, el testimonio de nuestra paz y de nuestra liberación de estos temores será de gran importancia. El gozo del Señor en la vida es poderoso. Procure conseguir que lo acompañen a los cultos. Ore mucho por sus amigos espiritistas, recordando que nuestra lucha no es contra las personas sino contra los principados y potestades satánicos, "contra los gobernadores de las tinieblas de este siglo, contra huestes espirituales de maldad en las regiones celestes" (Efesios 6:12,13).

Recuerde siempre que el Espíritu Santo es más poderoso que todos los espíritus engañadores de Satanás. Es importante que estemos llenos del Espíritu Santo para combatir a las fuerzas diabólicas.

Hay muchos testimonios de cristianos que han echado mano de la promesa dada primero a Pedro y después a todos los discípulos: "Todo lo que atéis en la tierra, será atado en el cielo; y todo lo que desatéis en la tierra será desatado en el cielo" (Mateo 18:18; 16:19). La oración de fe en nombre del Señor Jesucristo puede atar a los espíritus malos impidiendo su obra.

Por ejemplo, en la ciudad de Camagüey, Cuba, en el año 1951, había muchos médiums espiritistas. Cuando se iba a empezar allí una campaña evangelística interdenominacional, el evangelista y los pastores y misioneros que iban a tomar parte en la campaña se unieron en oración para atar a todos los espíritus malos en la ciudad durante la campaña. Los propios médiums dijeron a sus clientes que durante la campaña no había ninguno de ellos en la ciudad que pudiera conseguir que "bajara su control" para hacer los trabajos acostumbrados. Antes de empezar la campaña, se le presentó a cierta médium su "control espiritual" y le dijo: "Los que echan fuera a los demonios vienen para acá, pero no me van a echar a mí; yo me voy ahora mismo." Desde entonces no lo volvió a ver. Ella y toda su familia se convirtieron en la campaña.

Después de la campaña, cierta médium le mandó avisar a una cliente enferma: "Ya puede regresar para un tratamiento. Ha vuelto mi control y ahora puedo trabajar de nuevo." La señora no tuvo necesidad de volver, pues en la campaña se había entregado a Cristo y Él la había sanado y salvado. Se pudieran multiplicar los testimonios de que la manifestación del poder genuino de Dios es el mejor remedio que hay contra la falsificación satánica.

En vez de discutir la posibilidad de comunicarse con los muertos, muéstreles que tal práctica ha sido estrictamente prohibida por el Señor. La misma cosa que hacen para conseguir la bendición de Dios, lleva a la perdición. No solamente los médiums, sino todos los que acuden a sesiones espiritistas y siguen sus instrucciones corren el peligro de la condenación eterna de la cual Jesucristo mismo habló. Estas prácticas son abominación para el Señor. Debemos exhortarlos a que busquen al Dios vivo, y no a los muertos (Isaías 8:19,20; Deuteronomio 18:9-12; Levítico 19:26,31; 20:27; Éxodo 22:18; Levítico 20:6; Gálatas 5:19-21; Apocalipsis 21:8).

Sobre la posibilidad de comunicación con los muertos se pueden citar Lucas 16:22-31; Filipenses 1:20-24; Apocalipsis 14:13; 2 Samuel 12:23; Eclesiastés 12:7; y 2 Corintios 5:6-8.

Es posible que le citen la aparición de Moisés y Elías en el monte de la transfiguración como una materialización de espíritus, y aseguren que en esa ocasión dejó de estar vigente la prohibición contra la comunicación con los muertos. Se les puede mostrar que Elías nunca había muerto, y muchos opinan que Moisés había resucitado y apareció en su cuerpo glorificado. La Biblia los llama "varones" y no "espíritus". Véase Judas 9; Lucas 9:28-36.

Sobre todo, señáleles el camino de la salvación por el arrepentimiento y la fe en Cristo.

Entre los espiritistas hay muchos casos de poseídos por demonios, opresión diabólica, y diferentes grados en el poder que los espíritus ejercen sobre sus súbditos. Cuando los espiritistas llegan a los cultos evangélicos, a veces causan problemas y confusión. Parece que la presencia de Dios revuelve a los espíritus malignos. Gritaban los demonios ante Cristo y se quejaban de su venida, y la joven con espíritu de adivinación seguía a Pablo dando voces. Así en los cultos la bendición de Dios a veces provoca una reacción violenta de parte de las personas endemoniadas que están presentes. Si es posible, es bueno hablar con la víctima cuando no está de lleno bajo el ataque satánico. Si tiene uso alguno de su razón, se debe animarla a poner su fe en Cristo y pedirle que la libre.

A veces alguien que participa en el espiritismo da un "mensaje profético" destinado a sembrar error y confusión. Para tal caso el apóstol Juan recomienda "probar los espíritus" (1 Juan 4:1-3). ¿Confiesa el "profeta" que Jesucristo es el Hijo de Dios venido en carne?

Otra prueba que se emplea cuando hay manifestaciones de origen dudoso es pedirle a la persona que repita: "La sangre de

Jesucristo, su Hijo, nos limpia de todo pecado" (1 Juan 1:7). Los demonios se niegan a reconocer el poder de la sangre de Cristo.

Por supuesto, el diablo no quiere perder a sus víctimas y luchará por retenerlas, pero Dios es más fuerte que él. Por lo tanto, tomemos sobre el diablo la autoridad que fue comprada para nosotros en el Calvario. Busquemos la plenitud continua del Espíritu Santo, y proclamemos la libertad que hay en Cristo. Echemos fuera los demonios en nombre del Señor Jesucristo, pues Él ha venido para poner en libertad a los cautivos de Satanás (Marcos 16:17). "Estas señales seguirán a los que creen: en mi nombre echarán fuera demonios."

Esto forma parte de la comisión que Jesucristo dio a la iglesia, y se cumple múltiples veces hoy en campañas evangelísticas en muchos países. Ejemplo es el avivamiento en Argentina que empezó en 1983 y continuaba en la década de los años noventa. Bajo el ministerio del evangelista Carlos Annacondia y otros, millares de personas atrapadas por el espiritismo han sido libradas del poder demoniaco.[1]

No es raro que los demonios persigan a un espiritista que acaba de convertirse al evangelio, golpeándolo, infundiéndole temor y tratando de hacerlo volver a estar bajo su control. Los nuevos convertidos deben refugiarse bajo la sangre de Cristo y reclamar sus méritos para ser librados de todo poder satánico. Deben deshacerse en seguida de todos los amuletos, encantamientos, vasos de agua para los espíritus, altares, y demás objetos que pertenecen a su vida antigua. A veces ha sido necesaria una visita de parte del pastor y de otros obreros de la iglesia para orar en su casa y consagrarla a Dios para que no siga siendo lugar propicio a la manifestación de demonios.

Oremos por el nuevo convertido que reciba pronto el bautismo en el Espíritu Santo y no le suceda lo de Lucas 11:24-26.

AVISOS EN EL CAMINO

"En los postreros tiempos algunos apostatarán de la fe, escuchando a espíritus engañadores y a doctrinas de demonios" (1 Timoteo 4:1). El aumento del espiritismo y de la actividad

---

1 Véase muchos casos verificados en *Guerra contra el infierno*, por Felipe Saint. Editorial Vida, 1988.

demoniaca que se observa en estos tiempos es una de las señales de los últimos tiempos. También por esto, Dios le está dando a su iglesia una nueva unción en el Espíritu Santo.

El discernimiento de espíritus es uno de los dones del Espíritu Santo. Hoy es una bendita realidad que "los que creen . . . echarán fuera demonios" en el nombre del Señor Jesucristo. Muchas personas testifican que han sido liberadas del poder demoniaco.

Pero aquí hace falta poner un aviso en el camino. Algunos predicadores les atribuyen al diablo o a los demonios la causa inmediata de toda enfermedad y empiezan a "echar fuera los demonios", tanto de creyentes como de inconversos. Esto trae mucha confusión. ¿Cómo pueden estar los demonios en los creyentes? Si no sanan, ¿será porque no son salvos, o porque están llenos de demonios? La confusión y las dudas ocasionadas así pueden dejar al enfermo en un estado peor que antes. Es verdad que algunas enfermedades son aflicciones puestas sobre los creyentes por Satanás (como en el caso de Job); pero muchas provienen de causas naturales, como el descuido en los principios de higiene y de salud. Debemos tener presente que aunque los demonios pueden afligir a un creyente entregado a Cristo, no pueden morar en él.

Es cierto que estamos en lucha contra poderes satánicos, pero hablar constantemente acerca de los demonios tiende a provocar un estado de temor y nerviosismo similar al de los espiritistas. Quitemos la vista de las fuerzas malignas y pongámosla en Dios, nuestro amparo y fortaleza, nuestro Padre cuyo poder infinito excede al de todas las huestes satánicas.

En las curaciones sobrenaturales obradas por los espiritistas, se pone énfasis en el poder del médium y del espíritu que opera a través de él. En nuestros cultos debemos dirigir la fe hacia Dios, y no hacia la persona que ora por los enfermos. Evite todo exhibicionismo en la oración por los enfermos. No hablemos del evangelista como si fuera un médium poderoso, sino de lo que Dios está haciendo. En los anuncios de una campaña evangelística, en la predicación, los testimonios y la oración por los enfermos, dirijamos la fe hacia Dios, y démosle a Él la gloria.

PREGUNTAS Y ACTIVIDADES

1. Si hay alumnos convertidos del espiritismo, relaten su experiencia, qué los atrajo al evangelio y cualquier recomendación para el evangelismo.

2. ¿Qué opina usted sobre la asistencia a una sesión espiritista sólo con el fin de conocerla? ¿Qué peligro encierra?

3. Investiguen en los libros disponibles y den informes en la clase a medida que se traten los aspectos del espiritismo.

4. Busquen en comentarios bíblicos lo que dicen de 1 Samuel 28:8-19.

5. Escriban de memoria en la pizarra siete formas de espiritismo mencionadas en la Biblia. Expliquen cómo se practican ahora.

6. Comenten los alumnos sobre las organizaciones espiritistas en su país y la variedad de actividades que realizan.

7. ¿Por qué no piden los evangélicos que se les diga la suerte ya sea a un médium, un quiromántico, un cartomántico o un astrólogo?

8. Conversen sobre la lectura del horóscopo para cada día.

9. ¿Qué atracción tiene el espiritismo para las personas?

10. ¿Cómo explicar las aparentes manifestaciones de los difuntos?

11. ¿Cómo imita Satanás la obra de Dios en esta época?

12. Citen dos efectos de las falsificaciones satánicas.

13. Escriba en la pizarra los nueve dones del Espíritu Santo citados en 1 Corintios 12:1-12. ¿Cómo los imita el diablo?

14. ¿Qué imitación hay en cuanto a los "escritos inspirados"?

15. Citen cuatro frutos del espiritismo y contrástelos con los frutos, o efectos, del Espíritu Santo en la vida del cristiano.

16. ¿Cuál es la doctrina espiritista respecto a la Biblia?

17. Compare con la Biblia lo que dicen los espiritistas respecto a Dios, Jesucristo, el Espíritu Santo y la salvación.

18. ¿Qué enseña la Biblia respecto a la reencarnación?

19. ¿Qué punto de contacto podemos usar para el evangelismo con los espiritistas?

20. Hagan una representación en la que un evangélico, en sus visitas a los hogares, se encuentra con un médium espiritista.

21. Cite tres textos sobre el consultar a los muertos.
22. Oren por los espiritistas.
23. Si es posible, exhiba la película "Yo era brujo".

Capítulo 6

EL LIBERALISMO

Naturaleza: El liberalismo no es iglesia ni organización, sino una posición doctrinal que se halla en muchas iglesias.

Autoridad: El raciocinio humano. La ciencia.

Teología: Varía mucho entre iglesias. Por lo general, unitaria: Jesús, maestro y ejemplo, pero no divino. Evangelio social. Rechazan lo sobrenatural.

Atracción especial: Le asegura al hombre que es bueno. Ofrece salvación universal. Amplitud para creer lo que uno quiera.

DEFINICIÓN

El liberalismo, también llamado modernismo, no constituye en sí una iglesia, pero se infiltra en muchas iglesias y socava sus bases doctrinales. Se caracteriza no tanto por lo que cree, sino por lo que se niega a creer. Rechaza todo lo que la razón no puede explicar. Por consiguiente, no cree en lo milagroso.

Rechaza cualquier autoridad externa para la fe, tal como una Biblia infalible o el credo de una iglesia. Se declara libre para pensar lo que quiera, y creer lo que le parezca razonable, sin recurrir a otra autoridad aparte de su propio raciocinio.

ASPECTOS HISTÓRICOS

Origen del movimiento

Los saduceos eran los liberales de la época de Cristo. No creían en los espíritus o en la resurrección. Pero su incredulidad no persistía en los que se convertían a Cristo.

Transcurrieron unos trece siglos, y luego tres grandes fuerzas históricas contribuyeron al origen del movimiento llamado modernismo (que después se llamó liberalismo). Eran aspectos del nuevo despertar del intelecto que tuvo lugar entre 1350 y

1650 d.C., en el período llamado el Renacimiento. Estas grandes fuerzas fueron la lucha por la libertad intelectual, el adelanto de la ciencia y la lucha por reformas sociales.

Lucha por la libertad intelectual

Durante siglos la Iglesia Católica Romana ejerció un dominio completo sobre la vida intelectual y religiosa de Europa. Guardaba la Biblia oculta del pueblo y se constituía en su única intérprete. Los hombres no gozaban del derecho a examinar los hechos y llegar a sus propias conclusiones en materia religiosa, ya que la iglesia les dictaba lo que tenían que creer. Estar en desacuerdo con ella significaba herejía, y para los herejes se crearon las torturas y las hogueras de la Inquisición.

Durante el Renacimiento hubo una resistencia creciente contra toda restricción de tipo intelectual. En el aspecto religioso de la lucha por la libertad individual, se destacaron tres grupos:

1. Los reformadores protestantes declaraban que la Biblia, y no la iglesia, era la autoridad en materias de fe y conducta. Defendían el derecho de todos a leerla e interpretarla.

2. Los librepensadores rechazaban toda autoridad externa en asuntos relacionados con la fe y la conducta. Ni la iglesia ni la Biblia les podían servir de guía, sino sólo su propia razón.

3. Los que tomaban una posición intermedia entre estos dos grupos trataban de ser "cristianos liberales". Aceptaban la Biblia como un libro que inspiraba al hombre a una conducta digna y que presentaba altos conceptos espirituales, pero no como una autoridad absoluta para su fe. Esa es la actitud fundamental del liberalismo, que ha venido desarrollándose paulatinamente a través de los siglos hasta alcanzar su forma actual.

El adelanto de la ciencia

Al mismo tiempo que se desarrollaba la lucha por la libertad intelectual, se aumentaba también la importancia de la ciencia. Los grandes descubrimientos científicos de la época y el desarrollo del método científico de investigación afectaron profundamente el modo de pensar del hombre occidental. Los pensadores querían tener pruebas de todo lo que debían creer. Habían tenido que descartar muchas ideas antiguas sobre la naturaleza del universo, y pensaban que sus creencias religiosas también pudieran ser equivocadas. En los conflictos entre la iglesia y la ciencia, se adoptaban tres posiciones:

1. Algunos afirmaban que la Biblia, por ser la Palabra de Dios, no puede fallar. Donde hay conflicto, será porque la ciencia todavía no ha hallado la verdad. Aunque las leyes naturales formuladas por los científicos son correctas en la descripción del curso normal de los fenómenos, hay también leyes sobrenaturales que trascienden el orden natural. Por eso la ciencia debe limitarse a la esfera de lo natural; no debe inmiscuirse en la de lo espiritual, en la cual se halla Dios mismo y su obra de tipo sobrenatural.

2. Otros razonaban al contrario: la ciencia es infalible. Las leyes naturales son demostrables, y no puede haber milagros porque serían contrarios a esas leyes. La Biblia está llena de relatos sobre milagros. Por consiguiente, no puede ser la verdad. No pasaría de ser un libro lleno de mitos y supersticiones.

3. También se formó un grupo con una posición intermedia. Estos, aunque no querían abandonar la Biblia, confiaban más en la ciencia que en la inspiración divina. Procuraban reconciliar la Biblia con la ciencia a base de darle una interpretación de tipo alegórico y no literal. Así podían rechazar lo sobrenatural. Este es el método fundamental del liberalismo.

Lucha por las reformas sociales

Había gran necesidad de reformas sociales en toda Europa. Durante el Renacimiento se luchaba para librar a los pobres de la opresión. Se predicaba la igualdad entre los hombres. Ya los seres humanos no se conformaban con esperar que se les hiciera justicia en el cielo y aceptaban la responsabilidad de luchar por la justicia en este mundo. Entre los que luchaban por la reforma social, se pueden observar nuevamente los mismos tres grupos:

1. Los predicadores de la Reforma, con la Biblia como autoridad, denunciaban la injusticia. Presentaban la

necesidad de la regeneración individual para poder agradar a Dios en relaciones correctas con el prójimo, y fomentaban la reforma social.

2. Otros excluyeron a Dios de su razonamiento y convirtieron al hombre en el centro del universo, el punto principal de su filosofía. Estos eran los humanistas. Afirmaban que el hombre tiene capacidad para reformar al mundo. Al reformarse la sociedad, resultaría la regeneración del individuo, y no viceversa.

3. El tercer grupo adaptó su religión a las tendencias de sus días, aceptando la filosofía humanista. El hombre sería el punto principal de su religión, y no Cristo. Su "evangelio social" sería antropocéntrico, y no cristocéntrico. Sin embargo, se proponía emplear las enseñanzas de Cristo como guía para reformar el mundo y hacer realidad el reino de Dios. Ese es el mensaje y el método de lo que se llamó durante mucho tiempo modernismo, y que ahora se conoce como liberalismo.

Resumen

El liberalismo no comenzó en determinada iglesia ni con cierto grupo con una nueva religión. Era un movimiento que seguiría desarrollándose y una actitud que se infiltraría en muchas iglesias, preparando el terreno para el surgimiento de varias sectas que consideramos en este libro. Ha tomado muchas formas y varía muchísimo en sus creencias. Sin embargo, se caracteriza principalmente por tres cosas:

1. La afirmación de que la ciencia es el árbitro supremo entre la verdad y el error.

2. La subordinación de la Biblia al razonamiento humano, el cual determina qué partes se pueden aceptar como verdad inspirada.

3. La creencia de que la reforma social es la manera de redimir al mundo.

DESARROLLO DEL LIBERALISMO

El universalismo

Después de la época de la Reforma, se produjo en las iglesias de tendencia liberal una reacción en contra de la predicación sobre el infierno. Se razonaba que un Dios bueno, amoroso y soberano salvaría a toda la humanidad. De modo que el infierno era sólo el sufrimiento del hombre en este mundo por sus pecados.

El unitarismo

Como los liberales no creían en milagros, negaban la encarnación milagrosa de Jesús por obra del Espíritu Santo y su nacimiento virginal. Para ellos, Cristo era el mejor hombre que había vivido sobre la tierra; el gran ejemplo para la humanidad. Lo llamaban el Maestro Divino, pero creían que era divino sólo en el sentido en que todos los seres humanos pueden serlo.

Consideraban al Espíritu Santo como una influencia divina sin personalidad propia, o cuando más como una manifestación de Dios, pero no como una persona distinta al Padre celestial. De esta forma, su teología llegó a ser unitaria en vez de trinitaria. Dios ya no era una trinidad. Esta doctrina errónea había sido combatida por la Iglesia primitiva en los tiempos apostólicos, al igual que el universalismo, y reapareció en Europa poco después de la Reforma. Los profesores modernistas de las universidades ejercieron notable influencia en el pensamiento de los ministros que estudiaban para obtener el doctorado. No tardaron mucho en aparecer estas doctrinas en las universidades y los seminarios norteamericanos, con el resultado de que muchas congregaciones llegaron a ser liberales, aunque su denominación no lo era.

La religión como experiencia

El filósofo y teólogo alemán Friedrich Schleiermacher enseñó que la teología consiste en la interpretación de la experiencia religiosa. De esta forma, se le daba más valor a la experiencia que a la doctrina. Lo importante no era lo que la Biblia decía, sino la experiencia espiritual del individuo. Schleiermacher, con su énfasis sobre la experiencia y su indiferencia hacia los credos religiosos, recibió el título de padre del liberalismo.

La crítica de la Biblia

El médico francés Jean Astruc presentó bajo el nombre de "hipótesis documental" su teoría sobre el origen de la Biblia. Procuraba demostrar por el análisis de los estilos literarios del Pentateuco, que éste era sólo una recopilación de fragmentos de mitos, leyendas y tradiciones. Según Astruc, varios hombres lo escribieron siglos después de Moisés. Sus escritos habían sido recopilados, corregidos y atribuidos a Moisés.

Siguiendo el mismo método, los críticos se lanzaron al ataque contra la Biblia. La trataban como una colección de fragmentos literarios que reflejaban las creencias populares de los tiempos de sus escritores.

Una de las evidencias más fuertes de la inspiración divina de la Biblia era el cumplimiento histórico de sus profecías. Los críticos intentaron destruir esta evidencia afirmando que se había escrito la "profecía" después del cumplimiento. Por ejemplo, afirmaban que las profecías que Isaías lanzó contra varias naciones, se habían escrito siglos después, cuando estas naciones ya habían sido destruidas.

Durante cerca de un siglo, esta crítica debilitó la fe de muchos en la inspiración bíblica. En el siglo veinte los descubrimientos arqueológicos y el desarrollo del estudio de los idiomas han demostrado que la hipótesis documental estaba equivocada.

Gracias al adelanto de estas investigaciones, se ha podido ver que las formas de expresión y las costumbres populares descritas en la Biblia corresponden a la época que se les atribuía, y no a la de los redactores sugeridos por esa hipótesis.

Los liberales han tratado también de desacreditar la Biblia atacando sus datos históricos. Algunos de los sucesos relatados en ella, o de los personajes que menciona, no eran conocidos en la historia profana. Por eso se decía que los relatos bíblicos eran leyendas. Si no se podía confiar en la parte histórica, era evidente que la Biblia no era la Palabra de Dios. Estos argumentos han sido refutados por los descubrimientos arqueológicos. Los monumentos, las excavaciones, los documentos y archivos antiguos hallados han servido para confirmar la historia bíblica en los puntos que se ponían en duda.

La evolución

La teoría de la evolución expuesta por Carlos Darwin en 1859 fue aceptada por los liberales. Era una nueva arma en su lucha contra la inspiración divina de la Biblia. Si la evolución del hombre a partir de los animales era una realidad, el relato del Génesis sobre la creación del hombre era sólo una leyenda, o cuando más una alegoría. No se podía interpretar nada en sentido literal, y no existía la caída al hombre. Al contrario, el hombre era producto de una evolución, por lo que era básicamente bueno y mejoraba continuamente.

Según la teoría de la evolución cultural, el hombre lucha continuamente "para dejar atrás los rasgos brutales de sus días primitivos en la selva". La evolución de la especie humana trae consigo el progreso hacia la paz universal, y con él, la desaparición del egoísmo, de los pleitos y de la guerra.

A pesar de esta visión optimista, el "progreso" humano de los últimos cien años deja mucho que desear. La devastación provocada por dos guerras mundiales y un sinfín de otras guerras, el aumento del crimen, los hornos que exterminaron a seis millones de judíos, la "liberación" esclavizadora de pueblos pacíficos y la decadencia moral desmienten la teoría de que el hombre sea básicamente bueno y el mundo esté mejorando día tras día.

La nueva ortodoxia

Durante la primera guerra mundial, un pastor alemán llamado Carlos Barth no podía reconciliar los horrores de la guerra con sus doctrinas liberales sobre la bondad innata del hombre. Buscó la solución en la Biblia y la encontró en el libro de Romanos. El hombre no era básicamente bueno, sino un ser caído y necesitado de regeneración. Barth comprendió que, si esa era la situación del ser humano, no se podía confiar en sus razonamientos debilitados y pervertidos, ya que tenía una naturaleza rebelde contra Dios. Más valía la revelación que el razonamiento humano para llegar a la verdad.

Entonces Barth escribió un comentario sobre la Epístola a los Romanos, dirigido a los demás cristianos liberales. Les hizo ver que la guerra y San Pablo estaban de acuerdo en proclamar que el hombre no es bueno por naturaleza, sino pecador. Sus enseñanzas cayeron en terreno fértil y nació el movimiento neoortodoxo.

La palabra neoortodoxia viene de tres palabras griegas: *neos*, que quiere decir "nuevo"; *orthós*, que significa correcto; y *doxa*, opinión o doctrina. La palabra "ortodoxia" designa al fundamentalismo, o sea la creencia plena en las doctrinas bíblicas. El término neoortodoxia quería decir entonces "nuevo fundamentalismo".

Este movimiento reafirmaba las doctrinas fundamentales, pero no con todas las interpretaciones del fundamentalismo. Aunque es un acercamiento a éste, su concepto de la Biblia es tan liberal que se ha dicho que la palabra "neoliberalismo" la describiría mejor que "neoortodoxia".

Aunque reconoce que el hombre es pecador y no se puede confiar en el razonamiento humano, pone la experiencia religiosa a la par con la Biblia. Dice que la Palabra de Dios es experiencia y no se puede limitar a un libro. Así abre el camino para toda clase de error. Tampoco acepta que la Biblia sea la autoridad mediante la cual se juzga la validez de la experiencia religiosa.

Dice también este movimiento que la crítica de la Biblia es válida. No acepta su inspiración verbal; o sea, cree que Dios habla a través de un libro que contiene errores.

Mientras la neoortodoxia mantenga estos dos puntos en su doctrina, es imposible considerarla evangélica. Al contrario, su enseñanza en las iglesias ortodoxas reviste un peligro especial, ya que usa la terminología tradicional del evangelio, pero le da un significado distinto. Al debilitar la fe en la inspiración de la Biblia, socava los fundamentos de todo el edificio.

El movimiento ecuménico

La palabra ecuménico significa "mundial". El movimiento ecuménico es el acercamiento de denominaciones en todas partes del mundo para cooperar en su labor. Ese movimiento es una característica sobresaliente del liberalismo. Ya se ha visto que los liberales le restan importancia a la doctrina y se la dan al desarrollo de la personalidad y al evangelio social. Es fácil y lógico que estas iglesias se unan para llevar a cabo juntas lo que consideran su misión en el mundo. Algunas denominaciones se han amalgamado. Otras retienen su propia organización, pero se han unido para formar el Consejo Mundial de Iglesias de Cristo. Creen que uniendo las fuerzas del cristianismo podrán redimir al mundo de la injusticia, la pobreza y el sufrimiento. Esperan establecer una hermandad universal que pondrá fin a las guerras.

El Consejo Mundial de Iglesias (CMI) ha intentado convertirse en un frente unido del mundo protestante. Para acomodar a las muchas iglesias participantes, no se da importancia a los puntos doctrinales. Predominan las tendencias liberales, y la mayoría de las iglesias fundamentalistas no se le han unido. Algunas iglesias que se habían afiliado por interés en el buen programa que fomenta se retiraron al darse cuenta de que hay una negación de las bases fundamentales del evangelio.

En algunos lugares donde el CMI se ha presentado como la voz oficial del protestantismo, las iglesias evangélicas han visto amenazados sus derechos. Por ejemplo, en los Estados Unidos había peligro de que los programas radiales religiosos se limitaran a los que estaban patrocinados por el Consejo.

Además, el CMI busca la amistad de la Iglesia Católica y no aprueba la predicación evangélica en contra de la idolatría en países donde esa iglesia predomina. Las iglesias evangélicas, para no ser aplastadas por esa poderosa organización, han dado algunos pasos en defensa propia. En muchos países han formado asociaciones de iglesias evangélicas. Así tienen a quien las represente ante el gobierno en caso necesario, se ayudan mutuamente y llevan a cabo muchos proyectos conjuntos para el adelanto del evangelio.

El movimiento ecuménico del CMI brinda su ayuda a la iglesia nacional, ofreciéndole materiales impresos y ayuda económica para seminarios, orfanatos y otros proyectos. Algunos pastores evangélicos, ignorando los problemas doctrinales, cooperan con el movimiento aun cuando su denominación no quiera unirse con los que niegan la deidad de su Señor.

Algunos de sus líderes creen que las varias religiones son sólo distintos caminos hacia Dios. Por lo consiguiente, buscan también un acercamiento entre todas las creencias. Reconocen lo bueno que hay en el catolicismo, el judaísmo, el Islam, el budismo, el confucianismo y otras religiones. A través de su programa humanitario de reforma social buscan la cooperación entre los distintos grupos religiosos.

Sus reformas sociales no se limitan a programas benéficos tales como escuelas, orfanatos y promoción pacífica de mejoras en el gobierno. Ha respaldado "guerras de liberación", revoluciones de carácter marxista en varios países y ha tomado parte en la enseñanza y la acción de la teología de la liberación.

Peligro del liberalismo

El peligro típico del liberalismo reside en su falta de identificación. Hay algunas iglesias abiertamente liberales, pero el liberalismo se infiltra en otras que han tenido una sólida base bíblica. La consecuencia ha sido una gran confusión que exige el conocimiento claro de las doctrinas bíblicas auténticas. ¿Cómo sucede eso?

1. El que busca la salvación en una iglesia tradicionalmente evangélica puede encontrarse con un pastor que se halla desorientado con respecto al verdadero camino de Dios.

2. Un cambio de pastores puede colocar a un pastor liberal sobre una congregación evangélica. Como emplea la terminología evangélica, puede influir grandemente a la congregación antes que ella se dé cuenta del error.

3. Los miembros de las congregaciones no saben en cuál de las escuelas de su denominación poner a sus hijos sin exponerlos a los argumentos liberales. En muchos seminarios denominacionales e interdenominacionales existe el problema. En algunos se edifica la fe del educando y se manifiesta el poder del Espíritu de Dios. En otros, se enseña la Biblia en forma crítica, y se propugnan las ideas evolucionistas y una filosofía humanista-materialista de reforma social.

Millares de jóvenes realmente convertidos y llamados para el ministerio han ido a seminarios liberales para recibir preparación bíblica. Centenares de ellos han salido con su fe destruida. Así se han convertido en "lámparas sin luz que comparten con su congregación las tinieblas de su alma".

4. La literatura del liberalismo presenta un peligro para los lectores. Parece ser cristiana, pero mina sutilmente la fe. Algunas novelas de Lloyd C. Douglas ilustran su método de explicar los milagros bíblicos como fenómenos naturales. Otros autores

de renombre que muestran esta tendencia son Bruce Barton, H. E. Fosdick, R. Niebuhr y H. P. Van Dusen.

El librero evangélico debe tener cuidado especial en cuanto al contenido de los libros que vende. Necesita investigar cuáles casas de publicación son netamente evangélicas y cuáles publican materiales de orientación liberal.

El bibliotecario de la iglesia local o del instituto bíblico también debe estar alerta y revisar bien cualquier libro dudoso antes de ponerlo en la biblioteca. Para esto, tiene necesidad de saber algo sobre las creencias y las tácticas del liberalismo, para poderlas reconocer cuando las observe en los libros.

DOCTRINAS DEL LIBERALISMO

Debido a que hay gran diversidad de creencias entre los grupos liberales y diferentes grados de incredulidad, aquí sólo se tratarán los puntos sobresalientes.

La Biblia

⇨ El liberalismo niega la inspiración verbal plena de la Biblia. Cree que Dios inspiró muchas de las ideas contenidas en ella, pero no las palabras precisas. Dice que la Biblia contiene la Palabra de Dios, pero no es la Palabra de Dios.

Los evangélicos creemos que el Espíritu Santo inspiró a los escritores de la Biblia de tal manera que el resultado es la Palabra infalible de Dios. Creemos que toda la Biblia fue inspirada, no sólo en cuanto a sus ideas, sino en la misma selección de las palabras en los idiomas originales.

1. La Biblia afirma su inspiración verbal (2 Timoteo 3:16; 2 Pedro 1:21). David escribió: "El Espíritu de Jehová ha hablado por mí, su palabra ha estado en mi lengua" (2 Samuel 23:1-3). Los profetas presentaban su mensaje como "Palabra de Jehová que vino".

2. Los escritores del Nuevo Testamento creían en la inspiración plena de las Escrituras. Citaban textos del Antiguo Testamento con la frase: "El Señor dice", aun cuando eran palabras de un escritor humano, y usaban en las mismas circunstancias la frase: "Las Escrituras dicen", con lo que hacían ver que para ellos todas las Escrituras eran Palabra de Dios. Compárense

Mateo 19:4,5 con Génesis 2:24; Hebreos 3:7 con Salmo 95:7; Hechos 4:24,25 con Salmo 2:1; Gálatas 3:8 con Génesis 12:1-3.[1]

3. Jesucristo habló de la inspiración divina del Antiguo Testamento, al que declaró infalible. Citando un texto de los Salmos, dijo que no puede quebrantarse la Escritura (Juan 10:34,35). Con respecto a la ley y los profetas, enseñaba que todo tendría que cumplirse hasta su más mínimo detalle (Mateo 5:17,18; Lucas 21:22; 24:44-46). Así declaraba la inspiración plena del Antiguo Testamento, que se dividía en aquellos tiempos en tres partes: la Ley, los Profetas y los Salmos.

Como el liberalismo reconoce a Jesús como uno de los maestros más destacados que hayan vivido jamás, ¿por qué se niega a aceptar sus enseñanzas con respecto al fundamento mismo de su doctrina? La resurrección de Cristo ha probado que es el Hijo de Dios y, por lo tanto, todo lo que dijo es cierto.

4. Con respecto a la inspiración del Nuevo Testamento, Cristo afirmó que las enseñanzas suyas eran las palabras de su Padre (Juan 14:10; 17:14). Les prometió a sus discípulos que el Espíritu Santo les traería a la memoria todas las cosas que Él les había hablado (Juan 16:12-15). El cumplimiento de esta promesa dio como resultado el texto infalible de los Evangelios.

5. Los escritores del Nuevo Testamento estaban conscientes de la inspiración del Espíritu Santo cuando escribían su mensaje (1 Corintios 2:12,13; 2 Pedro 1:19-21). Pedro se refiere a las epístolas de Pablo como Escrituras, clasificándolas así como parte de la Palabra de Dios (2 Pedro 3:15,16).

6. Aquí están algunas de las evidencias de que la Biblia es divinamente inspirada:

    a. Su admirable unidad de tema y falta de contradicciones a pesar de haber sido escrita por unos cuarenta hombres distintos, en un período que abarca mil seiscientos años.

    b. Su superioridad a todo lo demás producido por la raza humana en cuanto a moralidad, literatura y leyes.

    c. El cumplimiento de sus profecías y de sus promesas.

    d. Su indestructibilidad.

    e. Su universalidad. Puede satisfacer el corazón humano en toda época, lugar y condición de vida.

---

1 Para abundancia de evidencias véanse los libros sobre el tema en la sección *Obras de consulta*.

f. Su referencia a verdades científicas desconocidas para los escritores.

g. Confirmación de la veracidad de sus partes históricas.

h. Su poder transformador en los que creen sus palabras.

➪ Los liberales afirman que la ciencia y la Biblia se contradicen y, por consiguiente, la Biblia está equivocada. No creen en los milagros porque, según ellos, "violan las leyes naturales". Por ese motivo rechazan todo lo milagroso que aparece en la Biblia.

En la actualidad, millones de personas pueden dar testimonio de milagros en respuesta a la oración: ciegos que llegan a ver, sordos que llegan a oír, huesos quebrados que se han soldado instantáneamente, enfermos desahuciados que se han levantado sanos. Tales milagros relatados en la Biblia se ven en nuestros tiempos también y se han hecho constar en reconocimiento médico.[1]

El conflicto entre la Biblia y la ciencia es sólo aparente y no real. Hay conflicto entre las teorías mal fundadas y la Biblia, como también lo hay entre los pasajes bíblicos mal interpretados y la ciencia. Dios ha escrito dos libros para que la humanidad los lea: La Naturaleza y la Biblia. Él es el autor de ambos y los dos concuerdan perfectamente.

Las teorías de la ciencia necesitan ser revisadas frecuentemente con el paso de los años. De las que se hallaban en boga hace cien años, muchas han tenido que ser abandonadas a la luz de nuevos descubrimientos. "Ahora conocemos en parte." No pueden explicarse mediante leyes naturales muchas cosas del ámbito espiritual.

Hay que recordar que las "leyes naturales" son una descripción de cómo suceden las cosas en la naturaleza. Son el orden natural de los sucesos. Pero no son leyes en el sentido de que obliguen a Dios a limitar su actuación a lo que esté de acuerdo con ellas. Él es quien ha establecido ese orden natural de las cosas, y lo puede variar cuando le plazca. Cuando lo hace en beneficio de una de sus criaturas, lo llamamos milagro. El

---

1 Se sugiere que el maestro y los estudiantes que han visto o han experimentado algún milagro lo relaten a la clase. La autora fue sanada instantáneamente del paludismo cuando un grupo de niños oró por ella; nunca sufrió otro ataque. Fue sanada de tuberculosis cuando un grupo de recién convertidos oró por ella.

negarse a creer en los milagros porque "violan las leyes" naturales revela sencillamente ignorancia con respecto al carácter mismo de esas leyes.

Aunque algunos científicos incrédulos se han negado a tomar en cuenta toda evidencia y persisten en rechazar lo sobrenatural, con lo que desacreditan a la Biblia, otros científicos han afirmado que no hay conflicto real entre los hechos comprobados por la ciencia y la Biblia.

La investigación científica en el siglo veinte confirma la veracidad histórica de la Biblia y la corrección de sus conceptos científicos. Esta confirmación viene de los descubrimientos en la arqueología, la filología, la astronomía y la antropología.

Las ideas sobre la antigüedad del mundo se han revisado a la luz de los descubrimientos geológicos. Hay que recordar que la cronología que sitúa la creación alrededor del año 4004 a.C. es un cálculo realizado por Ussher y no forma parte del texto bíblico. La geología y los fósiles indican que el mundo es mucho más antiguo. Hay varias interpretaciones bíblicas al respecto. Una es que el vocablo "día" en Génesis se refiere a un período indeterminado de tiempo. Otra es de la creación preadámica en Génesis 1:1 y su destrucción antes de Génesis 1:2, en el momento de la caída de Satanás. Esta ha tenido una aceptación amplia entre los cristianos. Lo cierto es que cuando se sepan todos los datos que hoy desconocemos, no habrá conflicto entre la ciencia y el primer capítulo del Génesis.

Dios

⇨ El liberalismo niega la Trinidad. El concepto que tienen de Dios varía desde considerarlo un vago principio del bien que opera en el universo, hasta un padre amoroso que nunca sería capaz de condenar al hombre a los tormentos eternos.

Para los pasajes de las Escrituras que hablan sobre la deidad de Cristo y del Espíritu Santo, véanse los capítulos sobre el judaísmo y los testigos de Jehová.

2 Pedro 3:9 habla de la paciencia de Dios en procurar que los hombres se arrepientan, pero Juan 12:48 dice que caerá juicio sobre los que rechazan su invitación. Dios es un Dios de amor, pero también lo es de justicia. El Juez del universo tiene que

hacer lo que es justo y recto (Salmo 96:13; Génesis 18:25; Salmo 94:1,2; Apocalipsis 20:11-15).

Jesucristo

⇨ Los liberales no creen en el nacimiento virginal de Jesús. Atribuyen esta idea a la influencia de las religiones paganas y a leyendas surgidas después de su muerte.

En cambio, nosotros creemos que las religiones paganas retienen desde tiempos primitivos rasgos de la promesa dada a nuestros primeros padres que la simiente de la mujer heriría a la serpiente en la cabeza (Génesis 3:15).[1] La Biblia enseña, tanto en las profecías como en su cumplimiento histórico, que Jesucristo nació de una virgen (Génesis 3:15; Isaías 7:14). Habría de nacer un niño que sería Dios mismo encarnado (Isaías 9:6; Mateo 1:18-23; Lucas 1:26-35,38).

En Lucas 1:1-4 vemos que este evangelio no es el simple relato de unas cuantas leyendas, sino el resultado de una investigación metódica y cuidadosa por parte del médico cristiano llamado Lucas. Dios lo inspiró, pero Lucas ponía interés especial en los detalles de las enfermedades que Cristo sanaba, y de los milagros necesarios para el nacimiento de Juan el Bautista y del Señor Jesús. Reúne los datos y presenta las evidencias (véase Colosenses 4:14).

La frecuencia con que Lucas cita lo que María dijo, hizo y pensó en diferentes ocasiones, hace creer a muchos que al "investigar con diligencia todas las cosas", fue directamente a la madre del Señor para tener su relato personal de los sucesos.

⇨ El liberalismo dice: "El nacimiento virginal y la resurrección literal de Jesús no son partes esenciales de la fe cristiana."

El nacimiento virginal es la base histórica para la doctrina de la encarnación. A su vez, la encarnación es la base para la doctrina de la expiación del pecado. Si Cristo no era más que un hombre, su muerte no podía expiar los pecados de la humanidad.

---

1 Alexander Hislop, en *The Two Babylons*, muestra cómo las religiones paganas empleaban "Simiente de la Mujer" como título para sus supuestos salvadores, recordando la promesa original.

Si Él no resucitó, tampoco hay esperanza de resurrección para nosotros (1 Corintios 15:13-22,3-8).

Los libros de evidencias cristianas citan muchas pruebas de la resurrección. Se destacan el cambio total de actitud de los discípulos antes temerosos, las declaraciones de los testigos oculares, la conversión de Saulo y la forma en que los apóstoles estaban dispuestos a morir en defensa de esta verdad.

El hombre

El liberalismo enseña que el hombre es producto de la evolución. Cree que todas las formas de vida se han desarrollado paulatinamente a través de millones de años, a partir de un pequeño germen de protoplasma original. Las células originales se multiplicaron y se convirtieron en formas primitivas de vida. Con el paso de los milenios, estas formas se transformaban en otras más complejas: gusanos, peces, animales terrestres . . . y por fin, como cumbre del proceso evolutivo, el hombre. Los antepasados inmediatos del hombre, según la evolución, habrían sido unos animales similares a los chimpancés, de los cuales han descendido tanto los monos como los hombres.

Uno de los principios fundamentales del método científico es aceptar como verdad la teoría que explique satisfactoriamente el mayor número de fenómenos observables en cada caso. La teoría de la evolución y el relato bíblico presentan dos versiones contradictorias sobre el origen del mundo y del hombre. ¿Cuál de las dos explica más satisfactoriamente los fenómenos observables al respecto? Según el método científico, la que lo hiciera sería la que debía ser aceptada como verdad.

1. La Biblia presenta una causa primera en el origen del hombre; la teoría de la evolución no lo hace. Dado el caso de que toda vida se haya desarrollado de un poco de protoplasma, ¿de dónde vino ese protoplasma? ¿Quién lo hizo? ¿Quién estableció los principios para el desarrollo ordenado de las especies? El relato bíblico es más científico que la teoría de la evolución, porque explica el principio de la vida: "En el principio Dios creó los cielos y la tierra" (Génesis 1:1).

2. La Biblia explica mejor que la evolución el fenómeno observable del orden y la estructura evidentes en todo el univer-

so. La evolución lo atribuye todo a la casualidad, pero esto no explica satisfactoriamente las leyes de la naturaleza. La Biblia es más científica que la evolución cuando nos explica que un ser supremo de suma inteligencia y sabiduría estructuró las leyes de la naturaleza en la misma creación.

Alguien dice de la imposibilidad de que la disposición ordenada e infinitamente compleja del universo sea resultado de la casualidad: "Tome una caja de tipos de imprenta, revuelva las letras bien y sígalas sacudiendo hasta que se coloquen solas en el orden correcto para imprimir un hermoso soneto o un discurso elocuente. Esto será mucho más fácil de realizar que el desarrollo de todo un universo por obra de la casualidad."

3. La Biblia explica mejor que la evolución las diferencias entre las especies. La Biblia dice que Dios creó todo ser viviente según su género y según su especie. La evolución se basa en la similaridad entre distintas especies para decir que una ha venido de la otra, o que tuvieron un origen común en otra especie prehistórica. Señalan los fósiles de los animales prehistóricos para respaldar sus argumentos.[1]

Si es cierta la teoría de la evolución, ¿por qué no se hallan entre los fósiles especies que estén en el proceso mismo de mutación? Estos son los eslabones perdidos, no sólo entre el hombre y algún animal como el chimpancé, sino también entre las distintas especies animales.

Además, si la evolución es continua, debe haber actualmente abundancia de eslabones en todas las etapas de desarrollo posibles; sin embargo, no hay ninguno. ¿Y por qué hay aún formas primitivas de vida, como los gusanos? ¿Por qué no han evolucionado a través de tantos millones de años?

Hay demasiados fenómenos observables en la naturaleza que la evolución no puede explicar, por lo que no puede ser una teoría satisfactoria sobre el origen del mundo y del hombre.

4. La Biblia explica la naturaleza del hombre mejor que la evolución. Dice que el hombre fue creado a imagen de Dios, pero después se rebeló contra su Creador. Esa rebelión ha motivado su degeneración moral, espiritual y física. La evolución enseña

1 Véanse en la sección *Obras de consulta* algunos libros sobre la creación y la refutación de la teoría de la evolución.

que el hombre es el resultado de un progreso continuo; es básicamente bueno y sólo necesita que se le enseñe el camino para librarse de la crueldad y la barbarie de su origen salvaje.

La evolución no puede explicar el terrorismo, la brutalidad y la violencia evidentes en el siglo veinte aun entre personas que han gozado de una educación universitaria. Tampoco explica la malevolencia en personas cuyos antepasados han sido buenos y amables. La guerra más terrible que el mundo ha conocido, tuvo lugar entre las naciones más avanzadas en el campo científico. ¿Por qué este regreso a la selva?

La Biblia y la evolución se contradicen rotundamente. Aceptamos la Biblia y rechazamos la teoría de la evolución: 1) porque creemos que la Biblia es la Palabra infalible de Dios, y 2) porque la explicación bíblica es más completa y más científica que la que puede dar la evolución. Esta teoría va pasando de boga pero la verdad permanece. "En el principio Dios creó los cielos y la tierra . . . y creó Dios al hombre a su imagen."

La salvación

⇨ El resultado natural de la teoría de la evolución es el concepto de que el hombre se salva a sí mismo mediante su progreso moral y espiritual. En todos los seres humanos hay una chispa de divinidad; hay que desarrollarla. Jesucristo es un ejemplo del desarrollo de esa chispa; debemos imitarlo.

⇨ Los liberales hablan mucho de la paternidad de Dios y de la hermandad entre los hombres, y enseñan que toda la humanidad se salvará. (Pero los neoortodoxos creen en la regeneración.)

Cristo les dijo a ciertos hipócritas que ellos eran de su padre el diablo (Juan 8:44). Enseñó que para librarse de la naturaleza depravada y llegar a ser hijos de Dios había que tener una conversión radical, un renacimiento espiritual (Juan 3:3; 2 Corintios 5:17).

⇨ El liberalismo dice que la doctrina de la salvación por la muerte expiatoria de un salvador es sencillamente una creencia de las religiones paganas que Pablo adoptó de ellas y aplicó a la muerte de Jesús. No creen en su muerte vicaria. Dicen que la expiación es doctrina de "una religión de matadero".

La Biblia, de principio a fin, hace ver que la salvación es vicaria, es decir, se obtiene gracias a que otro murió en nuestro lugar. Cristo es el Cordero de Dios sacrificado por nosotros (Juan 1:29). Somos redimidos por su preciosa sangre (1 Pedro 1:18-20). ¡Qué terrible será la suerte de los que tengan por inmunda la sangre del pacto (Hebreos 10:28-31)! "Sin derramamiento de sangre no hay remisión de pecados" (Hebreos 9:22). Isaías 53 profetiza que Dios cargaría en Cristo la culpa por nuestros pecados.

La existencia de los sacrificios de sangre en otras religiones sólo confirma el relato bíblico de que toda la raza humana en un tiempo recibió la revelación de la verdad. Aunque se han alejado mucho de la verdad en sus religiones degeneradas, los paganos retienen aún algunos rasgos de la revelación.

La vida futura

⇨ Algunos liberales creen en la resurrección. Otros creen en la inmortalidad del alma, pero no en la resurrección del cuerpo. Algunos son universalistas, y creen que al final todos se salvarán, hasta el mismo diablo si es que existe. Otros creen que los malos serán aniquilados y los buenos vivirán eternamente.

La Biblia enseña la resurrección corporal de los justos y los injustos (Daniel 12:2,3,13; 1 Corintios 15:20-26,35-55; Apocalipsis 20:4-6,12-15; 21:8). El estado del hombre después de la muerte depende de que acepte o no la salvación en esta vida (Marcos 9:47,48; Mateo 18:8; 25:46; 2 Tesalonicenses 1:6-10).

EL TRATO CON LOS LIBERALES

Muchos liberales aman sinceramente al Señor Jesús, aunque están confundidos en cuanto a la doctrina. El testimonio de lo que Cristo ha hecho en la vida del obrero personal puede ser de mucha importancia, ya que la neoortodoxia le da tanta importancia a la experiencia personal. Esto le dará oportunidad de explicar también el nuevo nacimiento.

Muchos miembros de iglesias liberales tienen hambre espiritual y creen en el poder de la oración. Algunos evangélicos han obtenido resultados admirables invitando a sus amigos a su casa para una reunión semanal o mensual con otros creyentes, tienen un intercambio de opiniones sobre cierto pasaje bíblico o tema doctrinal y oran por las peticiones. "La fe es por el oír, y el oír, por la Palabra de Dios" (Romanos 10:17).

Muchos liberales que se creían salvos por ser miembros de una iglesia se han convertido al ponerse a orar por el bautismo en el Espíritu Santo. Después de conocer personalmente al autor de las Sagradas Escrituras, no les ha sido difícil ver la luz en cuanto a una serie de puntos doctrinales.

AVISOS EN EL CAMINO

"Se envanecieron en sus razonamientos, y su necio corazón fue entenebrecido. Profesando ser sabios, se hicieron necios" (Romanos 1:21,22).

La decadencia espiritual de muchas iglesias es consecuencia de confiar en el intelectualismo en vez de confiar en la obra del Espíritu Santo. Tal actitud lleva al fracaso. Al mismo tiempo, tenemos que cuidarnos para que la reacción contra el intelectualismo no nos lleve al otro extremismo, el rechazar como inútil la preparación para el ministerio. Es importante un estudio reverente de las Escrituras y una preparación intelectual adecuada, sin perder el sentido de dependencia total en Dios.

Hay un gran peligro en la tendencia a buscar la fuerza en la unión con otros grupos a costa de la claridad del mensaje evangélico. No podemos contemporizar, asintiendo a la negación de la deidad del Señor, y seguir gozando de su presencia.

PREGUNTAS Y ACTIVIDADES

1. Explique lo que es el liberalismo y nombre tres fuerzas históricas que contribuyeron a su surgimiento.
2. Explique el efecto sobre el mundo religioso de la lucha por la libertad intelectual en el Renacimiento.
3. Conversen sobre el conflicto entre la ciencia y la religión.
4. Compare el lugar de las reformas sociales en el humanismo, en las iglesias liberales y en las iglesias evangélicas.
5. Cite tres características de las iglesias liberales.
6. Cite la creencia universalista y su refutación bíblica.
7. ¿Qué significan los términos "unitaria" y "trinitaria"?
8. ¿Cómo se refuta la hipótesis documental de Jean Astruc?

9. ¿Hay conflicto entre la Biblia y la ciencia respecto a la antigüedad de la tierra? Explique la teoría de la evolución, sus consecuencias para la iglesia y su refutación.
10. Relate el origen de la neoortodoxia y compárela con el liberalismo y con el fundamentalismo.
11. Conversen sobre ventajas y desventajas del movimiento ecuménico.
12. Cite diez razones para creer en la inspiración de la Biblia.
13. ¿Cómo pueden ocurrir los milagros sin violar las leyes de la naturaleza? Citen ejemplos de milagros en la actualidad.
14. Explique la creencia liberal con respecto a Cristo. ¿Por qué son importantes el nacimiento virginal y la resurrección?
15. Compare las enseñanzas liberales, neoortodoxas y evangélicas respecto a la salvación y la vida futura.
16. Si es posible, averigüe qué librerías religiosas venden libros liberales. ¿Cuáles se niegan a venderlos? Infórmese sobre las casas editoras liberales y las evangélicas.
17. Representen una conversación entre un miembro de una iglesia liberal y un vecino evangélico que desea ayudarlo.

Capítulo 7

LOS SANTOS DE LOS ÚLTIMOS DÍAS

Iglesia: **Tres organizaciones principales: 1) La Iglesia de Jesucristo de los Santos de los Últimos Días, con sede en Salt Lake City, Utah. 2) Iglesia Reorganizada de Jesucristo de los Santos de los Últimos Días, con sede en Independence, Misuri. 3) Iglesia de Cristo, Lote del Templo, con sede en Bloomington, Illinois.**

Fundación: **1830.**

Fundador: **José Smith.**

Autoridad: El libro de Mormón, Doctrinas y convenios, La perla de gran precio **(todos de José Smith), la Biblia, y las revelaciones dadas a los "oráculos vivos".**

Teología: **Politeísta. Los humanos son hijos de dioses y los fieles llegarán a ser dioses. Adán es el dios de este mundo.**

Atracción especial: **La cooperación y la ayuda mutua.**

ASPECTOS HISTÓRICOS

Los santos

Hace más de siglo y medio una caravana de pioneros atravesó a paso de bueyes las praderas interminables y las formidables montañas de Norteamérica. Torturados por la sed en el desierto, muriendo de frío al cruzar las sierras nevadas, amenazados por indios hostiles, oraban a Dios y proseguían en su marcha lenta hacia el oeste. Buscaban un lugar donde establecer el reino de Dios sobre la tierra. Se llamaban a sí mismos "los santos de los últimos días". Otros los llamaban "los mormones".

El que llega ahora a Salt Lake City, Utah, queda maravillado ante la obra de estos pioneros y de sus descendientes. Han hecho florecer el desierto. Tienen una impresionante organización político-eclesiástico-social. Gozan de prosperidad.

Los miembros de esta iglesia se destacan por su sinceridad y entrega. Se abstienen de los vicios, cooperan en las labores de la iglesia y en tiempos de necesidad reciben ayuda de ella.

Ha crecido mucho debido a su obra misionera. Los hombres dedican dos años a misiones en cualquier parte del mundo. Costean sus propios gastos hasta donde sea posible. Han establecido colonias en varios países. Desde la fundación de la iglesia en 1830 con seis miembros, en 1993 las tres organizaciones en las cuales se ha dividido contaban con 8.400.000 miembros, 1.600.000 de ellos en América del Sur.

El libro de Mormón

Estas iglesias tuvieron su origen en una "revelación" recibida por José Smith en el año 1823. Este joven de dieciocho años se convenció de que todas las iglesias estaban erradas y que él era llamado para ser profeta del Altísimo y fundar la iglesia verdadera.

Según su relato, se le presentó el ángel Moroni, quien había vivido en aquella zona hacía mil cuatrocientos años. Mormón, el padre de Moroni, había esculpido en planchas de oro la historia de su pueblo. Cuando su pueblo estaba a punto de ser exterminado por sus enemigos, Moroni había enterrado esas planchas en un cerro cerca de lo que es ahora Palmyra, Nueva York. Ahora se le aparecía a José para indicarle dónde se hallaban y le prestó unas piedras milagrosas con aspecto de lentes, que llamó "Urim y Tumim". Con ellas podría leer la historia en las planchas en un lenguaje que Smith llamaba "egipcio reformado".

Después de conseguir las planchas de oro y los lentes, José Smith, sentado detrás de una cortina, le dictó a un amigo la traducción. Después le devolvió todo a Moroni. La obra se publicó en 1829 con el título El libro de Mormón.

Este libro es la máxima autoridad de fe y conducta para la iglesia que José Smith fundó al año siguiente. La iglesia dice que El libro de Mormón es tan palabra de Dios como la Biblia.

Afirma ser la historia de los pobladores del hemisferio occidental. Dice que el Edén donde Dios puso a Adán estaba en Norteamérica, en lo que es ahora el estado de Misuri. Después del diluvio, el arca reposó en los montes de Asia, y aquellas tierras fueron pobladas por los descendientes de Noé. Más tarde, algunos de ellos emigraron al hemisferio occidental y poblaron la América Central. El libro narra sus luchas y migraciones.

Cuenta que Jesucristo, después de su resurrección, visitó este hemisferio, les enseñó el evangelio a sus habitantes y fundó una iglesia. Mormón describe las luchas entre los hombres piadosos de esta iglesia y sus perseguidores. Antes del exterminio de los últimos miembros de su pueblo, Mormón esculpió la historia en las tablas de oro, y su hijo Moroni las enterró para beneficio de las generaciones futuras. Era el año 420 d.C.

Hay varios problemas respecto a la autenticidad de *El libro de Mormón* que muchas personas toman como evidencias de fraude.

1. El contenido parece haber sido tomado en gran parte del manuscrito no publicado de una novela escrita por Salomón Spaulding. Después de la muerte de éste, el manuscrito había caído en manos de un amigo de José Smith.

2. Los descubrimientos arqueológicos y los estudios históricos prueban que los pobladores primitivos de las zonas indicadas por Mormón eran muy diferentes a la descripción que él da en cuanto a costumbres, nombres, carácter y modo de hablar.

3. *El libro de Mormón* contiene unas diez mil citas que se hallan en las palabras precisas de la versión del rey Jaime de la Biblia publicada en el año 1611 d.C. Sin embargo, pretende ser la traducción de unas tablas que habían estado enterradas desde el año 420 d.C. hasta 1823. ¿Cómo es posible que citara las palabras exactas de una obra publicada en 1611? Evidentemente estas partes fueron copiadas, pero no de las tablas de oro.

4. *El libro de Mormón* pone palabras que la Biblia atribuye al Señor en boca de personajes que vivieron siglos antes de su primera venida.

5. Es extraño que José Smith no le enseñara a nadie las planchas de oro y los lentes milagrosos, para confirmar su testimonio.

6. Para escribir todo el contenido de *El libro de Mormón* en el tamaño de las tablas de oro, se requería un trabajo microscó-

pico o milagroso. En el año 420 d.C. no se conocía el microscopio.

7. Las muchas faltas de gramática y los errores en el signifi- cado de las palabras en *El libro de Mormón* le dan apariencia de ser obra de hombre y no inspirada por Dios.

Fundación de la iglesia

José Smith encontró quienes lo aceptaran como profeta y fundó una iglesia con seis miembros. Esta, en su concepto, era la única iglesia verdadera. Sólo en ella se conseguiría la salva- ción.

Los creyentes debían edificar una teocracia, es decir, ten- drían su propio gobierno civil bajo la dirección divina. Smith, el profeta, sería el presidente. Tendría la ayuda de doce apóstoles. Los que no recibieran su mensaje serían llamados "gentiles".

Una serie de revelaciones que Smith recibía iba transfor- mando las doctrinas de la iglesia, hasta que llegaron a ser una forma de politeísmo. Estas se hallan en otro libro sagrado de la iglesia llamado *Doctrinas y convenios*.

Sus revelaciones llevaron a sus seguidores hacia el oeste, a través de problemas, dificultades y oposición, para establecer una colonia propia y levantar el reino de Dios.

La poligamia y la persecución

Gran parte de la persecución sufrida por Smith y sus segui- dores se debía a una revelación suya de que las almas humanas existen antes de su encarnación como seres humanos. Son los hijos espirituales de los dioses. Millones de almas se hallan en su estado de no nacidas, esperando la felicidad de poder entrar en un cuerpo, nacer, oír la verdad, creer y formar parte del reino eterno. Es deber de los fieles proporcionarles los cuerpos infan- tiles a estas almas para que puedan nacer. Cuantos más hijos uno tenga, más almas podrán formar parte del reino de Dios.

La manera de cumplir con este deber, según Smith, sería tener muchas esposas. Para apoyar su doctrina, se refería a Abraham y sus concubinas, a David y a Salomón con sus muchas esposas. Citaba también la profecía de Isaías: "Echarán mano de un hombre siete mujeres en aquel tiempo, diciendo: Nosotras comeremos de nuestro pan, y nos vestiremos de nuestras ropas;

solamente permítenos llevar tu nombre, quita nuestro oprobio" (Isaías 4:1).

Smith enseñó que era un oprobio para la mujer no poder casarse para ayudar en esta multiplicación de súbditos para el reino de Dios. El casamiento sería no sólo para esta vida, sino para toda la eternidad. Para alcanzar un puesto de honra y completa felicidad en el mundo venidero, la mujer necesitaba casarse. Si no lo hacía, quedaba relegada eternamente a un rango inferior.

Como es de suponerse, esta doctrina creaba problemas dondequiera que los mormones hacían escala en su viaje hacia el oeste. Algunas señoritas que no eran mormonas aceptaban la oportunidad de unirse en matrimonio con un esposo-salvador, porque preferían compartirlo con varias esposas a sufrir el oprobio eterno. Los padres enfurecidos querían acabar con los que enseñaban tal cosa. Atribuían la "revelación" del profeta a sus propios deseos sensuales y no a una preocupación por las almas no nacidas.

En 1844 los mormones ya habían edificado en Illinois una ciudad de unos veinte mil habitantes llamada Nauvoo. Pero no había de ser su sede permanente: los problemas continuaban.

Por último, José Smith fue encarcelado debido a varias acusaciones. Una muchedumbre atacó la cárcel y lo mató a él y a su hermano Hiram. Pero el martirio del fundador, lejos de acabar con la secta odiada, solamente le dio mayor impulso.

Brigham Young, su sucesor, llevó a millares de adherentes en un viaje riguroso y lleno de vicisitudes hasta el nuevo territorio que habría de ser su hogar. Allí, en lo que ahora es el Estado de Utah, establecieron una estricta teocracia controlada por el presidente Brigham Young y sus doce apóstoles.

En Utah, el trabajo diligente de los pioneros, su sistema de cooperación y ayuda mutua, y la buena dirección económica produjeron una comunidad próspera, tranquila y bien ordenada.

Cuando la expansión de los Estados Unidos abarcó el territorio donde vivían, los mormones enfrentaron la oposición del gobierno por su poligamia y su organización política. Por fin cedieron a la oposición. En 1899, el presidente de los Santos de los Últimos Días publicó un manifiesto que prohibía la poligamia. Aunque ésta sigue siendo parte de la doctrina de la iglesia con sede en Utah, les está terminantemente prohibido a sus miembros practicarla.

Divisiones en la iglesia

Después de la muerte del fundador, la iglesia se dividió.

Un buen grupo rechazó la dirección de Brigham Young, aceptaron como jefe a un hijo de José Smith, y se separaron de los demás. Renunciaron a las doctrinas de la poligamia, del politeísmo y otras más. Establecieron su sede en Independence, Misuri, como "La Iglesia Reorganizada de Jesucristo de los Santos de los Últimos Días". Es mucho más pequeña que la que está en Utah.

Otra facción más pequeña que salió después de la muerte de Smith es la Iglesia de Cristo del Lote del Templo, ubicada en Bloomington, Illinois. Según sus revelaciones, están convencidos de que Jesucristo no regresará a la Sión de Palestina, sino al lugar donde ellos viven. También creen que el Señor tendrá su templo en cierto lote que se les ha indicado en revelación.

DOCTRINAS DEL MORMONISMO

Tengamos presente que las distintas ramas de los Santos de los Últimos Días varían en sus doctrinas. Consideramos la enseñanza básica original. Para un conocimiento más a fondo de la misma, recomendamos el documentado libro *El mormonismo y yo*.[1]

La Biblia

⇨ Los mormones dicen que creen en la Biblia hasta donde se ha conservado la tradición correcta. Afirman que la "iglesia apóstata" la ha corrompido gravemente, quitando muchas partes y agregando otras. Han publicado su propia versión de la Biblia.

El cotejo de la Biblia actual con los manuscritos antiguos hace ver que Dios ha conservado su Palabra libre de tales alteraciones y corrupción.

---

1 Thelma de Geer, criada en el mormonismo, ha sido usada por Dios para exponer las doctrinas erróneas de esa secta, encaminando a muchos a Cristo. *El mormonismo y yo*, publicado por Editorial Vida en 1989, cita muchos pasajes oficiales de documentos mormones.

⇨ El mormonismo dice que la Biblia es insuficiente. No contiene toda la verdad que Dios desea darle a su pueblo. Le dio a José Smith revelaciones al mismo nivel de la Biblia. Entre sus libros están *El libro de Mormón, La perla de gran precio* y *Doctrinas y convenios.* Son la guía suprema para la iglesia. Además, Dios habla mediante el sacerdocio. Los Oráculos Vivos "valen más para los Santos de los Últimos Días que todas las biblias".

Véanse Apocalipsis 22:18,19 y Proverbios 30:5,6 respecto a los que añaden su propia enseñanza a la revelación divina. José Smith llamó a *El libro de Mormón* "el libro más correcto que hay en la tierra". Sin embargo, contenía tantos errores que en ediciones subsiguientes los historiadores han hecho tres mil cambios.[1] Los muchos errores históricos en el libro que es la base para la iglesia deben hacer dudar de la validez de sus doctrinas.

Dios

⇨ El mormonismo enseña que hay muchos dioses. Sus libros sagrados se contradicen en ese sentido. Al principio enseñaban que había un solo Dios, según *El libro de Mormón* y en la traducción que José Smith hizo de la Biblia. Más tarde la iglesia enseñaba que había tres dioses, negando la unidad de la Trinidad. Después enseñaban que todos los fieles llegan a ser dioses.[2]

La doctrina de que existen muchos dioses se llama politeísmo, en contraste con el monoteísmo o creencia en que existe un solo Dios. La Biblia enseña que Dios es uno, pero consta de tres personas: el Padre, el Hijo y el Espíritu Santo. Para estudiar más sobre la Trinidad, véanse los capítulos sobre el judaísmo y la iglesia Sólo Jesús.

Contra el politeísmo véanse Éxodo 20:1-3; Deuteronomio 6:4; 4:34,35,39. La Biblia dice que nuestro Dios es el único Dios verdadero. Véanse 1 Reyes 8:60; Isaías 45:5-22; 46:9; Joel 2:27.

---

1 George B. Arbaugh escribe sobre la evolución de su doctrina y cita muchos pasajes contradictorios de sus libros sagrados en *The Mormon Story: Gods, Sex and Saints.* Rock Island, IL: Augustana Book Concern, 1957, p. 29.
2 Pablo Hoff, *Otros evangelios,* p. 25.

⇨ Se enseña que todos los dioses, incluso Jesucristo y su Padre, tienen cuerpos gloriosos de carne y hueso y están sujetos a las leyes que gobiernan lo físico. El Espíritu Santo es el único que no tiene cuerpo físico y está en todo el universo. Citan textos de la Biblia que mencionan las manos o los pies de Dios (como Deuteronomio 33:3; Isaías 59:1,16,17). Con ellos quieren probar que Él es hombre y tiene cuerpo humano.

Juan 4:24 y Deuteronomio 4:15-18 dicen que Dios es Espíritu. Si dicen que el hombre fue hecho a la imagen de Dios, y por consiguiente Dios tiene cuerpo humano, podemos señalar Colosenses 1:15; 3:10 y Efesios 4:23,24, que nos prueban que Dios en su esencia es invisible y que la semejanza con la cual creó al hombre era una imagen espiritual, intelectual, moral, santa, justa y perfecta, pero no se refiere a su forma corporal.

Es posible que un espíritu se manifieste en forma humana, como lo hizo Dios en ciertas ocasiones (Génesis 18; Éxodo 24:10,11; Jueces 13:18), pero éstas eran manifestaciones de Dios y no su propia esencia. Véase Juan 1:18 y Éxodo 33:18-23.

Las referencias a sus manos, pies y demás son ejemplos de cómo Dios acomoda su revelación a la comprensión humana, hablando de los atributos del ser supremo como si fueran los de un hombre. Nótese que en el Salmo 94:9 dice: "El que hizo el oído, ¿no oirá? El que formó el ojo, ¿no verá?" No dice que Él tenga oídos ni ojos, sino que tiene las facultades de oír y de ver.[1]

⇨ Enseñan que los dioses han sido humanos. Tienen muchas esposas y procrean hijos. Los hijos de estas uniones celestiales son espíritus que esperan la oportunidad de nacer en el mundo. Si oyen la doctrina mormona, la aceptan y cumplen fielmente con las obligaciones de la iglesia, después de morir serán dioses.

La Biblia enseña la eternidad de Dios. La Trinidad existió antes de la creación de la raza humana. Jesús negó la existencia del matrimonio en el cielo (Mateo 22:29,30; Marcos 12:24-26).

⇨ Se enseña que Adán es el dios de este mundo, el único dios con quien los humanos tenemos que ver.

1 Alice Luce, *Probad los espíritus*, pp. 39,40.

Génesis 1-4 enseña que Jehová Dios creó a Adán y a Eva, y ellos tuvieron que rendirle cuentas a Jehová. Caín y Abel ofrendaron sacrificios a Jehová mientras Adán estaba vivo todavía, lo que prueba que Adán y Jehová no son la misma persona. El resto de la historia bíblica trata de Jehová Dios, el mismo que en el Nuevo Testamento es llamado "el Señor". El Nuevo Testamento no presenta a Adán como Dios sino como padre de nuestra naturaleza carnal (1 Corintios 15:21,22,45-49; Romanos 5:12-19).

Jesucristo

⇨ Dicen que Jesucristo fue el hijo de Dios-Adán y de María. No fue engendrado por el Espíritu Santo, sino por generación natural.

Mateo 1:18-23 y Lucas 1:26-35 enseñan que Jesús es el Hijo del Dios Altísimo, engendrado de una manera sobrenatural por el Espíritu Santo, y nacido de la virgen María.

⇨ Enseñan que Jesús tuvo varias esposas, entre ellas Marta y María (las hermanas de Lázaro) y María Magdalena. Así pudo "ver linaje" (Isaías 53:10). En las bodas de Caná de Galilea, el novio era Él. José Smith era uno de sus descendientes, el linaje prometido.

Isaías 53:10,11 explica que se refiere a la simiente espiritual y no a la natural. Vería linaje "cuando hubiere puesto su vida por expiación", es decir, después de su muerte. Este linaje sería el "fruto de la aflicción de su alma", de la obra expiatoria que es el tema de todo el capítulo. Cada cristiano forma parte de su linaje espiritual. La afirmación de que José Smith era descendiente natural de Jesús es ridícula.

La doctrina de la poligamia de Jesús y su casamiento con Marta y María se basa en Juan 11:5: "Y amaba Jesús a Marta, a su hermana y a Lázaro." Citan la primera parte del texto, omitiendo "y a Lázaro". Amaba a Lázaro de la misma manera que amaba a Marta y a María, con un amor fraternal, de amigo, y con el amor de Dios que tenía para todos los suyos (Juan 13:1,34; 15:9,12).

En cuanto a las bodas de Caná, Juan 2:2 dice que Jesús también fue convidado a las bodas con sus discípulos. ¡Qué raro que tuvieran que convidar al novio a presenciar sus propias bodas! El relato habla de Jesús como uno de los invitados y habla también del esposo como otra persona.

El Espíritu Santo

⇨ Dicen que el Espíritu Santo no tiene cuerpo; es espíritu y por lo tanto puede venir y habitar en los creyentes.

En esto estamos de acuerdo, pero ponemos más énfasis sobre la personalidad del Espíritu Santo.

⇨ Enseñan que el sacerdocio mormón reparte los dones del Espíritu Santo a su voluntad.

1 Corintios 12:4-11 enseña que el Espíritu Santo mismo reparte los dones según su voluntad, y no el sacerdocio. Algunos mormones hablan en lenguas, profetizan y manifiestan otros "dones". Eso no es prueba de que su doctrina sea de Dios ni de que las manifestaciones sean del Espíritu Santo. El diablo es un gran imitador, y se complace en imitar la obra del Espíritu Santo para confundir y engañar a la gente (1 Juan 4:1; 1 Timoteo 4:1).

El pecado y la salvación

⇨ Enseñan que Adán se vio en necesidad de desobedecer uno de los mandamientos de Jehová para poder cumplir con otro más importante, el de poblar la tierra. Por la desobediencia de Eva, ella fue condenada a la mortalidad. Para poder retenerla como esposa y poblar la tierra, Adán tuvo que hacerse mortal. En su sabiduría, desobedeció para que pudiera nacer la raza humana.

La Biblia no atribuye sabiduría alguna a la decisión de Adán. No fue engañado; desobedeció a sabiendas (1 Timoteo 2:14). Por ese mismo motivo su pecado fue peor aún (Romanos 5:12-19).

⇨ El mormonismo enseña que Jesucristo expió sólo el pecado de su padre, el Dios-Adán. Esto hizo posible la liberación de la humanidad de los efectos de la caída, pero no servía para redimir al hombre de los pecados individuales.

Si uno niega la deidad de Cristo, niega la expiación. La Biblia enseña que Cristo llevó los pecados nuestros, y no solamente los de Adán (1 Juan 2:2; 3:5; 4:10; Isaías 53:4-6,12; Juan 1:29; 1 Corintios 15:3; Gálatas 1:4; Hebreos 1:3; 1 Pedro 2:24).

⇨ Se afirma que la redención individual depende de las obras de la persona, de sus propios esfuerzos. Para conseguir la salvación personal, hay que ser miembro de la Iglesia de Jesucristo de los Santos de los Últimos Días y cumplir con sus ritos y ceremonias.

La Biblia enseña que la salvación individual no se consigue por obras, sino por fe en la obra expiatoria de Jesucristo (Efesios 2:8,9; Hechos 16:30,31; Juan 3:16-18; 6:28,29,40).

El bautismo por los muertos

⇨ Se enseña que los que mueren sin ser bautizados en la iglesia de los mormones tienen oportunidad de oír la verdad en el mundo de los espíritus. Muchos creen pero no tienen allí la oportunidad de bautizarse para ser salvos. Los fieles que viven aún deben bautizarse en lugar de cada difunto cuya conversión desean. Así toman parte, cuantas veces deseen, en la salvación de las almas. Para esta doctrina citan 1 Pedro 3:18-20 y 1 Corintios 15:29.

Una regla fundamental para interpretar correctamente las Escrituras es que la interpretación se hace a la luz de lo que dicen las otras partes de la Biblia sobre el tema. Las Escrituras nos enseñan que hoy es el día de la salvación y no hay oportunidad después de la muerte. Debe llevarse el evangelio a toda persona en el mundo porque es allí donde el hombre debe tomar su decisión (2 Corintios 6:2; Hebreos 9:27; Marcos 16:15,16).

En segundo lugar, el hecho de que Cristo les predicara a los espíritus encarcelados después de su crucifixión no es base para creer que los muertos tendrán otra oportunidad de aceptar el evangelio. No dice el texto que estos espíritus fueran de muertos. Muchos comentaristas creen que eran los ángeles que se rebelaron bajo Satanás y son guardados en "prisiones de oscuridad" hasta el juicio final (2 Pedro 2:4; Judas 6). Creen que Jesucristo les anunció el significado de su muerte vicaria y les hizo ver el amor y la sabiduría de Dios en su triunfo sobre Satanás.

El significado del pasaje no está claro. Algunos creen que se refiere al anuncio a los santos de los siglos anteriores a la consumación de su sacrificio. Lo relacionan con Efesios 4:8-10, donde se relata cómo Jesús descendió y al subir llevó cautiva la cautividad. Sea como fuera, no hay mención alguna del arrepentimiento de los oyentes en aquella ocasión, ni de su conversión, ni de la necesidad de que alguien se bautizara por ellos para que fuesen salvos.

1 Corintios 15:29 no enseña que uno debe bautizarse por los muertos ni dice que tal práctica tenga valor alguno. Ni siquiera dice que fuera corriente entre los cristianos. Sólo hace referencia a una costumbre existente entre ciertas personas de Corinto en aquella época, usándola como ilustración en su enseñanza sobre la fe en la resurrección.

Algunas personas creen que los corintios tenían esta costumbre en su iglesia. Cuando una persona se convertía en el lecho de la muerte y no tenía oportunidad de bautizarse, pedía que otra persona fuera bautizada en su lugar para dar testimonio público de su fe en Cristo. Esto pudiera ser cierto, pero el hecho de que la costumbre sea desconocida en la historia de la Iglesia primitiva indica que no era parte de la doctrina ni de la práctica que había recibido de los apóstoles.

La teocracia

⇨ Los Santos de los Últimos Días enseñan que el sacerdocio de su iglesia es el gobierno de Dios en la tierra. Quienes lo rechacen serán condenados.

Ya hemos visto que la salvación depende de la fe en Cristo, y no de que seamos miembros de una iglesia (Hechos 16:31; Efesios 2:8). Los cristianos a través de los siglos se han vuelto miembros del reino de Dios al recibir al Rey en su corazón, al hacerlo Señor de su vida (Romanos 14:17). El reino de Dios tomará forma visible en la tierra cuando Cristo vuelva en gloria.

La vida futura

⇨ Según los mormones, los fieles llegarán a ser dioses, como Adán-Dios. Si los esposos son "sellados" en el templo, el matrimonio es eterno. Cada hombre, con su esposa o esposas como reinas, reinará sobre el planeta que quede bajo su responsabilidad. Continuarán procreando hijos espirituales eternamente. Las solteras tendrán que servir en una capacidad inferior en el mundo venidero. Donde las leyes del país prohíben la poligamia, se pueden celebrar bodas espirituales para ser esposos en el cielo aunque no puedan casarse ante la ley ahora.

Cristo enseña que la vida matrimonial no existe en el cielo (Mateo 22:29,30; Marcos 12:25; Lucas 20:34-36). Además, con respecto a nuestro estado en la eternidad, y su fundamento, lo único que vale es estar en Cristo: "Ya no hay judío ni griego; no hay esclavo ni libre; no hay varón ni mujer; porque todos vosotros sois uno en Cristo Jesús. Y si vosotros sois de Cristo, ciertamente linaje de Abraham sois, y herederos según la promesa" (Gálatas 3:28,29). Lo que nos está preparado es igual para los hombres que para las mujeres.

Con respecto a las recompensas, cada uno dará cuenta de sí por las obras hechas durante su vida. La esposa no recibirá su herencia de acuerdo con lo que haya hecho su esposo (Romanos 14:10-12; 2 Corintios 5:10).

⇨ Se enseña que los paganos resucitarán con los justos y tendrán la oportunidad de oír la verdad. Si la aceptan, serán salvos; si la rechazan, serán condenados.

La Biblia no enseña esto en 1 Tesalonicenses 4:16,17 y Apocalipsis 20:4-6,11-15. Según estos pasajes, se ve que la primera resurrección es sólo para los creyentes.

La poligamia

⇨ José Smith escribió sobre el matrimonio celestial: "Abraham recibió concubinas, y le parieron hijos; y se le imputó por justicia . . . Ve, pues, y haz las obras de Abraham; acepta mi ley, y serás salvo."[1]

No hay que creer, al leer esto, que los Santos de los Últimos Días practiquen la poligamia actualmente. Se sujetan a la ley del país y la prohíben de manera terminante. La Iglesia Reorganizada ha renunciado a la doctrina de la poligamia.

Romanos 3:28 y 4:1-3 nos presenta claramente que Abraham no fue justificado por lo que hizo, sino por su fe en la promesa de Dios. Véase Génesis 15:3-6; 25:1,6. La fe que le fue contada por justicia fue demostrada y así calificada por lo menos unos cincuenta y cinco años antes de la mención de las concubinas.

---

1 *Doctrinas y convenios*, 132:27,32.

Esta costumbre de sacar textos, o partes, de su contexto bíblico y darles otro significado es típico de las doctrinas de Smith.

Salvación por la maternidad

⇨ Se enseña que el estado eterno de la mujer depende de que haya tenido hijos en esta vida. Basan su idea de la salvación mediante la maternidad en el texto de 1 Timoteo 2:15.

Hay diferencias de opinión sobre el significado exacto de este texto. La interpretación común es que Pablo no se refiere a la salvación del alma sino al alumbramiento feliz. El contexto parece respaldar esta interpretación, pues habla del pecado de Eva y la sentencia de sumisión al hombre que las mujeres habrían de llevar. Otra parte de la sentencia era la multiplicación de los dolores en el parto. Parece que Pablo piensa en esto y señala la esperanza que la mujer cristiana tiene de que el Señor la ayude mientras esté encinta y durante el parto.

Otra interpretación es que la mujer es redimida de la maldición por la salvación en Cristo, el Hijo Divino (Génesis 3:15,16). Él es la simiente de la mujer que heriría la cabeza de la serpiente. Desde Eva hasta María las mujeres tuvieron su parte en la descendencia y la conservación del linaje mesiánico. De modo especial, Dios escogió a la virgen María para dar a luz al niño que traería la salvación para todos, tanto hombres como mujeres.

Cualquiera que sea la interpretación del texto, tiene que concordar con las otras enseñanzas de Pablo, quien lo escribió. Si la felicidad eterna de la mujer dependiera de la maternidad, Pablo no hubiera escrito como lo hizo en 1 Corintios 7. En el versículo 34 enseña claramente que las solteras tienen más libertad para dedicarse a las cosas del Señor que las casadas.

En cuanto a la poligamia, la Biblia reconoce el hecho de que existía la práctica, pero no la recomienda. Al contrario, cuando Dios instituyó el matrimonio, le dio al hombre una sola mujer (Génesis 2:18-24). El homicida Lamec fue el primer bígamo del que nos habla la historia sagrada (Génesis 4:19-24). Aunque es cierto que se permitió la costumbre durante la época del Antiguo Testamento, se enseñó en contra de ella en el Nuevo Testamento.

Los líderes de la iglesia deben servir de ejemplo para todos los cristianos. Sobre ellos se enseña que no deben tener más de una esposa (1 Timoteo 3:2,12; Tito 1:5,6).

EL TRATO CON LOS MORMONES

Hay muchas personas sedientas de Dios entre los misioneros del mormonismo. Los jóvenes van de dos en dos, vendiendo materiales impresos de su iglesia, y cumpliendo con su misión obligatoria. Ore por ellos, para que Dios les abra los ojos a la verdad.

Puede orar que lleguen a su puerta los que necesitan su ayuda para hallar la salvación. Cuando Dios los envíe, extiéndales una invitación cordial a pasar. Tómese el tiempo que sea necesario para hacer con ellos un trabajo de evangelismo. No discuta sus doctrinas, pero tampoco permita que ellos dominen completamente la conversación. Fuera de los argumentos que se les han enseñado, generalmente saben muy poco sobre la Biblia. El cristiano puede darle gracias a Dios por haberlos llevado a su puerta y permitirle presentarles los grandes textos bíblicos sobre la salvación, procurando que ellos mismos los lean.

Téngase presente que los términos "mormón" y "mormonismo" no son los nombres con los que ellos se llaman a sí mismos. Pueden hallarlos ofensivos. Es preferible usar el nombre oficial de su iglesia, Santos de los Últimos Días, o referirse a "las creencias de su iglesia", o "los miembros de su iglesia".

No crea que practican la poligamia. La Iglesia Reorganizada repudió totalmente la doctrina al separarse del movimiento original. Los otros, respetando las leyes del país, la prohíben terminantemente bajo pena de excomunión.

Ellos creen en la oración. Indiscutiblemente hay muchos que aman sinceramente al Señor. En su historia hay maravillosas respuestas a la oración. Aproveche la oportunidad de invitarlos a que oren con usted para que el Señor los ayude y los ilumine a todos en la comprensión de las Sagradas Escrituras.

Como la Biblia es uno de los cuatro libros que su iglesia considera sagrados, recomiéndeles el estudio del Nuevo Testamento en particular.

No discuta la fuente de las revelaciones de José Smith. Más bien testifique de Cristo, de cómo Él se revela actualmente a quienes lo buscan y de la salvación que usted ha experimentado al aceptarlo. Trate de guiarlos a aceptar a Cristo como su Salvador, haciéndoles ver que no somos salvos por las buenas obras, sino por la gracia de Dios y la fe en Él (Efesios 2:8,9; Romanos 4:5).

Es muy posible que citen Ezequiel 37:15-20 para hacerle ver que la Biblia y *El libro de Mormón* son los dos palos que se unirían. Ellos toman esto como una profecía de que se habría de escribir *El libro de Mormón*. Pida que siga leyendo en la Biblia los versículos siguientes. Al llegar al versículo 22 verá claramente que los dos palos no se refieren a los dos libros, sino a Judá e Israel, que llegarían a ser una sola nación.

Si surge el tema de la regeneración por el bautismo en agua, haga ver que el que salva es Cristo, y no el agua. Probablemente le citen Juan 3:5; Efesios 5:26 y Tito 3:5. En Tito 3:5 se hace referencia a la obra purificadora hecha en el alma por la regeneración. El bautismo es sólo un símbolo y un testimonio de esta realidad. En Efesios 5:26 se habla de la purificación por la palabra de Dios, simbolizada por el lavacro del tabernáculo. Es probable que Juan 3:5 se refiera a la misma cosa. Pero no entre en discusiones acaloradas; más bien haga ver que el arrepentimiento y la fe en Cristo son requisitos previos para el bautismo (Hechos 2:38; Marcos 16:16). Si faltan estas cosas, el bautismo carece de eficacia. Llámeles la atención al simbolismo del bautismo como muerte al pecado, y resurrección para andar en novedad de vida en Cristo (Colosenses 2:12; Romanos 6).

AVISOS EN EL CAMINO

"Amados, no creáis a todo espíritu, sino probad los espíritus si son de Dios; porque muchos falsos profetas han salido por el mundo" (1 Juan 4:1).

En la historia del mormonismo se ve el peligro de seguir a personalidades en vez de adherirse a la doctrina sana. Tal como la popularidad de José Smith cegó a sus seguidores para que no vieran sus faltas ni la falsedad de su mensaje, hoy también surgen problemas similares. ¿Conoce algunos?

Resulta un peligro especial la costumbre mormona de poner los "Oráculos Vivos" al mismo nivel de la Biblia. Así gobiernan a la iglesia. La Biblia nos advierte respecto a la falibilidad de los mensajes proféticos y las revelaciones. Pueden proceder de Dios, de los hombres o de espíritus engañadores.

En esta época, Dios les está restituyendo a sus hijos en distintas iglesias el poder pentecostal, el bautismo del Espíritu Santo y la operación de los dones del Espíritu. Es importante que nos rindamos al Espíritu Santo para el ejercicio legítimo de los dones que edifican a la iglesia: profecías, mensajes en lenguas y su interpretación y todos los otros dones. Al mismo tiempo debemos reconocer que el espíritu y los sentimientos humanos pueden producir mensajes y "revelaciones" que proceden de la misma persona, y no de Dios. Tales casos se han dado desde los tiempos bíblicos y suceden aún, produciendo confusión.

En algunas congregaciones los miembros han querido dirigir todo detalle de su vida y del gobierno de la iglesia mediante revelaciones o mensajes proféticos. Hasta se han formado matrimonios en obediencia a una "profecía" y sin el amor que caracteriza la unión que viene realmente de Dios. ¡Cuántas tragedias han surgido donde se han puesto las revelaciones en el mismo nivel de importancia que la Palabra de Dios! Toda iglesia que lo haga se está buscando problemas graves.

PREGUNTAS Y ACTIVIDADES

1. Cite algunas cualidades admirables de los Santos de los Últimos Días.
2. Relate la historia de José Smith y de la iglesia que fundó.
3. Cite seis cosas que hacen dudar de la autenticidad o de la inspiración de *El libro de Mormón*.
4. Explique la doctrina de la poligamia que propagó José Smith.
5. Hagan trabajos de investigación e informes sobre esta iglesia usando la lista de libros recomendados.
6. Dramaticen una escena del viaje hacia Utah, o una conversación de algunos pioneros sobre sus experiencias.
7. Compare los tres grupos principales de los mormones.

8. Hagan una comparación en dos columnas de los puntos principales de la doctrina mormona y la enseñanza bíblica.

9. Cite dos tendencias peligrosas entre los mormones primitivos que también han hecho estragos en algunas iglesias evangélicas.

10. Dramaticen la visita de dos misioneros mormones a la casa de un pastor evangélico. Pueden demostrar la manera incorrecta y la manera correcta de tratar con los miembros de esta religión.

11. Dramaticen la visita de un pastor evangélico a unos miembros de su iglesia que han empezado a estudiar los libros mormones.

12. Representen la visita de un maestro de escuela dominical a un nuevo convertido de su clase que se ha criado en el mormonismo.

Capítulo 8

EL ADVENTISMO DEL SÉPTIMO DÍA

Iglesia: Iglesia Adventista del Séptimo Día.
Fundación: 1844.
Precursor y fundadores: Guillermo Miller, Hiram Edson, José Bates y Elena Harmon de White.
Autoridad: La Biblia y los escritos de Elena de White.
Teología: Trinitaria. Observancia de la ley mosaica.
Atracción especial: El amor en la obra social. Énfasis en profecía.
Miembros: 3.600.000 en 1994.

ASPECTOS HISTÓRICOS

Dos de las iglesias que estudiamos en este libro pudieran tener su origen en las enseñanzas de Guillermo Miller, aunque él no fundó ninguna de las dos. Son los Testigos de Jehová y la Iglesia de los Adventistas del Séptimo Día.

A principios del siglo diecinueve se renovó el interés por la segunda venida de Cristo. Guillermo Miller, un pastor bautista del estado de Nueva York, se dedicó al estudio detallado de las Escrituras proféticas. Se convenció de que Daniel 8:14 se refería a la venida de Cristo a la tierra para "purificar el santuario". En 1818 calculó que cada uno de los dos mil trescientos días representaba un año, tomó como punto de partida la fecha del regreso de Esdras y sus compatriotas a Jerusalén en el 457 a.C., y llegó a la conclusión de que Cristo volvería a la tierra en 1843 d.C.

Durante un cuarto de siglo, Miller proclamó el mensaje en las iglesias y por la página impresa. Al acercarse el día, aumentaba el interés y el número de los que creían su mensaje, y entre cincuenta mil y cien mil personas se preparaban para el fin del mundo.

Muchos regalaron sus propiedades, abandonaron sus sembrados, y se prepararon para recibir al Señor el 21 de marzo de 1843. Este día llegó — y pasó — sin que ocurriera nada. Miller revisó sus cálculos, y descubrió un error de un año. La fecha correcta era el 21 de marzo de 1844. Pero de nuevo los creyentes quedaron desilusionados. Un tercer cálculo indicó que Jesucristo vendría el 22 de octubre del mismo año. Pero esa predicción también falló.

Guillermo Miller, demostrando su sinceridad y su honradez, confesó sencillamente que se había equivocado en su sistema de interpretación bíblica. No trató de defender más lo que había proclamado. Pero de los grupos que lo habían seguido, tres se unieron para formar una nueva iglesia basada en una adaptación de su mensaje. Él no aceptó la interpretación revisada y se negó a unirse al nuevo movimiento.

El día después de "la gran desilusión", Hiram Edson, discípulo ferviente de Miller, tuvo una "revelación" de que Miller no se equivocó en cuanto a la fecha, sino en cuanto al lugar. Dijo que Cristo había entrado el día anterior en el santuario celestial, y no el terrenal, para hacer una obra de purificación en él. Edson les anunció las buenas nuevas a otros miembros de su grupo.

Otros dos grupos se unieron con Edson al aceptar esa nueva "revelación". Uno, dirigido por José Bates, observaba el sábado en vez del domingo. Se basaba en Apocalipsis 14:12, considerando que era esencial cumplir con el cuarto mandamiento.

Otro grupo ponía énfasis en los dones del Espíritu para el día de hoy. Entre sus miembros estaba la señorita Elena Harmon (más tarde señora de White) quien tenía el "espíritu de profecía".[1]

Al unirse los tres grupos, cada uno hizo su contribución para la nueva iglesia: el primer grupo, la revelación de Edson respecto al santuario celestial; el segundo, el legalismo; y el tercero, una profetisa que durante más de medio siglo ejercería una influencia predominante en la fundación y el desarrollo de la nueva iglesia.

Mientras las revelaciones de Elena White tuvieron mucho que ver en la formación de las doctrinas adventistas, sus escritos

---

1 Véase *Otros evangelios*, por Pablo Hoff, pp. 146-149.

prolíficos contribuyeron a la extensión de la iglesia. Ella y su esposo diseminaban sus enseñanzas proféticas y doctrinales mediante las revistas y los libros que publicaban.

La Iglesia Adventista tenía la Biblia por su autoridad doctrinal y creía que Dios inspiraba a Elena de White en su interpretación de las Escrituras y en los consejos dados en sus libros. Entre ellos están: *El conflicto de los siglos, Profetas y reyes, El deseado de las edades y Principios fundamentales.*

Desde el principio el trabajo literario y el sistema de vender sus libros por las casas tuvieron parte importante en extender la iglesia. A mediados del siglo veinte ya tenían cuarenta casas de publicaciones que imprimían sus materiales en más de doscientos idiomas. Sus publicaciones son atractivas y contienen, además de sus doctrinas, buenos artículos sobre la salud y el hogar. También se ofrecen estudios proféticos por radio y por correspondencia.

Una atracción del adventismo, como el nombre lo sugiere, es el mensaje del próximo advenimiento del Señor. Han aprendido a no fijar fechas pero predican que la venida de Cristo se acerca.

¿POR QUÉ ESTUDIAR EL ADVENTISMO?

Por lo general los adventistas son buenos cristianos que aman sinceramente a Dios y confían en Cristo. Tratan de aliviar el sufrimiento humano y ayudar a los necesitados. ¿Por qué, pues, estudiar sus doctrinas? Tenemos varias razones.

1. Aunque la mayor parte de sus doctrinas son ortodoxas, tienen otras que pueden desviar al creyente del camino verdadero. Conviene conocer esas doctrinas y saber cómo refutarlas.

2. El sistema legalista del adventismo desvía la fe de la obra expiatoria de Cristo para apoyarla en las obras.

3. En el pasado algunos se dedicaban al proselitismo entre los miembros de las iglesias evangélicas. Creían sinceramente que era necesario guardar el sábado para estar bien con Dios. Por esto procuraban ayudar a los miembros de otras iglesias a "encontrar la salvación". La denominación ha modificado su doctrina y su actitud en

ese sentido; pero algunas iglesias locales pueden seguir
en la misma creencia y la práctica del proselitismo.
4. Los obreros personales deben estar preparados para
ayudar a los que quieren encontrar la libertad plena que
hay en Cristo.

DOCTRINAS DE LOS ADVENTISTAS DEL SÉPTIMO DÍA

Doctrinas fundamentales

⇨ Los adventistas del séptimo día son ortodoxos con respecto a sus
doctrinas sobre Dios, la Biblia, el hombre y el pecado.

La expiación incompleta

⇨ Los adventistas enseñan que Jesús entró en el santuario celestial
en el año 1844 d.C. y en el momento actual se encuentra cumpliendo su obra de expiación.

Esta doctrina de la expiación incompleta y continua surgió
como un esfuerzo para justificar las predicciones erróneas de
Miller. No dudamos de la sinceridad de los que creyeron haber
hallado una solución al problema en esta "revelación" de Edson,
pero no concuerda con las Escrituras.

La Biblia enseña que Jesús penetró en el santuario celestial
al ascender al cielo y no en el año 1844 (Hebreos 6:19,20; 8:1,2;
9:23-26). Esta expiación se hizo de una vez para siempre. No es
una expiación continua (Hebreos 10:10-14). Este es un punto
fundamental en la Epístola a los Hebreos para probar la supe-
rioridad del evangelio sobre la ley. El mismo texto que nos habla
del santuario celestial nos informa que ya se había hecho en él
la expiación completa y perfecta (Hebreos 9:11-12).

Un error engendra otro. Si está incompleta aún la expiación,
¿quién puede estar seguro de su salvación? ¿Cuándo podrá
alguien saber que es salvo?

⇨ La señora White escribe en *El conflicto de los siglos* lo siguiente:
"La tarea del juicio de investigación, y del perdón de pecados ha
de terminar antes de la segunda venida del Señor. Como los
muertos han de ser juzgados sobre la base de las cosas escritas

en los libros, es imposible que los pecados de los hombres sean borrados (o perdonados) sino hasta después del juicio, que es cuando sus casos han de ser investigados. En el tiempo establecido para el juicio — al final de los dos mil trescientos días, en 1844 — empezó la labor de investigación y de perdón de los pecados. Todos los que hayan invocado el nombre de Cristo tienen que pasar por ese minucioso escrutinio."[1]

La Biblia enseña que Dios perdona y borra los pecados cuando uno pone su confianza en Cristo. Hebreos 9:23-26 dice que Cristo ya había entrado en el santuario y se había presentado una vez para siempre como sacrificio por el pecado. No han tenido que esperar los cristianos hasta el 1844 d.C. para recibir el principio del perdón; tampoco esperamos nosotros con ellos hasta el regreso del Señor para que se complete la obra (Colosenses 2:13; Hebreos 10:14,18-22). La sangre de Cristo nos limpia de todo pecado (1 Juan 1:7). "El que cree en el Hijo tiene vida eterna", tiempo presente (Juan 3:36). No hay condenación para los que están en Cristo (Romanos 8:1). Dios quiere que sepamos que somos salvos ahora (1 Juan 5:10-13).

El sueño del alma

⇨ Los adventistas enseñan que las almas de los justos duermen hasta la resurrección en el juicio final. Este "sueño del alma" es un estado de "silencio, inactividad e inconsciencia total".

Basan esta creencia principalmente en Eclesiastés 9:5, donde dice: "Los muertos nada saben." El contexto (9:4-10) muestra que se habla de la relación de los muertos con la vida terrenal y no sobre el estado del alma después de la muerte.

Se citan Mateo 27:52 y Juan 11:11 con respecto al "sueño del alma". Se usaba la figura retórica de dormir al referirse a la muerte. Repetidas veces aparece la expresión que alguien "durmió con sus padres". El cuerpo es la parte del hombre que está insensible ya en el "sueño de la muerte", pero así como el subconsciente sigue activo mientras el cuerpo duerme, el alma del hombre no cesa en su actividad cuando el cuerpo muere.

---

1 *The Great Controversy*, pp. 421,422.

Pablo afirma la conciencia del alma después de la muerte al decir que al partir del cuerpo iría a estar con el Señor (Filipenses 1:23-24; 2 Corintios 5:1-8).

El propio Cristo, quien como ningún otro sabía lo que estaba al otro lado del velo de la muerte, indicó que las almas de los difuntos estaban conscientes, en el sufrimiento o en el paraíso. Él relató que el rico muerto pensaba en sus hermanos que vivían aún (Lucas 16:19-31). Si los adventistas dicen que sólo es una parábola, hay que recordarles que las parábolas se basan en la verdad y nunca describen situaciones contrarias a la verdad.

Con decir al ladrón arrepentido: "Hoy estarás conmigo en el paraíso", Jesús indicó la conciencia del alma después de la muerte. Los adventistas y los testigos de Jehová cambian la puntuación del texto en Lucas 23:43 para darle otro significado: "Te digo hoy que estarás conmigo en el paraíso."

En el monte de la transfiguración, Moisés no estaba "silencioso, inactivo y totalmente inconsciente" mientras hablaba sobre la muerte que Jesús sufriría (Lucas 9:28-31).

En Apocalipsis 6:9-11 vemos que antes del tiempo del juicio final las almas de los mártires clamaban a Dios y se les contestaban sus preguntas. No estaban inconscientes.

La aniquilación de Satanás y de los malos

⇨ Se enseña que Satanás, sus demonios y todos los malos serán aniquilados, completamente destruidos. La señora White dice que la teoría del castigo eterno es "una de las doctrinas falsas que constituyen el vino de las abominaciones de Babilonia".

Jesús empleó la misma palabra — eterno — para referirse a la duración de las bendiciones de los salvos y los tormentos de los perdidos en Mateo 25:46. Además, no habló de aniquilación eterna, sino de castigo eterno. Véase también Marcos 9:43-48.

En Apocalipsis 14:10,11 vemos que los adoradores del anticristo serán atormentados "y el humo de su tormento sube por los siglos de los siglos". Eso no suena a aniquilación.

Apocalipsis 20:10 dice que el diablo, el anticristo y el falso profeta serán atormentados en el lago de fuego "por los siglos", para siempre. Según Apocalipsis 19:20; 20:2,7,10 el anticristo (la bestia) y el falso profeta habían estado mil años en el lago de fuego, pero todavía se incluyen en el plural del verbo "serán atormentados". Esto no es aniquilación. Y en este mismo lugar de sufrimiento perpetuo será lanzado todo aquel cuyo nombre no esté en el libro de la vida, según Apocalipsis 20:15.

La Biblia enseña que hay diferentes grados de recompensa o de castigo, según las obras. Esto no sería cierto si todos los injustos durmieran desde su muerte hasta el juicio, para ser destruidos totalmente después (Romanos 2:5-10; Apocalipsis 22:12). Cristo ilustró esta verdad con la parábola del siervo infiel, en la que se muestra que las circunstancias influyen en la severidad del castigo (Lucas 12:42-48).

La observancia del sábado

➪ Los adventistas enseñan que los cristianos deben observar como día de reposo el sábado, y no el domingo. Por un tiempo creían que los que guardan el domingo aceptarán la "marca de la bestia" bajo el dominio del anticristo. Enseñaban que la observancia del sábado es el sello de Dios. El sello del anticristo sería lo opuesto a esto, o sea, la observancia del domingo.[1]

➪ El grupo dirigido por José Bates observaba el sábado. Tal práctica tomó aun más fuerza cuando la señora de White tuvo una "revelación" en la cual Jesús destapó el arca del testimonio y ella pudo ver adentro las tablas de la ley. El cuarto mandamiento se hallaba en el centro, rodeado de una aureola de luz.

El sábado es un recuerdo de la creación material. Después de seis días de trabajo, Dios reposó el séptimo día, lo santificó y lo bendijo (Génesis 2:2,3). Durante por lo menos dos mil quinientos años no se halla mandato alguno al respecto en la Biblia.

Después, Dios le dio la ley a Moisés, única y exclusivamente para el pueblo de Israel y los extranjeros "dentro de sus puertas". Incluye el mandamiento de acordarse del día de reposo para santificarlo (Éxodo 20:8-11). Según Nehemías 9:7-14, ésta parece haber sido la primera vez que se les dio tal ordenanza. De modo que no es una orden general para toda la humanidad. El sábado es parte del pacto entre Dios e Israel (Ezequiel 20:10-13). Era señal del pacto y nada tenía que ver con las otras naciones

---

1 *Testimonies for the Church*, VIII, p. 117.

(Éxodo 31:12-17). Moisés explicó que era un memorial de su liberación de la tierra de Egipto. Al reposar de sus tareas semanales, debían recordar que Dios los hizo reposar de la dura servidumbre de Egipto (Deuteronomio 5:12-15).

En cambio, el primer día de la semana nos recuerda la resurrección de Cristo. La creación material se consumó en el sexto día y Dios reposó en el séptimo. Pero Cristo consumó la obra de la nueva creación en el Calvario, y cuando resucitó entró en ese reposo que comparte con todos los que creen en Él. En vez de celebrar la antigua creación, la sombra de la nueva creación espiritual, conmemoramos el "otro día" de un reposo mejor (Hebreos 4:3-11). Dejamos el intento de justificarnos mediante la ley y entramos en el reposo de la vida en Cristo. ¿Por qué seguir conmemorando la sombra después de presentarse la realidad?

Con la muerte y resurrección de Cristo la ley caducó. El pueblo de Israel la había recibido provisionalmente hasta la venida del Mesías. Pablo lo afirma en sus escritos (Gálatas 3:24-25). Les escribe a los gálatas y trata de librarlos de los engaños de los judaizantes, que querían obligarlos a guardar la ley. Todo el libro insiste en que la salvación no se produce por las obras de la ley, sino por la fe en Cristo. Menciona la observancia de ciertos días como parte de la esclavitud de la ley (Gálatas 4:3-11). Cristo es el fin de la ley (Romanos 6:14; 10:4).

En Romanos 7:1-6 Pablo compara la ley con un esposo. El cristiano es la esposa que ha muerto a la ley. La ley sentenció a muerte al pecador. En Cristo, nuestro sustituto, morimos y resucitamos. De modo que ahora somos de Cristo y no de la ley. La ley mosaica murió para el creyente y el creyente murió a la ley. No existe ya ningún lazo. Con la ley se acabaron sus ritos y ordenanzas, clavados a la cruz de Cristo (Colosenses 2:13-14).

Pablo explica que en esta nueva relación, los cristianos no deben volver a la esclavitud de reglas ajenas, o al criterio de los demás sobre su comida o el día de reposo que van a observar (Colosenses 2:16-17). Es asunto de la conciencia de cada uno, y no de mandatos. Uno guarda un día de reposo, y otro guarda otro, o dice que todos son iguales. Que cada uno tenga sus propias convicciones, pero que no trate de imponerlas a otros (Romanos 14:1-6). Vivimos ahora bajo el nuevo pacto profetizado por Jeremías, y no bajo la ley dada a Moisés (Hebreos 8:8-13).

⇨ Los adventistas creen que el papa y el emperador romano Constantino fueron quienes cambiaron la observancia del sábado por la del domingo. Puesto que estaba profetizado que el anticristo habría de "pensar en cambiar los tiempos y la ley", según Daniel 7:25, Elena White razonaba que el cambio al domingo en sustitución del sábado tenía que ser anticristiano.

La atribución de este cambio al papa o a Constantino es un error histórico. Los cristianos empezaron a reunirse en el primer día de la semana poco después de la resurrección del Señor. ¿Por qué? Porque era el día de la resurrección (Juan 20:1-19). La resurrección de Cristo era el punto principal de su predicación. Era el sello de Dios sobre el ministerio de Cristo. Era el día en que Cristo se había revelado como Señor triunfante sobre la muerte y sobre todos sus enemigos. Era "el día del Señor". Así lo solía llamar la iglesia apostólica. Juan escribe: "Yo estaba en el Espíritu en el día del Señor" (Apocalipsis 1:10). La palabra original que empleó para "del Señor" es la que traducimos en español como "domingo".

Observemos los acontecimientos que han "santificado" o han dado significado y preeminencia al primer día de la semana, para ver que fue Dios quien lo santificó, y no el papa o Constantino.

1. Varias de las fiestas y ceremonias religiosas de Israel tenían que ser celebradas el primer día de la semana (llamado el "octavo día"). Entre ellas estaban la entrada de los sacerdotes en el tabernáculo para ministrar en su turno, la fiesta de las primicias y la de Pentecostés (Levítico 23:11,15,16).

2. Cristo resucitó en el primer día de la semana (Marcos 16:9).

3. El Cristo resucitado se manifestó seis veces en el domingo (Lucas 24:13,33-36; Juan 20:13-19,26).

4. Dios derramó el Espíritu Santo en el día de Pentecostés, el primer día de la semana (Levítico 23:15,16,21; Hechos 2:1-4).

5. Cristo se le reveló a Juan en la isla de Patmos en este día (Apocalipsis 1:10).

6. Los cristianos iban a la sinagoga los sábados, pero los domingos se reunían para tomar la Santa Cena, predicar, y apartar su ofrenda para el Señor (1 Corintios 16:1,2; Hechos 20:7).

El emperador romano Constantino legalizó la observancia del domingo en 321 d.C., pero con esto solamente le dio reconocimiento oficial a la costumbre existente. Como prueba tenemos los escritos de los padres de la Iglesia primitiva.

Bernabé, el compañero de Pablo, escribió: "De manera que nosotros observamos el octavo día con regocijo, el día en que Jesús resucitó de los muertos."

Justino Mártir escribió en el año 145 d.C.: "Mas el domingo es el día en que todos tenemos nuestra reunión común, porque es el día primero de la semana y Jesucristo, nuestro Salvador, en este mismo día resucitó de la muerte."

Ignacio, convertido bajo el ministerio del apóstol Juan, escribió: "Todo aquel que ama a Cristo celebra el día del Señor, consagrado a la resurrección de Cristo como . . . el principal de todos los días . . . no guardando ya más los sábados, sino viviendo de acuerdo con el día del Señor, en el cual nuestra vida se levantó otra vez por medio de Él y de su muerte. Que todo amigo de Cristo guarde el día del Señor."

Dionisio de Corinto escribió en el 170 d.C.: "Hoy observamos el día santo del Señor en que leemos su carta."

Victoriano, en el 300 d.C., escribió: "En el día del Señor acudimos a tomar nuestro pan con acción de gracias, para que no se crea que observamos el sábado con los judíos, lo cual Cristo mismo, el Señor del sábado, abolió en su cuerpo."

⇨ Se dice que *sabbáton* en Colosenses 2:16 no se refiere a los sábados semanales, sino a otras fiestas religiosas. De modo que la obligación de guardar el sábado no ha sido abolida.

Colosenses 2:16 dice: "Nadie os juzgue en comida o en bebida, o en cuanto a días de fiesta, luna nueva o días de reposo." La palabra *sabbáton*, que significa "día de reposo", se halla sesenta veces en el Nuevo Testamento. En todas menos una, los adventistas están de acuerdo en que la palabra se refiere al sábado de cada semana. ¿Por qué ha de tener otro significado la misma palabra en Colosenses 2:16? ¿Cómo es posible creer que el nuevo pacto deshace la responsabilidad de observar las fiestas anuales, los ritos de purificación y los sacrificios, y exceptúa al sábado, cuando éste era el sello mismo del pacto anterior?

⇨ Se dice que la observancia del séptimo día es parte de la ley moral, que está aún en vigor por cuanto está entre los diez mandamientos. Pero ya no hay que observar las demás fiestas israelitas porque son parte de la ley ceremonial, que ya caducó.

Ya hemos visto que Colosenses 2:14-16 se refiere a la observancia de los días de reposo, las fiestas y la comida como sombra o símbolos de verdades espirituales. Llegó la realidad en el nuevo pacto efectuado por Cristo. Él ha traído el reposo espiritual. Algunos cristianos hoy observan el sábado, otros el domingo, y otros tratan a todos los días iguales para el Señor. Lo mismo sucedía entre los cristianos en Roma. Pablo les mandó que no se juzgaran unos a otros en el asunto (Romanos 14:1-10).

Al santificar un día de cada siete para Dios y las actividades de su reino, observamos el principio moral del cuarto mandamiento. Al preferir el domingo al sábado celebramos algo mayor que el descanso después de la creación y la liberación de los israelitas de Egipto. Es la resurrección de Cristo, cuando Él reposó de su obra redentora, habiendo logrado para nosotros un reposo espiritual y liberación del dominio de la muerte.

En nuestra manera de celebrar el día del Señor, seguimos el ejemplo de nuestro Maestro, el Señor del sábado. Los fariseos lo persiguieron porque hacía en el sábado las obras de su Padre (Lucas 6:6-11). Enseñó que el sábado fue hecho para el hombre, y no el hombre para el sábado (Marcos 2:23-28).

Una prueba de que no está en vigor la obligación de guardar el sábado está en que los otros nueve mandamientos del decálogo se han repetido en una forma u otra en las instrucciones a las iglesias del Nuevo Testamento, pero el cuarto mandamiento no.

El concilio de Jerusalén, cuando deliberó sobre el problema de la relación de los cristianos gentiles con la ley mosaica, dio la solución siguiente: "Porque ha parecido bien al Espíritu Santo, y a nosotros, no imponeros ninguna carga más que estas cosas necesarias: que os abstengáis de lo sacrificado a los ídolos, de sangre, de ahogado y de fornicación" (Hechos 15:28,29).

La señora de White adaptaba la manera de guardar el sábado según las circunstancias, porque es imposible guardarlo en todas partes del mundo conforme a lo especificado en el Antiguo Testamento. Escribió que la prohibición de encender fuego en el día séptimo era sólo mientras durara la peregrinación en el desierto, pues al entrar en la tierra de Canaán, el pueblo necesitaría encender fuego debido a la severidad del clima.[1]

Preguntamos: ¿Qué hacen los que viven en la zona ártica, donde durante unos meses el sol no se pone nunca, y durante otros, en la época invernal, el sol no se asoma? Y al viajar alrededor del mundo y cruzar la línea internacional del cambio de fecha, ¿cómo se puede saber quién observa el día correcto? A un lado de la línea se asegura que es sábado. A menos de diez metros de distancia, es domingo. Si el día es tan importante, ¿por qué no es igual en todas partes del mundo?

Estos problemas nos confirman en la enseñanza bíblica de que la ley mosaica fue dada para: 1) un pueblo particular, el israelita, 2) una época determinada, desde Moisés hasta Cristo y 3) una región limitada, el desierto y la tierra de Canaán.

La comida

⇨ Los adventistas no comen los animales clasificados como inmundos bajo la ley mosaica, tales como el cerdo o su grasa. Muchos son vegetarianos, y no comen carne alguna, pero esto es más por motivos de salud que por cuestión de conciencia.

En Génesis 9:3 Dios le dio al hombre toda clase de animal para su alimentación. Después de esto hubo restricciones provisionales para los israelitas hasta que la ley fuera cumplida en Cristo.

En Marcos 7:15-19, Cristo explicó que lo que el hombre come no es lo que lo hace inmundo. Marcos añade: "Esto decía, haciendo limpios todos los alimentos." Este comentario inspirado por el Espíritu Santo nos da a comprender que estamos bajo

1 Elena White, *Patriarchs and Prophets*, p. 409.

la provisión dada a la humanidad en Noé, y no bajo las restricciones provisionales dadas a los judíos.

Tres veces Dios le mostró a Pedro en visión toda clase de animales, reptiles y aves, y le ordenó que matara y comiera. Cada vez Pedro respondía: "Señor, no, porque ninguna cosa común o inmunda he comido jamás." Y tres veces Dios le contestó: "Lo que Dios limpió, no lo llames tú común" (Hechos 10:10-16). Aunque la aplicación principal de este mensaje es a la conversión de los gentiles, no deja de tener también su aspecto literal. Según Marcos, Cristo purificó todos los alimentos en el sentido religioso. Así que no los llamemos inmundos o prohibidos.

1 Timoteo 4:4,5 dice respecto a los alimentos: "Porque todo lo que Dios creó es bueno, y nada es de desecharse, si se toma con acción de gracias; porque por la palabra de Dios y por la oración es santificado." Véase también 1 Corintios 10:25.

Pablo, hablando de la comida, escribe en Romanos 14:14,17: "Yo sé, y confío en el Señor Jesús, que nada es inmundo en sí mismo . . . porque el reino de Dios no es comida ni bebida, sino justicia, paz y gozo en el Espíritu Santo."

EL TRATO CON LOS ADVENTISTAS

Romanos 14 nos enseña la actitud que debemos tener hacia hermanos con convicciones y costumbres diferentes de las nuestras. Esta actitud es muy importante en el trato con los adventistas. No despreciemos a estos hermanos en el Señor. Empecemos en el terreno que tenemos en común. Hablemos de las verdades positivas del gozo que tenemos en Cristo y de la necesidad de un mayor acercamiento a Él. Presentemos nuestro testimonio sobre el glorioso privilegio del bautismo en el Espíritu Santo. Al buscar más de Dios, estarán en mejores condiciones para recibir la iluminación del Espíritu Santo respecto a la maravillosa libertad que tenemos en Cristo.

Recuérdese que la discusión sólo hace que uno se resuelva a defender mejor su propia doctrina. Es probable que el adventista le cite Apocalipsis 14:12 y 1 Juan 2:4 para probar que hay que guardar el sábado. Muéstrele lo que son los mandamientos de Dios en el Nuevo Testamento. Que él mismo lea 1 Juan 3:23; Juan 6:29; Romanos 4:5; Gálatas 2:16; Juan 13:34; 15:10-12 y

Romanos 13:8-10. Procure fortalecer su fe en la obra perfecta de Cristo y guiarlo a un reposo perfecto en Él, haciendo ver que se puede tener seguridad de la salvación en el momento presente. La lectura de Hebreos y Gálatas puede ayudarlo mucho.

AVISOS EN EL CAMINO

"De Cristo os desligasteis, los que por la ley os justificáis; de la gracia habéis caído" (Gálatas 5:4). El legalismo no se limita al asunto de guardar el sábado y no comer carne de cerdo. Se ocupa de todo. Pablo lo combatía constantemente en la Iglesia primitiva, y desde entonces ha resurgido en distintas formas.

Recordemos que la vida cristiana no consiste en cumplir ciertos reglamentos, sino en la comunión con Cristo. En esta comunión el Espíritu Santo produce en nosotros el deseo de agradar a Dios con el proceder recto y con la apariencia digna de hijos de Dios.

Es imposible producir la santidad mediante la legislación. Este ha sido el vano intento de muchas iglesias. Cuanto más se trata de hacerlo, tanto más uno confía en sus propios esfuerzos y menos depende de Cristo, la fuente de nuestra santidad. No caigamos de la gracia de Cristo al laberinto de prohibiciones y obligaciones del legalismo.

PREGUNTAS Y ACTIVIDADES

1. Relate brevemente el origen de la iglesia adventista.
2. Cite cinco razones por observar el día domingo.
3. ¿Qué es el legalismo? ¿Ha visto usted algunas manifestaciones del legalismo en nuestras iglesias? Explique.
4. ¿Qué libro de la Biblia habla fuertemente contra el legalismo?
5. Aprenda de memoria Hechos 15:28,29.
6. Mencione cualidades buenas de la Iglesia Adventista.
7. Tengan un debate en la clase sobre doctrinas adventistas.

Capítulo 9

LOS TESTIGOS DE JEHOVÁ

Iglesia: Testigos de Jehová, o El Atalaya.

Fundación: 1884.

Fundador: Carlos Taze Russell.

Autoridad: Los escritos de Russell y del Juez Rutherford para la interpretación de la Biblia.

Teología: Unitaria. Creen que Cristo es un ser espiritual, el arcángel Miguel.

Atracción espiritual: Miembros exclusivos del reino de Dios. Son ganados mayormente mediante materiales impresos, trabajo personal e instrucción en casas particulares.

ASPECTOS HISTÓRICOS

Origen

Si se hubiera hecho caso a Deuteronomio 18:22 a fines del año 1914, no se vería ahora en ciertas casas el rótulo "Salón del reino". No llegarían a la puerta los vendedores de la revista "Atalaya" y de los libros *Sea Dios veraz*, *Arpa de Dios* y otros por el estilo. No existiría el grupo religioso de los Testigos de Jehová. Pues el texto bíblico aludido dice: "Si el profeta hablare en nombre de Jehová, y no se cumpliere lo que dijo, ni aconteciere, es palabra que Jehová no ha hablado; con presunción la habló tal profeta; no tengas temor de él."

No obstante, como se han seguido propagando las doctrinas de su fundador, aun cuando sus profecías han resultado falsas, esta organización cuenta actualmente con más de tres millones de adeptos alrededor del mundo.

Aunque un testigo debe decir lo que sabe a ciencia cierta, los Testigos de Jehová testifican sobre lo escrito en los libros de sus fundadores Russell y Rutherford "verdades" que no concuerdan con la realidad.

Pareciera que un estudio del origen de su secta desilusionaría a cualquier "testigo" y lo haría abandonar el sistema. Pero sus dirigentes han sabido desviar la mirada de los hechos. Han cambiado el nombre de la organización varias veces y han hecho modificaciones en el texto de los libros publicados por el fundador para que las ediciones nuevas concuerden con la doctrina revisada de la actualidad.

El joven Carlos Taze Russell fue criado en la iglesia presbiteriana, pero después se hizo miembro de una iglesia congregacional. Le encantaba el tema de la segunda venida de Cristo, y al asistir a una iglesia adventista se interesó mucho en sus doctrinas y estudios proféticos.[1]

En 1870, a los dieciocho años de edad, Russell organizó una clase en la ciudad de Pittsburgh, Pensilvania, Estados Unidos. Su propósito era estudiar la Biblia, y en especial sus partes proféticas. Aunque la predicción que había hecho Guillermo Miller sobre la vuelta de Cristo a la tierra en el año 1844 no se había cumplido, Russell estaba convencido de que su método de interpretación bíblica era correcto y lo utilizó para hacer sus propios cálculos y predicciones sobre la venida del Señor.

Con el paso de los años fueron aumentando los grupos de "estudiantes de la Biblia", y también los "descubrimientos" de su maestro. Empezó a enseñar que Cristo no había resucitado corporalmente del sepulcro, sino como espíritu. Por lo tanto, su regreso sería espiritual y no corporal. Según sus cálculos, Cristo había regresado al mundo en forma espiritual en el año 1874; por tanto, el amanecer del milenio tuvo lugar en esa fecha. Ahora había que proclamar las buenas nuevas, explicar el plan divino y juntar a los verdaderos discípulos de Cristo para que participasen en el reino del Señor. Con este propósito inició en 1879 la publicación del periódico *The Watchtower and Herald of Christ's Presence* [La Torre del Vigía y el Heraldo de la Presencia de Cristo].

---

1 Pablo Hoff. *Otros evangelios*, pp. 39,40,43.

En 1884 se formó como organización internacional la Sociedad de Tratados de la Torre del Vigía, que también ha sido conocida como Sociedad de la Torre del Vigía de Sion, Asociación Internacional de Estudiantes de la Biblia, Reino Teocrático, Púlpito del Pueblo, Aurora Milenial, Russelismo, Sociedad Bíblica y de Tratados de la Torre del Vigía, Sociedad Atalaya, y desde 1931 lleva el nombre oficial de Testigos de Jehová.

Russell publicó seis tomos de *Estudios en las Escrituras*, con respecto a los cuales escribió: "Estos libros son la primera explicación clara que se ha hecho del plan divino."

Mientras tanto, el caudillo religioso estaba pasando por algunas pruebas personales. Tuvo que sufrir varios procesos judiciales, uno por inmoralidad, otros por negocios fraudulentos y uno por divorcio. Perjuró ante el tribunal, afirmando primero que sabía griego y dando pruebas después que no lo sabía. Les vendía a los fieles a un precio exorbitante "trigo milagroso" que debía producir quince veces la cosecha del trigo normal, pero se descubrió que no daba más rendimiento que el trigo ordinario. De la misma forma vendía también "frijoles mileniales" y "semilla maravillosa de algodón", y a los que "estaban en la verdad" les vendía remedios para curar apendicitis, tifoidea y cáncer.

Predicciones que fallaron

Veamos algunas de las predicciones de Russell que no se cumplieron.

1. Russell dijo que "los tiempos de los gentiles" terminarían en 1914. Eso no se cumplió, pues hasta 1967 una parte de Jerusalén estaba en posesión de los gentiles (Lucas 21:24).
2. En 1889 escribió: "Dentro de los próximos veintiséis años todos los gobiernos actuales serán derribados y disueltos." (Esto hubiera sucedido en 1915.)
3. Para el año 1914 se acabaría la Iglesia Católica Romana.
4. En 1914 todos los gobiernos, bancos, escuelas e iglesias serían completamente destruidos.
5. El año 1914 marcaría el fin del mundo, en el sentido de que el orden social y político pasaría.
6. La batalla de Armagedón tendría lugar en 1915.
7. La cosecha de la edad evangélica terminaría en 1915.

Cuando llegó y pasó el año 1914 sin cumplirse sus profecías, se postergaron las fechas una y otra vez. El profeta murió en 1916 sin ver su cumplimiento. Su sucesor, el juez José F. Rutherford, siguió cambiando fechas. Para mediados del siglo veinte ya se enseñaba que el fin del mundo sería en 1975.[1] Rutherford hacía nuevas interpretaciones, y escribía múltiples folletos y libros para mantener en pie la teocracia internacional.

El juez Rutherford

En sus primeros cien años de existencia, los Testigos de Jehová tuvieron sólo tres dirigentes: Carlos Russell (1870-1916), José F. Rutherford (1916-1942) y Nathan H. Knorr (1942-1977).

El juez Rutherford fue un escritor aun más prolífico que Russell, ya que escribió cien libros, publicados en ochenta idiomas. Enseñaba que todas las iglesias organizadas, menos los Testigos de Jehová, eran del diablo y desde tiempos apostólicos el cristianismo había constituido una iglesia apóstata.

Además, como Cristo había venido para establecer su reino y para destruir el orden político existente, los gobiernos se convertían en la resistencia satánica al reino de Dios; todos eran del diablo. Por lo tanto, los testigos de Jehová no debían saludar la bandera, jurar lealtad a la patria o luchar por ella. No debían tener nada que ver con el gobierno, pues eso sería adulterio contra Dios. Esta actitud antipatriótica expuso a los testigos a mucha persecución en distintos países, especialmente durante tiempos de guerra.

Más tarde Rutherford modificó este antagonismo al gobierno, pero hasta el momento presente, los testigos no saludan la bandera. Eso sería para ellos un acto de idolatría; equivaldría a poner su fe en el gobierno, como algo capaz de salvarlos, cuando la salvación sólo procede de Dios.

Parece que no han leído las instrucciones de Cristo sobre "dar a César lo que es de César y a Dios lo que es de Dios" (Lucas 20:25). Hacen caso omiso de pasajes tales como Romanos 13:1-7; Tito 3:1; Mateo 17:24-27 y 1 Pedro 2:11-17.

Otra costumbre que ha atraído mucha crítica sobre los testigos de Jehová es su actitud respecto a las transfusiones de

---

1 César Vidal Manzares, *Recuerdos de un testigo de Jehová*, pp. 14-16.

sangre. Creen que la prohibición de comer sangre incluye el recibirla por transfusión (Génesis 9:3,4; Hechos 15:28,29).

Los evangélicos tenemos la misma convicción en cuanto a comer sangre, pero no estamos de acuerdo con su aplicación de esa prohibición a la práctica de salvar la vida mediante transfusión de sangre. Al contrario, nos parece un cuadro hermoso de amor cristiano que uno se sacrifica para salvar la vida de otro. Nos hace comprender mejor lo que hizo Jesucristo cuando dio su sangre para salvarnos del pecado (1 Juan 3:16).

Crecimiento continuo

En 1942 Nathan Knorr asumió la presidencia de los Testigos de Jehová. Bajo su dirección este grupo religioso creció rápidamente. Ya para 1968 trabajaba en 159 países. Cuando Knorr falleció en 1977, le sucedió Frederick W. Franz, y la iglesia siguió creciendo. En 1985 la revista "Atalaya" tenía un edición mensual de 17.800.000 en ciento seis idiomas.[1] Veamos algunos de los hechos que han contribuido a que fuera llamada "la iglesia que más rápido crece en América".

1. *Cada miembro es predicador.* Al ser bautizado se convierte en un ministro, un testigo ordenado por Jehová para anunciar la presencia del reino.

2. *La importancia que le dan a sus materiales impresos.* Tienen una casa de publicaciones enorme, de la que sale continuamente un torrente de libros, periódicos y folletos en muchos idiomas que se venden a bajos precios.

3. *El sistema de venta de libros y revistas, visitación y enseñanza sistemática de casa en casa, en el cual tienen que participar todos los miembros.* No se conforman con vender los libros y llenar la cuota que se les asigna. Se brindan para volver a darles explicaciones al comprador, a su familia y a los vecinos que se interesen en el estudio. Así van adoctrinándolos.

4. *Celebran grandes concentraciones que impresionan al pueblo y estimulan a sus miembros a esfuerzos mayores.* Su presidente emplea gran parte de su tiempo en este trabajo. En el verano de 1963 se reunieron ciento diez

1 Hoff, op. cit., p. 40.

mil de sus miembros en Alemania, en una convención del norte y centro de Europa.[1]

DOCTRINAS DE LOS TESTIGOS DE JEHOVÁ

La Biblia

⇨ Los Testigos de Jehová creen que la Biblia es la Palabra de Dios, pero para comprender su sentido correcto hay que interpretarla a través de los escritos de Russell y de Rutherford. En la práctica, estos la sustituyen. Además, tienen su propia versión de la Biblia, la *Traducción del Nuevo Mundo* de las Santas Escrituras, que difiere de las demás de manera muy conveniente para ciertos puntos doctrinales.

⇨ Con respecto a los varios tomos de sus *Estudios en las Escrituras*, Russell dijo: "Son prácticamente la Biblia misma." Advirtió el peligro de leer la Biblia sola sin la orientación de sus escritos. El que lo hiciera, aun después de conocer bien los *Estudios en las Escrituras*, al cabo de dos años "volvería a la oscuridad". En cambio, al que no lea la Biblia, pero lea los escritos de Russell "le alumbrará la luz".

El evangélico se asombra frente a jactancia tan monumental. Mira con sospecha cualquier religión que ofrezca una "clave" sin la cual no se puedan entender las Escrituras. Está a la vista que la "clave" las tuerce y les da un significado distinto al legítimo. La Biblia no es de "interpretación privada" (2 Pedro 1:20). Quiere decir sencillamente lo que dice, sin que haya necesidad de una clave especial para entenderla. Cristo exhortó a escudriñar las Escrituras y no dijo nada sobre la necesidad de una clave (Juan 5:39). El salmista consideraba que la lectura de la Biblia alumbraba como lámpara, sin necesidad de ninguna "clave" (Salmo 119:107,130). Aun más, la Palabra de Dios hace sabio al sencillo (Salmo 19:7,8), y alumbra los ojos.

Para ver cómo esta secta se aparta de las doctrinas fundamentales de la Biblia, mucho del material en los párrafos siguientes se toma de unos estudios por Elsie Blattner en la revista "Poder".[2]

---

1 Revista "Time", 2 de agosto de 1963.

Dios

⇨ Los Testigos de Jehová enseñan que la doctrina de la Trinidad es una "doctrina notoriamente pagana" y que Dios es una sola persona, no una Trinidad. Jehová es el nombre de Dios, pero para ellos Jesús no es Dios.

La Biblia enseña que Dios es tres en uno y uno en tres: una Trinidad. Sabemos que es un misterio para la mente humana, pero lo aceptamos por fe, porque la Biblia lo enseña (Génesis 1:26; 11:7; Deuteronomio 6:4). La naturaleza de la unidad divina no excluye el concepto de una pluralidad de personas en Dios (Mateo 3:16,17; Mateo 28:19; Efesios 3:14-16; Hebreos 9:14; 2 Corintios 13:14; 1 Juan 3:23,24; Judas 20,21; 1 Pedro 1:2).[1]

Al comparar el uso de la palabra Jehová en el Antiguo Testamento con el Nuevo Testamento, veremos que es uno de los nombres del ser supremo, y que se usa en referencia al Señor Jesucristo también. Compárense Isaías 40:3 con Mateo 3:3; Salmo 68:18 con Efesios 4:7-8; Hebreos 1:10 con Salmo 102:25 y Job 38:4.

El Espíritu Santo

⇨ Los Testigos de Jehová enseñan que el Espíritu Santo no es una persona, sino sólo una influencia o emanación de Dios. En "Watchtower" (Atalaya), julio de 1961, dicen que "el Espíritu Santo de Jehová es su fuerza activa, invisible; no sólo el poder que reside en sí mismo, sino su energía cuando se proyecta fuera de sí para cumplir su voluntad y propósito. Por ser invisible y poderoso es llamado espíritu".

⇨ Dicen que Jehová no reparte su energía dinámica (Espíritu Santo) por medio de cualquier organización, ni trata con individuos que se hallen fuera de su propia organización, la "madre" de todos los que se han dedicado a Dios (es decir, los testigos).

La Palabra de Dios nos enseña que el Espíritu Santo es una personalidad, una persona, y no simplemente una influencia. Él es eterno (Hebreos 9:14); omnipotente (Lucas 1:35,37); omnis-

3 La señora de Blattner fue misionera de las Asambleas de Dios en Venezuela por muchos años.
1 Véase el estudio sobre Dios en el capítulo dos.

ciente (Salmo 139:1-12). Manifiesta los atributos de una persona: escudriña (1 Corintios 2:10); enseña (Juan 14:26); habla (Hechos 13:2); testifica (Juan 15:26); puede ser contristado (Efesios 4:30), afrentado (Hebreos 10:29) y rechazado (Hechos 7:51). Jesús insistió en la personalidad del Espíritu Santo usando el pronombre masculino en las siguientes citas: Juan 14:16,17; 16:8,13. Véanse también 1 Pedro 1:2; 2 Corintios 13:14; Mateo 12:31,32; 1 Corintios 6:19; 1 Juan 5:7.

Jesucristo

➪ Los Testigos de Jehová niegan la divinidad de Cristo. Lo llaman Hijo de Dios, pero es una frase de conveniencia. *Estudios en las Escrituras*, tomo 5, dice: "Nuestro Redentor existió como espíritu antes de hacerse carne y vivir entre los hombres. Era conocido como el arcángel Miguel." En la revista Atalaya, septiembre de 1961, dice: "Cristo Jesús, Miguel, peleó con el dragón y éste fue echado a la tierra" (Apocalipsis 12:7).

➪ En otros libros dicen: "Jesús no era Dios Hijo." "Miguel es realmente Cristo Jesús." "Cuando Dios dijo: 'Hagamos al hombre', hablaba con una poderosa criatura espiritual que Él había hecho mucho antes de crear la tierra. Estas criaturas espirituales tienen algunas de las cualidades de Dios." Según estas enseñanzas, Jesús es una de las muchas criaturas espirituales creadas por Dios, y tiene algunas de sus cualidades.

Debemos recordar que los testigos en sus libros hablan de Jesús como el Hijo de Dios, pero con esto no quieren decir que Jesús sea Dios y tenga todas las cualidades y los atributos de Dios.

Notemos lo que la Biblia dice en cuanto a la divinidad de Cristo: Juan 1:1; 10:22-33; Mateo 1:23; 16:16; Romanos 9:5; Tito 2:13; 1 Timoteo 3:16; Colosenses 1:16,17; Filipenses 2:6,11; Apocalipsis 1:8; Isaías 9:6.

➪ Los Testigos de Jehová niegan la encarnación de Cristo. Enseñan que Jesús no poseía dos naturalezas cuando estaba en la tierra, ni tampoco las posee ahora. Se despojó de su naturaleza espiritual cuando vino a la tierra, y se despojó de su naturaleza humana cuando se fue de ella. Ahora es sólo un ser espiritual, aunque quizá de un orden más exaltado que antes por causa de su obediencia en la tierra. "Cuando Jesús llegó a los treinta años se le abrió una nueva vida, y fue esta nueva vida la que lo hizo el hombre más grande que haya vivido en la tierra."

⇨ En *Estudios en las Escrituras*, tomo 1, se dice que Jesús no fue una combinación de la naturaleza humana y la espiritual; que la mezcla de ambas naturalezas no produce ni la una ni la otra, sino una cosa imperfecta, híbrida y ofensiva al arreglo divino; mientras Cristo andaba en la tierra no era más que un ser humano perfecto. Como actualmente ya no es ser humano en ningún sentido, no debemos esperar que venga otra vez como ser humano.

Notemos los siguientes pasajes en cuanto a la encarnación de Jesucristo: 1 Timoteo 3:16; 2:5; Hechos 1:.11; 1 Juan 1:7; Hebreos 10:11-14; Filipenses 2:6-11; Isaías 9:6.

⇨ Los Testigos de Jehová niegan la resurrección corporal de Cristo. Dicen: "Quizá su cuerpo fue disuelto en gases, o quizá sea preservado en algún lugar. Nadie sabe." Resucitó como ser espiritual sin cuerpo. Para aparecer a distintas personas tomó un cuerpo para la ocasión. Se le apareció a Tomás en un cuerpo similar a aquel que tuvo en vida, sólo porque Tomás no creía.

Los discípulos mismos, al ver por primera vez a Cristo resucitado, creyeron que era sólo su espíritu. Para convencerlos de que estaba en su cuerpo les mostró las manos y los pies horadados, los invitó a palpar su cuerpo y comió delante de ellos. Les enseñó que para cumplir las Escrituras eran necesarias su muerte y resurrección al tercer día. Luego les comisionó como sus testigos de esa verdad (Lucas 24:36-49).

La incredulidad de Tomás (quien no estuvo presente en esa ocasión) nos provee de otra evidencia, pues no creyó que había resucitado Jesús. Dijo que no creería a menos que pudiera meter su dedo en el lugar de los clavos en sus manos y pies y su mano en el hueco abierto por la lanza. Una semana más tarde, cuando Tomás estaba reunido con los otros discípulos, Jesús se puso en medio de ellos. Para sorpresa de todos, hizo eco de las palabras incrédulas de Tomás, invitándole a meter el dedo en las huellas de los clavos y en su costado. Tomás, convencido no sólo de la resurrección sino de la deidad de Jesús, exclamó: "¡Señor mío y

Dios mío!" (Juan 20:19-31). Al fin y al cabo, también en nuestra época el encuentro personal con Cristo es la mejor evidencia de su resurrección y de su deidad y poder.

El médico e historiador Lucas hizo una investigación cuidadosa acerca de Jesús, narró los sucesos de su resurrección y escribió: "Se presentó vivo con muchas pruebas indubitables, apareciéndoseles durante cuarenta días y hablándoles acerca del reino de Dios" (Lucas 24; Hechos 1:1-3).

La resurrección de Jesús es base para nuestra fe en Él (Hechos 17:30,31).[1]

Debemos notar que era el mismo cuerpo, pero transformado en ciertos aspectos. Lo llamamos su cuerpo glorificado. Ya no tenía las limitaciones físicas de antes: podía aparecer y desaparecer a voluntad, traspasar puertas cerradas, ir al cielo y volver. En 1 Corintios 15:1-58, Pablo nos da una bella exposición de cómo Cristo resucitó, tal como la semilla enterrada brota en una planta con el cuerpo glorificado, y cómo también los que creemos en Él tendremos un cuerpo glorificado.

⇨ Los Testigos de Jehová niegan la venida futura de Cristo. El fundador Russell enseñó que Cristo ya vino en 1874 y que en 1878 resucitaron todos los cristianos verdaderos que estaban en aquel tiempo en los sepulcros. Entonces ellos y Cristo se quedaron en la tierra, invisibles, haciendo una obra especial. Russell fue llamado para ser nombrado "mayordomo fiel y prudente" al cual el Señor ponía sobre su obra (Lucas 12:42).

⇨ Sin embargo, en sus escritos más recientes hay otras fechas. Afirman que se cumplió en 1914 la profecía de Lucas 21:27: "Entonces verán al Hijo del Hombre que vendrá en una nube con potestad y majestad grande." Luego expiraron los "tiempos de los gentiles" y Cristo empezó a reinar como rey.

Jesús dijo que veríamos al Hijo del Hombre, como lo afirman también otros pasajes. Notemos estas citas bíblicas en cuanto a la futura venida de Jesucristo: Hechos 1:11; 1 Tesalonicenses 1:10; 2:19; 3:13; Juan 14:3. La enseñanza de los Testigos de

---

1 Para una lista de pruebas de la resurrección, véase el capítulo dos sobre los judíos.

Jehová no tiene lugar alguno donde situar el arrebatamiento de la iglesia descrito en 1 Tesalonicenses 4:14-17.

La salvación

☞ A pesar de su abierta negación de la divinidad de Cristo y de su encarnación, dicen que Dios "envió a su hijo para morir por nuestros pecados". Russell enseñó que el rescate hecho por Jesucristo no garantiza la vida eterna, sino sólo una segunda oportunidad para todo hombre. Jesús expió sólo el pecado de Adán y quitó la pena de la muerte para que todo hombre pudiera tener otra oportunidad de salvarse. El que cree en Cristo no tiene la vida eterna ahora pero la tendrá en el futuro. No es nacido de Dios. Nadie puede nacer de Dios hasta que resucite de la muerte.

Todo el que cree en Cristo tiene vida eterna, y es nacido de Dios (Juan 1:12; 3:3-6,14-16; 5:24; Efesios 2:5; 1 Juan 5:11-13; 1 Pedro 1:23).

☞ Los Testigos de Jehová enseñan que la salvación se obtiene mediante las obras propias y especialmente por ser miembros de su organización, fuera de la cual no hay salvación. A todas las congregaciones cristianas les dan el nombre de "organización de Satanás". Para ganar la vida eterna en el nuevo mundo es imprescindible asistir a sus reuniones y colaborar en la enseñanza de sus doctrinas a otras personas.

☞ Creen que en la cruz sólo se derramó la sangre de un hombre. Por eso dicen que los creyentes, por ser miembros del cuerpo de Cristo, entregan su vida en sacrificio ahora y que esas vidas sacrificadas, unidas a la vida de Él, constituyen la sangre de Cristo que sella el pacto entre Dios y el mundo.

En realidad, lo que le da eficacia a la sangre de Cristo es el hecho de que era la sangre — la vida — del Hijo mismo de Dios. Su valor infinito está en que Él era y es Dios. Al despojar a Cristo de su deidad, negando la encarnación, niegan también la eficacia de su expiación por nuestros pecados, pues si Cristo era sólo un hombre, aunque fuera perfecto, no podría llevar los pecados del mundo en su cuerpo a la cruz. La vida de ningún hombre basta para darle vida al mundo. Sólo Dios mismo pudo pagar el precio de nuestro rescate.

Las buenas obras son importantes como el fruto de la salvación, pero no tienen parte alguna en obtener la salvación. Es todo por la gracia de Dios y la fe que Él nos imparte. No es por obras para que nadie se gloríe (Efesios 2:8,9).

La inmortalidad

⇨ Según los Testigos de Jehová, cuando el hombre muere, su alma deja de existir hasta la resurrección. "La muerte es un período de absoluta inexistencia."

En Filipenses 1:21,23, el apóstol Pablo dice que "el morir es ganancia" y que desea "partir y estar con Cristo, lo cual es muchísimo mejor". Se ve claramente que Pablo no creía que la muerte es un tiempo de inexistencia; más bien, para el cristiano es estar con Cristo, cosa mucho mejor que la vida aquí.

En Lucas 16:19-31 el Señor Jesús habla sobre este asunto en la historia del rico y Lázaro. Este relato no parece ser una parábola, sino más bien la narración de unos hechos verídicos de los cuales el Señor tenía conocimiento.

⇨ Se enseña que los malos tendrán otra oportunidad de recibir a Cristo en circunstancias más favorables durante el milenio. Dicen que el sacrificio de Cristo le asegura a la humanidad el poder despertar de la muerte con el privilegio de llegar después a la perfección. Entonces quien se salve vivirá para siempre. A pesar de esta enseñanza de que todos los hombres tendrán otra oportunidad, en un libro más reciente enseñan que no todos los malos serán resucitados. En el libro *De paraíso perdido a paraíso recobrado* se dice que los muy malos ya han sido destruidos. Entre ellos están los de la época de Noé, de Sodoma, y también de Adán y Eva. Pero las personas sinceras tendrán otra oportunidad. Entre ellas estará el ladrón que clamó a Cristo en la cruz, porque demostró que su corazón no era completamente malo.

En cuanto al ladrón arrepentido en la cruz, creemos que fue salvo en el momento que se dirigió a Jesús confesando su fe en Él y en su reino. Jesús se lo aseguró al decir: "De cierto te digo que hoy estarás conmigo en el paraíso" (véase Lucas 23:39-43).

No tenía que esperar otra oportunidad. La versión bíblica hecha por Russell (*Traducción del Nuevo Mundo*) inserta en lo dicho por Jesús una pausa después de la palabra "hoy". "Verdaderamente te digo hoy: Estarás conmigo en el Paraíso" (Lucas 23:43). En el texto original no había signos de puntuación, y se puede leer de cualquiera de las dos formas, pero el sentido obvio parece que el malhechor iba a estar con Cristo ese día en el paraíso. Este sentido concuerda mejor con todos los textos del Nuevo Testamento acerca de la salvación, y con los hechos de Jesús al perdonar al instante a los pecadores que acudían a Él.

La Biblia no dice nada en cuanto a una segunda oportunidad después de esta vida para ser salvo. Al contrario, insiste en que "hoy es el día de la salvación" (2 Corintios 6:2; Hebreos 3:15).

⇨ Los Testigos de Jehová enseñan que los que resucitan tendrán mil años para adoptar una decisión. Si no obedecen al evangelio durante ese tiempo (el milenio) serán completamente aniquilados.

La Biblia nos enseña que solamente los salvos resucitarán antes del milenio, y el resto de los muertos resucitarán al final del milenio; serán llevados delante de Dios para ser juzgados, y el que no se halle escrito en el libro de la vida será echado al fuego eterno (Apocalipsis 20:5-6,11-15; Hebreos 9:27).

La enseñanza de que los malos serán aniquilados es atractiva al corazón humano que quiere andar en sus propios caminos sin tomar en cuenta a Dios. En Mateo 3:12; 25:41-46, Jesús presenta el castigo de los malos como algo que será tan eterno como el gozo de los salvos. Apocalipsis 19:20; 20:10 dice que después del milenio el diablo es echado al lago de fuego donde están la bestia y el falso profeta que fueron echados allí al principio del milenio para ser atormentados por los siglos de los siglos.

La resurrección y los 144.000

⇨ Enseñan los Testigos de Jehová que Dios ha determinado que habrá 144.000 personas rescatadas de la tierra para reinar con Cristo y que durante mil novecientos años Él ha estado formando ese "pequeño rebaño". En 1918, Cristo vino a su templo (los testigos) y resucitó a todos los que pertenecían al pequeño rebaño. Así se cumplió 1 Tesalonicenses 4:16. Desde entonces están reinando en el cielo con Cristo. Pero el número no está completo, porque hay varios miles todavía en la tierra que no han muerto. Estos al morir no duermen en la muerte, sino que resucitan inmediatamente a la vida en el cielo.

Es notable que los Testigos de Jehová mismos dicen que hasta el año 1927 no supieron que el "pequeño rebaño" había resucitado en 1918. La Biblia dice claramente en Apocalipsis 7:4-8 que los 144.000 son "sellados de todas las tribus de los hijos de Israel", y para que la identificación sea más segura, nombra las tribus una por una. En los versículos que siguen (9 al 17) se habla de una gran multitud que está en el cielo, y que ha sido salvada de todas las naciones, pueblos y lenguas. De modo que no hay fundamento alguno para la enseñanza de que sólo 144.000 entrarán en el cielo, ni tampoco para decir que los 144.000 son los "israelitas espirituales", es decir, los testigos de Jehová.

Ahora bien, como para ellos sólo 144.000 pueden ir al cielo, ¿qué les ocurrirá a los tres millones que dicen haberse convertido a sus doctrinas?

⇨ Dicen que en 1935 Jehová les hizo saber que las multitudes nombradas en Apocalipsis 7:9,10 son "las otras ovejas" de las cuales Cristo habló (Juan 10:16), quienes ganarán la vida eterna sobre la tierra, y no en el cielo. Estos han venido de la gran tribulación que empezó en 1914. Desde esa fecha, Cristo está juzgando, poniendo a su izquierda a los "cabritos". Las "ovejas" son los que se unen con el "único rebaño" de los testigos de Jehová. Todos los que no reciben sus enseñanzas son "cabritos".

"Los tiempos de los gentiles" no han terminado todavía. Aunque estamos viviendo en tiempos de gran peligro, la gran tribulación no ha empezado aún. El pueblo del Señor no ha sido resucitado todavía, porque Él dice que no sólo tendrá lugar la resurrección de los muertos en Cristo, sino que "Luego nosotros los que vivimos . . . seremos arrebatados juntamente con ellos en las nubes para recibir al Señor en el aire, y así estaremos siempre con el Señor" (1 Tesalonicenses 4:17).

Además, Cristo no ha tomado posesión de su reino terrenal. El diablo es aún el príncipe de este mundo (aunque con poder limitado por Dios), y las naciones lo sirven. Por cierto, los testigos han reconocido lo difícil que es hacer creer que Cristo esté reinando ya, en vista de la situación del mundo actual.

⇨ Dicen que Dios quería que su Hijo reinara por un tiempo mientras las naciones operan. Así da tiempo para esparcir la noticia de que su reino ha sido establecido en el cielo, y tiempo para que los ángeles separen a los malos de los justos.

Cuando Cristo retorne al mundo para reinar, será visiblemente. Destruirá las fuerzas satánicas y regirá sobre las naciones. Toda rodilla se doblará ante Él y todas las naciones de la tierra lo servirán (Apocalipsis 19:1-21; Romanos 14:9-11). No ha llegado todavía ese día, pero llegará. Y no sólo 144.000, sino muchos millones gozarán eternamente del hermoso hogar celestial que Él prepara para los suyos.

EL TRATO CON LOS TESTIGOS DE JEHOVÁ

Alicia Luce, en su libro *Probad los espíritus*, dice: "Al tratar con una persona que ha sido engañada por el ruselismo es muy importante tener suma paciencia y avanzar a cada paso con mucha oración para que el Espíritu Santo nos conceda cada palabra. Es buen plan demostrar las grandes verdades de la religión de Jesucristo, las cuales el ruselismo nos quiere robar del todo. Lo principal es convencerlos de la deidad de Cristo que hace posible la expiación de nuestros pecados y la salvación de nuestras almas por la fe en Él."

Guillermo Schnell, el autor de la autobiografía *Esclavo por treinta años en la Torre del Vigía*, escribe en el folleto *Otro evangelio* algunas sugerencias para el trato con los testigos de Jehová que llegan a la puerta. Consisten mayormente en buscar en la Biblia cada texto que ellos le citen, leerles el contexto para que vean claro el significado, y preguntarles por qué lo sacan del contexto para darle otro significado. Eso no debe hacerse en forma de discusión sino demostrando que nosotros sí estamos de acuerdo con todo lo que dice la Biblia.

Schnell sugiere que les pregunte: "Dígame, ¿jamás alguien le ha explicado con claridad, de manera que lo pudiera usted comprender, que la Biblia enseña que todo aquel que quiera puede ganar el cielo y la vida eterna, y no solamente los

144.000?" Casi siempre dirán que no. Luego se les invita a pasar, diciendo que tendrá mucho gusto en explicarles esta maravillosa verdad, como nos la enseña la Palabra de Dios de una manera sencilla. Primero se los dirige en oración, pidiendo que el Señor esté presente y revele la verdad, y luego se les presenta el plan de salvación, haciendo que ellos mismos lean: Romanos 3:23; Juan 3:16; 4:24; 6:47; 1:11-12; 3:36; 1 Juan 5:9-13. Apunte las referencias para que las vuelvan a leer.

Dé su propio testimonio de cómo llegó a conocer a Cristo. Esto puede hacerles ver que usted ha encontrado lo que ellos desean. Después invítelos a aceptar a Cristo como su Salvador. Anímelos a leer detenidamente el Evangelio según San Juan.

Ellos creen que solamente los que sobrevivan la batalla de Armagedón serán salvos. De modo que el punto principal en el trato con ellos es la posibilidad de ser salvo ahora, y saberlo. Aunque tienen sus sermones aprendidos de memoria y andan de casa en casa para cumplir con su deber, muchos de ellos son almas hambrientas de la verdad. No se acobarde; presénteles al Cristo vivo. ¿Quién sabe si es para esto que Dios los ha traído a su puerta?

AVISOS EN EL CAMINO

"Si el profeta hablare en nombre de Jehová, y no se cumpliere lo que dijo, ni aconteciere, es palabra que Jehová no ha hablado; con presunción la habló el tal profeta; no tengas temor de él" (Deuteronomio 18:22).

La profecía bíblica nos describe ciertos sucesos venideros, pero no fija fechas para su cumplimiento. Estamos como en un túnel. A lo lejos vemos la luz clara de las profecías respecto a la segunda venida del Señor, que es la salida del túnel. Dios no nos da suficiente luz para ser dogmáticos en cuanto a todos los detalles del camino. ¡Cuántos evangelistas han predicado que Musolini era el anticristo, o que Hitler lo era, o Stalin!

La enseñanza profética es interesante y útil para la iglesia, pero no caigamos en el error de los Testigos de Jehová de fijar fechas o de insistir en nuestra propia interpretación de las profecías. Tal actitud produce contiendas y divisiones.

Si un predicador insiste mucho en el dinero, está en terreno resbaloso. Por supuesto, debe enseñar las responsabilidades del cristiano como mayordomo del Señor, y es justo que los que predican el evangelio vivan de él, pero recordemos que "los que quieren enriquecerse caen en tentación y lazo, y en muchas codicias necias y dañosas, que hunden a los hombres en destrucción y perdición, porque raíz de todos los males es el amor al dinero, el cual codiciando algunos, se extraviaron de la fe y fueron traspasados de muchos dolores" (1 Timoteo 6:9,10).

Russell, con "trigo milagroso", no es el único que ha negociado con la religión. En nuestra época se ha hablado de los "frijoles milagrosos del Valle Milagroso", de "pactos de bendición" con los que contribuyan cierta cantidad de dinero, y de oraciones especiales por los que ofrenden sumas mayores. Andemos siempre en la luz en todo lo tocante al dinero para no causar reproche y escándalo a la obra del Señor.

La rapidez con la cual los testigos de Jehová esparcen su doctrina nos presenta un reto. Todos trabajan. Cada miembro es un ministro responsable por la propagación de su religión. Van de casa en casa vendiendo libros y revistas y dándoles clases a los que compran sus materiales impresos. ¡Que Dios nos ayude a ser tan consagrados en la propagación de la verdad, como lo son los testigos de Jehová en la propagación de las enseñanzas falsas de sus profetas!

PREGUNTAS Y ACTIVIDADES

1. Relate en forma breve la historia de los Testigos de Jehová.
2. ¿Qué lecciones podemos aprender de los Testigos de Jehová para aplicarlas en nuestras iglesias?
3. Dé cinco sugerencias para el trato con los "testigos".
4. Asígnese lectura adicional sobre los Testigos de Jehová.
5. Escriba una composición sobre los Testigos de Jehová, sus doctrinas y la obra que hacen en su zona.
6. Dramaticen la visita de dos testigos a casa de un evangélico.[1]

---

1 Véase el testimonio de César Vidal Manzanares en *Recuerdos de un testigo de Jehová*.

Capítulo 10

LA CONFESIÓN POSITIVA

Naturaleza: No es tanto una denominación, como una insistencia y práctica en varias iglesias evangélicas. Se pone énfasis
en el poder del creyente para tener todo lo que desea al
confesarlo con la palabra de fe. Otras doctrinas varían según
la iglesia.

Fundación: Surgimiento gradual en las enseñanzas de E. W.
Kenyon entre 1891 y 1948. En 1979 se formó la Convención
Internacional de Iglesias de Fe y Ministros.

Fundadores y propagadores: E. W. Kenyon, Kenneth Hagin,
Kenneth Copeland. Varios líderes con ministerios por radio
y televisión.

Autoridad: La Biblia, las revelaciones y la palabra de fe.

Teología: Ortodoxa por lo general. Algunas iglesias creen en la
Trinidad; otras son unitarias. Algunos creen que se deifica
uno al nacer de nuevo en la salvación, llegando a ser humano-divino.

Salvación y vida futura: Ortodoxa.

Atracción: La sanidad y la promesa de poder tener ahora lo que
uno quiere con sólo confesarlo por fe.

ASPECTOS HISTÓRICOS

Ya hemos visto dos tendencias que han desviado a muchos
del camino de la sana doctrina bíblica: 1) dar a las revelaciones
recibidas por el creyente tanta autoridad como la de la Biblia, y
2) poner un énfasis desmedido sobre ciertos textos bíblicos sin
tomar en cuenta el contexto y otros pasajes bíblicos al respecto.

El movimiento de la Confesión Positiva se adhiere a la Biblia en casi todas sus doctrinas, pero tiene estas dos tendencias.

Essek William Kenyon (1867-1948) empezó a predicar en una iglesia Metodista en Amsterdam, Nueva York, cuando tenía diecinueve años. Prosiguió su preparación ministerial en varias escuelas y en 1891 estudió en la *Emerson School of Oratory* [Escuela Emerson de Oratoria] en Boston, Massachusetts. Allí se encontró con el Nuevo Pensamiento de Phineas Quimby sobre el poder mental, y las enseñanzas de la Ciencia Cristiana. El fundador y director de la institución, Charles Emerson, creía en la Ciencia Cristiana. Kenyon también asistió a los cultos de Minot J. Savage, un predicador, autor y líder destacado de la Iglesia de la Unidad.

Las creencias y el ministerio de Kenyon fueron afectados por la Ciencia Cristiana y la Unidad. Estas daban énfasis al poder de la mente para librarse de la enfermedad. La Ciencia Cristiana negaba su existencia. Kenyon dijo que "había mucho que se podría aprovechar de Mary Baker Eddy" (fundadora de la Ciencia Cristiana).[1] La Unidad reconocía la existencia de la enfermedad pero enseñaba que se podía obtener la salud física y la prosperidad material por el poder del pensamiento positivo.

Con el sincero deseo de ver el poder de Dios en las iglesias, Kenyon se lanzó en campañas evangelísticas, predicando la salvación y la sanidad divina en Cristo. Daba gran importancia a textos bíblicos sobre la salud y la prosperidad. Aplicaba el principio del poder del positivismo mental para ver el cumplimiento de las promesas bíblicas. Oraba por los enfermos basándose en textos bíblicos y les instruía a confesar por fe que ya estaban sanos. Muchos fueron convertidos y sanados.

Después de pastorear varias iglesias, Kenyon fundó un instituto bíblico y fue su presidente durante veinticinco años. En 1923 fundó la Iglesia Bautista Independiente Figueroa en Los Ángeles, California. Allí inició un ministerio de evangelismo por radio con un programa diario. En 1931 dio comienzo en Seattle, Washington, al programa diario llamado La Iglesia del Aire de Kenyon. Éste resultó en la fundación de la Iglesia Bautista del Nuevo Pacto.[2]

---

1 Citado por D.R. McConnell en *A Different Gospel*.

A principios del siglo veinte un gran avivamiento resultó en la formación de muchas iglesias pentecostales con su énfasis sobre la salvación, la sanidad divina, el bautismo en el Espíritu Santo y la segunda venida de Cristo. A mediados del siglo Dios envió un nuevo avivamiento pentecostal y usaba a muchos evangelistas en campañas de salvación y sanidad divina. Había milagros de sanidad en respuesta a la oración.

Kenyon no era pentecostal, pero los dieciséis libros que escribió y el ejemplo de su ministerio tuvieron un impacto en varios ministros pentecostales y carismáticos.

Kenneth E. Hagin (1917—) fue el pionero del Movimiento de Confesión Positiva entre los pentecostales. Nació con un defecto cardiaco y quedó inválido a los quince años. En tres ataques cardiacos presenció los horrores del infierno. Esa experiencia lo llevó a su conversión en 1933, y al año siguiente el Señor lo sanó. Luego empezó su ministerio como predicador en una pequeña congregación interdenominacional en Texas. En 1937 fue bautizado en el Espíritu Santo. Pastoreó varias iglesias y después se dedicó a dar campañas de salvación y sanidad divina. Dios lo usaba en la oración por los enfermos.[1]

Hagin estudiaba las enseñanzas de Kenyon y empezó a divulgarlas en sus propios libros, casetes y seminarios. Daba mucho énfasis al verbo/fe, el confesar por fe la realización actual de ciertas promesas bíblicas respecto a la salud y la prosperidad. En 1974 fundó el Centro Rhema de Adiestramiento Bíblico en Broken Arrow, Oklahoma. Tomó el nombre de la palabra griega *rhema* en el Nuevo Testamento, que se traduce "verbo" o "palabra".

Dios honraba la oración de fe y muchos fueron salvados y sanados bajo el ministerio de Hagin. Pero se formaba la idea de que todo dependía de la fe de la persona que le obligaba a Dios a cumplir lo que ella reclamaba. Se aplicó este principio al reclamar la prosperidad económica. Se afirmaba el cumplimiento inmediato de ciertos textos bíblicos sin tomar en cuenta el contexto u otros pasajes sobre el tema. Ni se tomaba en cuenta

3 *Dictionary of Pentecostal and Charismatic Movements*, p. 517.
1 Ibid., p. 345.

la soberanía de Dios en permitir el sufrimiento y la pobreza entre los suyos.

Mientras muchos recibían la sanidad que Dios se place en dar a sus hijos, algunos hacían la "confesión positiva" que ya estaban sanos cuando en realidad seguían con toda su enfermedad. Esto dejaba a algunas personas desilusionadas con la oración, los ministros, el evangelio y la Biblia.

Las enseñanzas de Hagin influyeron a varios evangelistas e iglesias pentecostales y carismáticas. Las aceptaron muchas congregaciones del movimiento Sólo Jesús. El movimiento y sus doctrinas se conocían como Iglesias de Fe, el Pensamiento Positivo Cristiano, el Fideísmo, el Movimiento del Verbo-Fe, y el Movimiento de la Confesión Positiva.

Kenneth Copeland y su esposa Gloria se destacan entre los propagadores del movimiento. Mientras se preparaban para el ministerio, asistieron a unos seminarios de Kenneth Hagin y consiguieron algunos de sus casetes. En 1968 fundaron una asociación evangelística y en 1976 iniciaron un ministerio por radio, el cual se extendió rápidamente. Su predicación por televisión desde 1979 se extendió por satélite a muchos países.[1]

Frederick C. Price también tuvo mucha influencia mediante sus programas en la televisión nacional desde 1978, sus escritos y campañas y su pastorado del Centro Cristiano Crenshaw, una congregación independiente en California que en 1988 tenía quince mil miembros.

En 1979 se estableció con sede en Tulsa, Oklahoma, la Convención Internacional de Iglesias de Fe con más de ochocientos pastores y congregaciones. Los fundadores más destacados fueron Kenneth Hagin, Kenneth Copeland, Frederick Price, Norvel Hayes, Charles Capps, Jerry Savelle y John Osteen.[2] Se cuenta con la Casa de Publicaciones Harrison en Tulsa y dos escuelas de preparación ministerial: el Centro Rhema de Adiestramiento Bíblico y la Escuela de Ministerio del Crenshaw Centro Cristiano.

John Ankerberg y John Weldon dicen que las enseñanzas del Pensamiento Positivo Cristiano "a veces incorporan las

---

1 Ibid., p. 226.
2 Ibid., p. 464.

conclusiones de la psicología humanística y recalcan los poderes de la mente . . . Comúnmente la fe se ve como una fuerza o poder que puede emplearse para cambiar el ambiente de la persona (logrando el éxito en lo económico y en otros aspectos) . . . Muchos enseñan que el ejercicio de la creencia en tal fe puede incluso influir en las leyes divinas y obligar a Dios a obrar en favor de ellos." Ankerberg, Weldon y Walter Martin mencionan a varios evangélicos que predican el poder del positivismo mental y de la meditación y la visualización de lo deseado para recibirlo.[1]

DOCTRINAS DE LA CONFESIÓN POSITIVA

Este movimiento por lo general sigue la sana doctrina bíblica en cuanto a Dios, la Biblia, la salvación y la vida futura. Tengamos en cuenta que no todos aceptan las enseñanzas extremistas.

Dos clases de conocimiento

⇨ Kenyon enseñó que hay dos clases de conocimiento que a veces están en conflicto: el de los sentidos y el de la revelación. Hay que dar prioridad al conocimiento de la revelación, negando y así dejando sin efecto el conocimiento de los sentidos. "La realidad no se puede encontrar por los sentidos, sólo se encuentra por el espíritu. El conocimiento de los sentidos, que se refiere al mundo, a la carne, es malo. Es la fuente del conocimiento falso."[2]

⇨ La confesión positiva (del conocimiento de revelación) respecto a cualquier problema toma el lugar de la oración porque en la oración se repite el problema, dando así energía a las fuerzas de maldad para funcionar. "El pecado y la enfermedad pertenecen al reino maligno del conocimiento de los sentidos. Todo el mundo físico tiene que ser ignorado porque sólo transmite señales falsas del dios de este mundo, Satanás."[3]

Con negar la evidencia de los cinco sentidos y declarar el conocimiento dado por la revelación, se piensa trascender las limitaciones físicas y producir lo deseado. Es evidente que el

1 *Facts on False Teaching in the Church*, pp. 14-17. Véanse varios ejemplos en *La Nueva Era*, por Walter Martin, pp. 85-91.
2 Cita de J.A. Matta en *Born Again Jesus*.
3 Ibid.

hacer caso omiso totalmente a la realidad de los sentidos nos llevaría muy pronto a la muerte, pues ellos son los que demandan la alimentación y otras necesidades del cuerpo.

La Biblia hace bastante clara la realidad del pecado y la enfermedad. Habla de los actos del pecado y de pecados internos. El remedio no está en negar su existencia: "El que encubre sus pecados no prosperará; mas el que los confiesa y se aparta alcanzará misericordia" (Proverbios 28:13). "Si confesamos nuestros pecados, él es fiel y justo para perdonar nuestros pecados, y limpiarnos de toda maldad" (1 Juan 1:9). En cuanto al lugar importante de la oración, véanse los ejemplos y exhortaciones a orar en la refutación de las doctrinas de la Ciencia Cristiana.

Rhema, logos y el verbo-fe

⇨ Hagin hace una diferencia de significado entre las palabras griegas *rhema* y *logos* en el Nuevo Testamento, que se traducen como palabra o verbo en el castellano. Enseña que *rhema* se refiere a la palabra de Dios hablada por revelación o inspiración por una persona en cualquier época, mientras que *logos* se refiere a la palabra escrita de Dios (la Biblia). De modo que el creyente puede repetir con fe cualquier promesa bíblica, aplicarla a su necesidad personal y reclamar el cumplimiento como ya hecho. Ese verbo-fe (la confesión positiva que uno ya tiene lo que afirma) es el *rhema*, la voz de Dios que habla a la situación. Tiene tanta autoridad como el *logos*, la palabra escrita de Dios.

Los sinónimos *rhema* y *logos* se emplean indistintamente en el Nuevo Testamento. Ambos vocablos significan "verbo" o "palabra".

El atribuir tanta validez a la palabra hablada por una persona es peligroso. Abre el camino a errores doctrinales y al énfasis desmedido sobre ciertos pasajes bíblicos para respaldar una interpretación equivocada. Dios nos habla hoy de varias maneras: directamente al corazón, en mensajes inspirados por su Espíritu Santo, y por los dones del Espíritu citados en 1 Corintios 12 (la profecía, mensajes en un idioma desconocido para el que habla y su interpretación, la palabra de ciencia y la palabra de sabiduría). Pero la manera principal es por la Biblia. Hay la posibilidad de error en el ejercicio de los dones. Pueden entrar los pensamientos de la persona que no le son dados de Dios. A través de la historia de la iglesia cristiana han surgido sectas por una revelación que supuestamente el líder había recibido de Dios. Los mensajes deben ser juzgados a la luz de la Palabra escrita de Dios, la Biblia (1 Corintios 14:29).

⇨ La base común del Movimiento de la Confesión Positiva es la fe en "confesar" que ya se tiene lo que Dios promete en ciertos textos bíblicos. Tal confesión le puede traer la salud, la prosperidad económica y el triunfo sobre todo lo indeseable. La confesión negativa, que reconoce la presencia de condiciones indeseables en la vida de la persona, la deja a merced de ellas.

Esa enseñanza tiende a hacer poco caso de la necesidad de persistir en buscar a Dios y su voluntad en oración. ¿Y qué de la confesión? La de Pablo respecto a la prosperidad fue que había aprendido a estar contento en cualquier situación (Filipenses 4:11-13). Para obtener la sanidad divina, Santiago 5:14-16 recomienda la confesión (pero no parece tan positiva): "Confesaos vuestras ofensas unos a otros, y orad unos por otros, para que seáis sanados."

Dios sana en respuesta a la oración de fe y ha puesto en la iglesia para toda época dones que incluyen la fe, dones de sanidad y el hacer milagros (1 Corintios 12:4-11). Pero debemos poner nuestra fe en Él, en su poder y amor, más que en nuestra propia fe y confesión.

El intentar obligar a Dios a hacer lo que decimos es falta de reconocer su soberanía, su sabiduría superior a la nuestra y su voluntad basada en lo que es mejor para nuestro bien y el avance de su reino. Por ejemplo, Dios permitió que el diablo le quitara a Job la salud y las riquezas (Job 1-2) en respuesta a un desafío satánico. Parecía que Dios había abandonado a Job, pero estaba demostrando a Satanás y a la humanidad que se puede mantener una fe firme en Dios en medio de las más duras pruebas, servirlo por quien Él es y no por el provecho que nos puede dar. Job creció espiritualmente y al fin Dios lo recompensó con el doble de lo que tenía antes. Su ejemplo ha fortificado la fe de millones a través de los siglos. Y aunque no recibamos en esta vida tal recompensa material, si sufrimos con Cristo tendremos riquezas incomparables con Él en el cielo (Romanos 8:17,18).

El poner la fe en Dios no nos exime del sufrimiento. Jesús dijo que sus seguidores tendrían que "llevar la cruz", ser perseguidos (Mateo 10:38; 16:24; Marcos 8:34-36; Lucas 14:27). Escogió a Pablo como instrumento suyo y le mostró cuánto tendría que sufrir por Él (Hechos 9:10-16). Dios hizo milagros en respuesta a sus oraciones, pero Pablo sufrió el desprecio, persecución, golpes, latigazos, encarcelamiento y apedreamiento. Rogó tres veces al Señor que le quitase un "aguijón en la carne". Dios le dio la gracia para soportarlo; pero no se lo quitó porque servía un propósito más importante, el evitar que Pablo se pusiera orgulloso (2 Corintios 12:7-10). Y por fin el gran apóstol fue martirizado por la causa de Cristo.

Leemos de grandes milagros de sanidad divina en la Biblia y los vemos en la actualidad, pero los que no reciben la sanidad no deben sentir que Dios los ha abandonado.

⇨ Se enseña que la actitud positiva, la meditación en las promesas de Dios y la visualización de su cumplimiento son importantes. El enfermo debe mantener en su imaginación el cuadro de sí mismo rebosante de salud. Si desea la prosperidad, se aferra a algún texto bíblico al respecto, se contempla con los bienes que desea y los reclama como derecho de un hijo de Dios.

Reconocemos la importancia de una actitud positiva. La Biblia afirmó hace milenios lo que la ciencia médica hace poco ha "descubierto": "El corazón alegre constituye buen remedio, mas el espíritu triste seca los huesos" (Proverbios 17:22). El meditar en las promesas de Dios y en su bondad, sabiduría y cuidado fortalece la fe y produce una actitud positiva. Pero la fe debe dirigirse hacia Dios y no en nuestro propio pensamiento positivo.

Sin duda, han hecho mucho bien predicadores que ponen énfasis en el poder del pensamiento positivo y en el potencial divino. Presentan verdades importantes, pero no debemos pensar que así podemos manipular a Dios para conseguir la realización de todo deseo nuestro.

Dios nos enseña a orar por nuestras necesidades y Él las suplirá, pero no se obliga a proveer todo lo que deseamos. Él ha provisto para la sanidad de nuestros cuerpos y debemos orar con fe para recibirla, pero no garantiza la liberación inmediata de todo sufrimiento. Hemos visto muchos milagros en respuesta a la oración, y hemos experimentado el toque divino del Sanador. Pero también hemos visto a algunos creyentes muy consagrados y de grande fe quienes han padecido de algún mal por años.

Dios tiene prioridades al responder a nuestras oraciones. Nuestro crecimiento espiritual y la salvación de otros como resultado de nuestro testimonio en circunstancias adversas pueden tomar prioridad sobre nuestra comodidad. Nos conviene, pues, orar con fe en Dios, sabiendo que Él desea el bienestar de sus hijos. Y a la vez hagamos eco de la oración de nuestro Señor Jesucristo: "Hágase tu voluntad" (Mateo 26:42).

La prosperidad

⇨ Gloria Copeland escribió: "Tienes un título de propiedad para la prosperidad. Jesús compró y pagó por tu prosperidad tal como compró y pagó por tu salvación . . . Esta prosperidad ya te pertenece."[1]

Algunos cristianos tienen riquezas y las emplean para Dios. Algunos son pobres en las cosas de este mundo pero ricos en lo espiritual. No es malo procurar mejorar las condiciones; la Biblia nos exhorta a trabajar para tener lo necesario y compartir con los que padecen necesidad (Efesios 4:28), pero también nos enseña a estar contentos con la provisión de lo que se necesita en vez de desear y buscar las riquezas (1 Tesalonicenses 4:9-12).

En países donde hay prosperidad, es fácil predicar que Dios quiere dar la riqueza a todos los suyos; pero ¿qué de los lugares donde imperan el hambre, la pobreza y la persecución de la iglesia? Una doctrina bíblica debe ser aplicable universalmente. Si esto no es el caso con lo que se predica, hay que ver si la aplicación de ciertos textos bíblicos va más allá de lo que estos enseñan. Además, ¿qué se dice de los héroes de la fe en Hebreos 11:36-39 que "apedreados, aserrados, . . . pobres, angus-

1 Citado por Ankerberg y Weldon, p. 37.

tiados, maltratados . . . alcanzaron buen testimonio mediante la fe"?

Mucho del problema del positivismo consiste en no fijarse en las limitaciones de la promesa indicadas en el contexto o en hacer caso omiso de otros pasajes bíblicos al respecto.

El reclamar el derecho a la prosperidad económica y hasta la riqueza se basa en tales textos como el Salmo 1:3: "Y todo lo que hace prosperará." Aquí "prosperará" se refiere al éxito en lo que la persona hace, no necesariamente a la prosperidad económica. Los versículos 1 y 2 trazan el camino para el éxito.

En Mateo 6:25-34, "todas estas cosas os serán añadidas" tiene la limitación de "buscar en primer lugar el reino de Dios y su justicia". Y "estas cosas" se refiere a la comida y el vestido, no a la riqueza. En el mismo contexto (6:19-24) Jesús manda no hacer tesoros en la tierra sino en el cielo, y dice que no se puede servir a Dios y las riquezas. 1 Timoteo 6:3-10 habla de personas que "toman la piedad como fuente de ganancia", dice que "raíz de todos los males es el amor al dinero" y señala que "gran ganancia es la piedad acompañada de contentamiento".

Se cita 3 Juan 3: "Amado, yo deseo que tú seas prosperado en todas las cosas, y tengas salud, así como prospera tu alma." Este saludo personal de Juan a su amigo Gayo no es una promesa de prosperidad económica para cualquiera que lo "confiese".

Nacidos de nuevo

Algunos enseñan que al nacer de nuevo en la salvación somos humano-divinos, una encarnación de Dios, pequeños dioses. Kenyon enseñó: "Cada persona que ha nacido de nuevo es una encarnación. El creyente es tanto una encarnación como lo fue Jesús de Nazaret." Kenneth Copeland ha dicho: "Cuando llegas a ser una nueva criatura, tu espíritu se crea completamente de nuevo . . . no eres un esquizofrénico espiritual — mitad Dios y mitad Satanás —, sino que eres todo Dios." Hagin escribió: "Jesús primero fue divino, y luego fue humano. Por lo tanto, era en la carne un ser divino-humano. ¡Yo primero fui humano, y también tú, mas nací de Dios, y así llegué a ser un ser humano-divino!"[1]

---

1 Kenneth Hagin, *ZOE: The God-Kind of Life.* 1982, p. 40.

Es cierto que Dios nos cambia cuando nos entregamos a Él. El Santo Espíritu viene para morar en nosotros, guiarnos y darnos el poder para hacer lo que Dios manda. Es tan radical el cambio que Jesús lo llama el nacer de nuevo, nacer de Dios (Juan 3:3-7). Somos hijos de Dios pero no de igual manera como lo es Jesús. No somos deidad encarnada como Él es. Varios pasajes bíblicos se refieren a la relación nuestra con Dios como la adopción. El Espíritu de adopción nos confirma en esta relación, dándonos fe en nuestro Padre celestial y ayudándonos a recibir lo que Él nos brinda (Romanos 8:11-17; Gálatas 4:4-7; Efesios 1:3-10).

El apóstol Juan se refiere a los creyentes en Cristo como hijos de Dios, pero no completamente semejantes a Jesús. Él es perfecto y no hemos alcanzado aún la perfección. "Amados ahora somos hijos de Dios, y aún no se ha manifestado lo que hemos de ser; pero sabemos que cuando él se manifieste, seremos semejantes a él, porque le veremos tal como él es" (1 Juan 3:2).

Jesús nacido de nuevo

⇨ Algunos dicen que Jesús llegó a ser pecador cuando Dios cargó nuestro pecado en Él. Ya con naturaleza pecaminosa y satánica fue al infierno. Allí murió espiritualmente y presentó a Satanás su muerte como el precio de nuestro rescate. Nació de nuevo en el infierno y resucitó con la naturaleza humana-divina.

Jesús no llegó a ser pecaminoso de carácter al morir en nuestro lugar. Dios le imputó (cargó a su cuenta) nuestro pecado, así en sentido legal haciéndolo culpable. Pero sólo un sacrificio puro, sin pecado propio, podía ser aceptable como sustituto nuestro. Esto se ve en el simbolismo de los sacrificios a través del Antiguo Testamento, y se afirma de Jesucristo. Somos redimidos "con la sangre preciosa de Cristo, como de un cordero sin mancha y sin contaminación" (1 Pedro 1:19).

Puesto que no llegó a ser pecador no tuvo que nacer de nuevo, y resucitó con la misma naturaleza perfecta.

La expiación por nuestro pecado fue presentada a Dios (no al diablo) para satisfacer la justicia con el castigo del pecado. "Se ofreció a sí mismo sin mancha a Dios" (Hebreos 9:14). "Cristo nos amó, y se entregó a sí mismo por nosotros, ofrenda y sacrificio a Dios en olor fragante" (Efesios 5:2). "Hay un solo Dios y un solo mediador entre Dios y los hombres, Jesucristo hombre, el cual se dio a sí mismo en rescate por todos" (1 Timoteo 2:5,6). Como mediador, el rescate que Cristo pagó fue para Dios (para cumplir la sentencia justa de muerte para el pecador), y no para Satanás.

Jesús cumplió la expiación en la cruz, no en el infierno. "Llevó él mismo nuestros pecados en su cuerpo sobre el madero" (1 Pedro 2:24). Venció a Satanás en la cruz mediante su muerte física, no en el infierno mediante "una muerte espiritual". En la cruz (no en el infierno) triunfó sobre los poderes satánicos: "Y despojando a los principados y a las potestades, los exhibió públicamente, triunfando sobre ellos en la cruz" (Colosenses 2:15). En la cruz exclamó "Consumado es" (Juan 19:30), y se entregó a Dios (no a Satanás). "Entonces Jesús, clamando a gran voz, dijo: Padre, en tus manos encomiendo mi espíritu. Y habiendo dicho esto, expiró" (Lucas 23:46).

EL TRATO CON LOS DEL PENSAMIENTO POSITIVO

Recordemos que estos son nuestros hermanos en Cristo y debemos tratarlos con respeto en el amor cristiano. Su actitud positiva y su fe pueden servir de estímulo para nosotros (Hebreos 10:24). El mandato de Cristo de ir y predicar el evangelio y su promesa de acompañarnos y confirmar su Palabra con sanidades y milagros son para la iglesia de hoy todavía (Mateo 28:18-20; Marcos 16:15-18). Los apóstoles nos dan el ejemplo de la autoridad del creyente al actuar en el nombre de Jesús y ver milagros de sanidad. Dios quiere obrar de semejante manera hoy. En eso estamos de acuerdo.

Podemos señalarles que el enfoque de la fe debe ser en Dios y en su voluntad más que en nuestra propia fe y actitud mental. Él se complace en sanar y en proveer las necesidades de sus hijos, y queremos darle a Él toda la gloria cuando lo hace. No queremos disminuir la fe de nadie, pero podemos ayudarlos a mirar más al Señor para que Él haga su voluntad en todo caso. Reconozcamos la soberanía de Dios y no tratemos de obligarlo a hacer lo que le demandamos. Él es el Alfarero y nosotros el barro.

Ayudemos a los que no han recibido lo que han confesado con el "verbo-fe". No deben sentirse rechazados o menospreciados por falta de fe. Podemos señalarles el contexto y la limitación de algunas promesas bíblicas. Veamos otros pasajes respecto a la manera de buscar a Dios. ¿Están desilusionados? Se puede animarlos a seguir buscando a Dios y su voluntad, confiando en su sabiduría, amor y deseo de nuestro bien espiritual y físico. Oremos por ellos y con ellos que Dios sea glorificado y obre para bien todas las circunstancias de su vida (Romanos 8:28).

AVISOS EN EL CAMINO

Citamos una parte de la presentación de las Asambleas de Dios de las Estados Unidos respecto a la Confesión Positiva.[1]

La Palabra de Dios enseña grandes verdades como lo son la sanidad divina, la provisión de nuestras necesidades, la fe y la autoridad de los creyentes. La Biblia también enseña que una mente disciplinada es un factor muy importante para llevar la vida victoriosa. Pero siempre hay que considerar esas verdades en el contexto total de las Escrituras.

Cuando ocurren abusos, se presenta la tentación de retirarse de estas verdades tan grandes de la Palabra de Dios. En algunos casos la gente se aparta de Dios del todo cuando descubre que el énfasis exagerado no siempre llega al nivel de sus expectativas o no resulta en la libertad completa de sus problemas.

El hecho de que se desarrollen aberraciones doctrinales, sin embargo, no es razón suficiente para rechazar la doctrina original o mantener silencio a su respecto. La existencia de la diferencia de opinión es motivo para que el creyente escudriñe con diligencia las Sagradas Escrituras. Es la razón por la que los siervos de Dios deben fielmente proclamar todo el consejo de Dios.

---

1 *The Believer and Positive Confession*, pp. 21,22.

PREGUNTAS Y ACTIVIDADES

1. Mencione dos personas consideradas como fundadores del Movimiento de Confesión Positiva y un propagador destacado.
2. Relate brevemente la historia del movimiento.
3. Señale la influencia de la Ciencia Cristiana y la Unidad sobre el ministerio de Kenyon.
4. Puesto que el movimiento positivista se adhiere a doctrinas fundamentales de la Biblia, ¿por qué estudiarlo?
5. Cite dos tendencias peligrosas en este movimiento.
6. ¿Qué enseñan algunos sobre el Jesús nacido de nuevo?
7. Compare el uso en el Nuevo Testamento de los vocablos *rhema* y *logos* con su empleo por los positivistas.
8. ¿Es malo reclamar para sí las promesas bíblicas? Explique.

Capítulo 11

SÓLO JESÚS
(NUEVA LUZ)

Iglesias: La Iglesia Pentecostal Unida, la Iglesia Apostólica de Fe en Jesús, Luz del Mundo y otras iglesias independientes.

Origen: Sabelio y sus seguidores enseñaban esta doctrina en el tercer siglo d.C. Reapareció en 1913.

Autoridad: La Biblia y la revelación dada a individuos.

Teología: Unitaria: creen que sólo Jesús es Dios. Dicen que "Padre" y "Espíritu Santo" son sólo dos nombres de Jesús. Ortodoxa en otros puntos.

ASPECTOS HISTÓRICOS

En el siglo tercero después de Cristo, Sabelio, presbítero de la iglesia cristiana en el norte de Africa, comenzó a negar la evidencia de la Trinidad. Decía que Jesús era el Jehová del Antiguo Testamento y la única persona de la Deidad. Los términos "Padre" y "Espíritu Santo" eran otros nombres de Jesús que se referían a ciertos aspectos de su personalidad. Esta doctrina llegó a conocerse como "modalismo", por su insistencia en que los distintos nombres eran sólo "modos" de representar a Jesús.

"Sabelio y sus seguidores afirmaban: 'Dios fue crucificado', con lo que hacían una inmensa confusión entre Dios Padre, que dio a su Hijo unigénito, y Dios Hijo, que se entregó para encarnarse y ser crucificado. La herejía de Sabelio desapareció de la iglesia antes de finalizado el siglo cuarto, pero se ha levantado otra vez en estos días."[1]

1 Alice E. Luce, *Bautismo en el nombre de Jesús*, pp. 17,18.

En el libro *Suddenly from Heaven*, Carlos Brumback describe el surgimiento de la doctrina unitaria llamada "Sólo Jesús" en el movimiento pentecostal. En 1913 Juan G. Scheppe tuvo una revelación sobre el poder que hay en el nombre de Jesús. En el campamento donde se encontraba, los pastores empezaron a estudiar el asunto y llegaron a la conclusión de que el verdadero bautismo en agua tenía que ser en el nombre de Jesús. Además era imprescindible ser bautizado en agua para ser "nacido del agua", o ser salvo. Empezaron a bautizarse de nuevo según esta fórmula.

¿Pero cómo reconciliar el hecho de que Jesús mismo mandó bautizar en el nombre del Padre, del Hijo y del Espíritu Santo (Mateo 28:19)? Alguien recibió "una luz" sobre este particular. Los tres eran una sola persona, y su nombre era Jesucristo. Los nombres Señor, Jesús y Cristo eran lo mismo que Padre, Hijo y Espíritu Santo. Jesús revelaba distintos aspectos de su naturaleza como Padre y Espíritu Santo, pero estos no eran distintas personalidades. La Deidad se componía sólo de Jesús.

Las congregaciones que ponen la revelación particular al mismo nivel con la Biblia están a la merced de cualquier error. La "Nueva Luz" se esparció rápidamente y ganó muchos adeptos.

Entre las iglesias organizadas que se formaron de ese movimiento, las más fuertes, que se hallan en varios países, son la Iglesia Pentecostal Unida, la Iglesia Apostólica de Fe en Cristo Jesús, y Luz del Mundo.[1] Hay otros grupos más pequeños e iglesias independientes que aceptan esa doctrina.

Se debe aclarar que algunas iglesias trinitarias (que creen en la Trinidad) bautizan en el nombre de Jesús, creyendo que esta es la fórmula correcta. No se debe confundir estos miembros del movimiento "Nombre de Jesús" con los de "Sólo Jesús".

DOCTRINAS

Las iglesias con la creencia de Sólo Jesús son ortodoxas en casi todas las doctrinas menos la de la Trinidad. Difieren de otras iglesias evangélicas en la fórmula bautismal. Veamos primero el

1 Pablo Hoff informa que estas tres se hallan en varios países de América Latina. *Otros evangelios*, p. 163.

problema del bautismo, puesto que esto los llevó a la doctrina unitaria (la de una sola persona en la Deidad).

El bautismo en agua

⇨ La doctrina de Sólo Jesús enseña que el bautismo en agua debe ser en el nombre del Señor Jesucristo, según Hechos 2:38.

Cristo dijo: "Id y haced discípulos a todas las naciones, bautizándolos en el nombre del Padre, y del Hijo y del Espíritu Santo" (Mateo 28:19). Los judíos acostumbraban bautizar en agua a los gentiles convertidos, para testimonio público de que ya eran de Dios. Juan el Bautista bautizaba a los judíos arrepentidos en testimonio de que rendían su vida a Dios. Y los cristianos fueron enviados a predicar el evangelio y a bautizar en nombre del Padre, del Hijo y del Espíritu Santo.

El mensaje de Pedro en el día de Pentecostés se dirigía a millares de judíos religiosos que ya creían en el Padre y en el Espíritu Santo, pero no reconocían a Jesús como su Mesías. Lo habían crucificado. Para ser salvos tenían que arrepentirse y bautizarse en su nombre para demostrar públicamente que lo aceptaban como su Mesías y Señor.

Era, por tanto, natural que a este grupo Pedro les mencionara sólo el nombre de Jesucristo. "Cristo" viene de la traducción griega de la palabra hebrea que tenemos como "Mesías" en español. Ambas palabras significan "ungido" y se refieren a la persona a quien Dios ungiría para ser Profeta, Sacerdote y Rey, el Salvador del mundo. Bautizarse en el nombre de Jesucristo era reconocer públicamente que Jesús era el Cristo.

Eran cruciales para su salvación el arrepentirse y reconocer a Jesucristo como el Hijo de Dios en un plano de igualdad con el Padre y el Espíritu Santo. Es de suponer que los discípulos, al bautizarlos en agua, usarían la fórmula que Jesús les había dado hacía pocos días, en la que se incluía el nombre del Hijo en el mismo nivel con el Padre y el Espíritu Santo.

No hay conflicto entre los dos textos. Tenemos en Hechos 2:38 el mandato del bautismo en agua como confesión de fe en Jesucristo, un énfasis especial que era necesario para los judíos. En Mateo 28:19 tenemos la fórmula bautismal que se debía emplear en todas las naciones al cumplir con la Gran Comisión.

Los escritos de diversos hombres destacados de la Iglesia primitiva nos prueban que los apóstoles y los pastores de aquellos tiempos bautizaban en el nombre de la Trinidad, y no sólo en el nombre de Jesucristo.

Un libro muy antiguo llamado *La enseñanza de los apóstoles* (*Didajé*) dice: "Ahora concerniente al bautismo, bautizad de esta manera: después de dar enseñanza en primer lugar de todas estas cosas, bautizad en el nombre del Padre, del Hijo y del Espíritu Santo."[1] Dice también: "El obispo o presbítero debe bautizar de esta manera, conforme a lo que nos mandó el Señor, diciendo: 'Id y haced discípulos en todas las naciones, bautizándolos en el nombre del Padre y del Hijo y del Espíritu Santo.' "

Justino Mártir (165 d.C) escribe: "Son traídos (hablando de los nuevos conversos) a un lugar donde hay agua, y reciben de nosotros el bautismo (lavamiento) de agua, en el nombre del Padre, Señor de todo el universo, y de nuestro Salvador Jesucristo, y del Espíritu Santo."

Tertuliano (196 d.C.), Clemente de Alejandría (156 d.C.) y Basilio (326 d.C.) nos dan el mismo testimonio. Basilio aclara aun más el asunto al decir: "Nadie sea engañado ni suponga que porque los apóstoles frecuentemente omitan los nombres del Padre y del Espíritu Santo en hacer mención del bautismo (no en la fórmula cuando están bautizando) no sea importante invocar estos nombres." Cipriano (200 d.C.), hablando sobre Hechos 2:38, dice: "Pedro menciona aquí el nombre de Jesucristo, no para omitir el del Padre, sino para que el Hijo no deje de ser unido al Padre. Finalmente, cuando después de la resurrección el Señor envía a los apóstoles a las naciones, les manda que bauticen a los gentiles en el nombre del Padre y del Hijo y del Espíritu Santo."

2 Juan 3 dice: "Sea con vosotros gracia, misericordia y paz, de Dios Padre y del Señor Jesucristo, Hijo del Padre, en verdad y en amor." Aquí dice explícitamente que el Señor Jesucristo es el Hijo del Padre; de modo que es imposible que Él se refería sólo

---

1 Estas citas de los padres de la Iglesia son tomadas del libro *Bautismo en el nombre de Jesús*, por Alice E. Luce, pp. 9-12.

a sí mismo en la fórmula que dio para bautizar en el nombre del Padre, del Hijo y del Espíritu Santo.

La Trinidad

⇨ La doctrina Sólo Jesús enseña que Padre, Hijo y Espíritu Santo son tres nombres de Jesús. Cita Deuteronomio 6:4; Éxodo 20:3; Isaías 44:6 y otros textos que dicen que Dios es uno.

Ponen tanto énfasis en la verdad bíblica de la unidad de Dios que cierran los ojos a otra verdad bíblica: en esta unidad hay tres personas divinas.

1. *Cristo habla de la Trinidad.* En Juan 14:16-31 Jesús habla del Padre y del Espíritu Santo como personas distintas de Él. Ruega al Padre que envíe al Espíritu; Él y su Padre se manifestarán a quienes lo aman. Vendrán para morar en el que lo ama y guarda sus mandamientos; el Padre enviará al Espíritu Santo en el nombre de Él; va al Padre; el Padre es mayor que Él; hace lo que su Padre lo mandó. Sigue hablando del Padre y del Espíritu en los capítulos 15 y 16; en el 17 tenemos su oración al Padre.

Desde las primeras palabras que tenemos de Jesús hasta los últimos encargos dados a sus discípulos, habla de Dios Padre como otra personalidad distinta de la suya. "¿Por qué me buscabais? ¿No sabíais que en los negocios de mi Padre me es necesario estar?" preguntó (Lucas 2:49). No dijo: "En mis negocios como padre." Constantemente se refiere a sí mismo como enviado por el Padre (Juan 3:16,17,34; 5:43; 6:38,39; 9:3,4; 12:49; 16:28; 20:21).

Jesús decía que las obras que Él hacía y las palabras que hablaba no eran suyas, sino del Padre que lo había enviado (Juan 5:19,30,36; 6:38; 7:16).

Menciona cosas, conocimientos y actividades que correspondían definitivamente a uno y no al otro, con lo que mostraba que Él y el Padre eran dos personas. El Padre le entrega el juicio al Hijo (Juan 5:22). El Padre sabía el día de la venida futura del Hijo, pero el Hijo no lo sabía (Marcos 13:32). El Padre glorifica al Hijo (Juan 8:50,54). El Padre lo ama a Él, y Él al Padre (Juan 3:35; 5:20; 10:17; 14:31; 17:23,24).

Jesús habla de distinción de lugares entre Él y el Padre, cosa que sería imposible si se tratara de la misma persona. "Salí del Padre... Voy al Padre... Padre nuestro que estás en los cielos" (Juan 14:12,28; 16:28; 20:17; Mateo 6:9).

2. *Jesús oraba al Padre.* Él se dedicaba a la oración, no sólo como ejemplo sino para tener comunión con su Padre y recibir respuestas a sus peticiones (Marcos 1:35; Lucas 5:16; 6:12; 9:28; 11:1; 22:39-44; Mateo 26:39; Juan 11:41,42; 17; Hebreos 5:7).

3. *Cristo, nuestro Sacerdote, intercede ante el Padre.* Todo el sistema simbólico del sacerdocio pierde su significado si sólo existe Jesús en la Deidad. La Epístola a los Hebreos enseña que Jesús convirtió en realidad ese simbolismo al presentarse a sí mismo en sacrificio ante Dios Padre, donde intercede por nosotros. Los de Sólo Jesús, al ser confrontados con este hecho, niegan que haya oración en el cielo. Léanse al respecto Hebreos 4:14; 5:10; 6:20; 7:17; 8:6; 10:22. Hebreos 7:25 nos enseña que Él vive eternamente para interceder por nosotros. Cristo es el Mediador entre Dios y los hombres (1 Timoteo 2:5; 1 Juan 2:1,2).

4. *El ángel menciona la Trinidad en la anunciación.* Cuando el ángel Gabriel anunció a María la encarnación, mencionó las tres personas de la Deidad (Lucas 1:35).

5. *Miembros de la Trinidad se manifestaron simultáneamente.* En su bautismo, Jesús salía del agua cuando el Espíritu Santo descendió como paloma, y se oyó la voz del Padre desde el cielo (Mateo 3:16,17). En dos otras ocasiones leemos que la gente que estaba con Jesús oyó la voz del Padre (Juan 12:23-30; Mateo 17:1-5). En el monte de la transfiguración, Dios dijo desde la nube: "Este es mi Hijo Amado, en quien tengo complacencia."

Esteban, lleno del Espíritu Santo, vio los cielos abiertos y a Jesús a la diestra de Dios (Hechos 7:55,56). ¿Cómo pudo Esteban ver a Jesús a la diestra del Padre si Jesús mismo es el Padre? Y Hebreos 1:1-3 nos presenta al Hijo de Dios sentado "a la diestra de la Majestad en las alturas".

6. *Los apóstoles creían en la Trinidad.* La predicación de Pedro en la casa de Cornelio enseña la unidad de Dios en la cooperación de tres personas (Hechos 10:38-42). Efesios 2:8-22 enseña que las tres personas obran para nuestra salvación.

Hebreos 9:14 pregunta: "¿Cuánto más la sangre de Cristo, el cual mediante el Espíritu eterno se ofreció a sí mismo sin mancha a Dios, limpiará vuestras conciencias de obras muertas para que sirváis al Dios vivo?" Véanse Romanos 1:1-4; 1 Pedro 1:2; 1 Juan 3:23,24. En los primeros versículos y en muchos de los últimos de casi todas las epístolas en el Nuevo Testamento, hallamos referencia a Dios el Padre y a su Hijo Jesucristo. Típica es la bendición apostólica que invoca a la Trinidad: "La gracia del Señor Jesucristo, el amor de Dios, y la comunión del Espíritu Santo sean con todos vosotros. Amén" (2 Corintios 13:14).

7. *Se vislumbra la Trinidad en el Antiguo Testamento.*[1]

8. *La naturaleza de Dios demanda una pluralidad.* La esencia del carácter del Dios eterno que no cambia es el amor (1 Juan 4:8). Eso indica que tenía que haber un objeto de su amor coexistente con Él en la eternidad pasada, es decir, una pluralidad en la Deidad.

9. *Sus títulos no excluyen a otros miembros de la Deidad.* Los del movimiento Sólo Jesús usan Isaías 9:6 para identificar a Jesús con Dios el Padre, porque llama al niño que había de nacer "Dios fuerte, Padre eterno". Pero esto no quita la existencia de la primera persona de la Trinidad que lleva los mismos títulos. Ni quiere decir que Jesús sería su propio padre. Todo padre humano es a la vez hijo de un padre. Jesús sería a la vez Hijo de Dios y Padre Eterno para los que nacerían de nuevo por su obra redentora. Recordemos que muchas veces un padre y su hijo llevan el mismo nombre. Esto habla de su parentesco, pero no niega que tengan personalidades independientes. Isaías 53:10,11 afirma que el que llevaría el castigo de muerte por los pecados de la humanidad vería linaje como resultado de su sufrimiento por las almas. El ser Padre de las almas no quita el hecho de que Él a la vez tenga un Padre. A ambos se les puede llamar "Padre eterno".

10. *La doctrina de Sólo Jesús les quita sentido a las Escrituras.* La hermosa oración de Juan 17 no tiene significado si el Padre es sólo Jesús. Juan 3:16 pierde su sentido, pues ¿quién sería el Hijo unigénito? ¿Qué quiere decir Juan 1:1,2,14 cuando afirma que el Verbo era con Dios, y era Dios, y que era el

---

1 Véase la sección sobre doctrinas de los judíos en el capítulo dos.

unigénito del Padre? Si Jesús es la única persona de la Deidad, ¿qué significa Juan 1:18: "A Dios nadie le vio jamás; el unigénito Hijo, que está en el seno del Padre, él le ha dado a conocer"?

La promesa que Jesús hizo a sus discípulos de que les enviaría otro Consolador no era más que un engaño si Él era el Espíritu Santo. ¿Y qué sucedió con su cuerpo resucitado? Los ángeles indicaron que Jesús volvería tal como lo habían visto ir al cielo (Hechos 1:11). No sucedió así cuando vino el Espíritu Santo.

⇨ Algunas iglesias enseñan que es necesario el bautizarse en el nombre de Jesús y hablar en lenguas para ser salvo.[1]

La Biblia no enseña esto en ninguna parte. El ladrón en la cruz no tuvo oportunidad de bautizarse. Ni recibió el bautismo en el Espíritu Santo con la evidencia de hablar en otras lenguas, tal como los ciento veinte recibirían al cabo de cincuenta días. Sin embargo, Jesús le dijo: "Hoy estarás conmigo en el paraíso" (Lucas 23:39-43). Somos salvos por fe en Jesucristo y su obra expiatoria; una fe tan real que nos lleva al arrepentimiento y a la entrega de nuestra vida a Él (Juan 3:16; Hechos 16:29-31; Romanos 5:1; Efesios 2:8).

EL TRATO CON LOS DE SÓLO JESÚS

El trato con los que creen la doctrina de Sólo Jesús no es para guiarlos a la salvación. Son, por la mayor parte, cristianos sinceros que aman al Señor. El no comprender la doctrina bíblica de la Trinidad no los ha excluido de recibir las bendiciones dadas por el Padre, el Hijo y el Espíritu Santo. Buscan y reciben el bautismo en el Espíritu Santo, y frecuentemente oran al Padre en el nombre de Jesús. Muchos nunca han recibido enseñanza bíblica sobre la Trinidad.

Al tratar con ellos se puede admitir francamente que la doctrina de la Trinidad es un misterio que el hombre no puede comprender a cabalidad. La mente finita no abarca una comprensión completa de la naturaleza de lo infinito. Sin embargo, creemos en la existencia de la Trinidad —tres personas en una— porque la

1 Hoff, pp. 162,164.

Biblia la enseña. Se les debe invitar a considerar la enseñanza total de la Biblia al respecto. El trato debe hacerse en un espíritu de amor cristiano, y no en discusiones acaloradas.

En algunas partes los que creen en Sólo Jesús hacen obra de proselitismo. Procuran que los miembros de iglesias que creen en la Trinidad vuelvan a bautizarse en el nombre de Jesús. En vista de esto, es recomendable dar en nuestras iglesias estudios sistemáticos sobre la Trinidad. Se puede utilizar el material dado en este capítulo y en el capítulo sobre el judaísmo.

A las personas que vengan a pedirles a nuestros miembros que se bauticen de nuevo en nombre de Jesús, podemos decirles que respetamos su opinión, pero el Espíritu de Cristo no es el de ir a crear divisiones y confusión en una iglesia. Se puede invitarlas a un estudio sincero de las Escrituras sobre la naturaleza de Dios, para que vean si hay algunos puntos que no han considerado. Hay que orar que el Señor les abra los ojos.

AVISOS EN EL CAMINO

"Entendiendo primero esto, que ninguna profecía de la Escritura es de interpretación privada" (2 Pedro 1:20). Es peligroso basar una doctrina sobre la interpretación privada de un texto aislado. Así es fácil torcer las Escrituras para hacerlas respaldar nuestra propia revelación o interpretación. La insistencia en la interpretación particular ha ocasionado muchas divisiones en el pueblo del Señor.

PREGUNTAS Y ACTIVIDADES

1. ¿Quién era Sabelio? ¿Qué enseñaba?
2. Relate brevemente la reaparición de la doctrina sabeliana.
3. Que los estudiantes consulten buenos libros de teología sistemática para lo que dicen respecto a la naturaleza trina de Dios. Que lo expliquen en la clase con sus propias palabras.
4. ¿Qué enseñan los de Sólo Jesús sobre el bautismo en agua? ¿Qué diría usted al respecto?
5. ¿Qué evidencia tenemos respecto a la fórmula de bautismo empleada en la iglesia de los primeros siglos después de Cristo? Mencione tres autoridades al respecto.

6. Dramatice una conversación entre dos jóvenes: uno hasta el punto de bautizarse de nuevo en nombre de Jesús quiere que su compañero haga lo mismo.

7. Cite tres pasajes bíblicos que mencionan juntos a las tres personas de la Trinidad.

8. Cite unas manifestaciones simultáneas de los distintos miembros de la Trinidad.

9. Conversen de la pluralidad en Dios en el Antiguo Testamento.

10. Hagan los alumnos en la pizarra una lista de argumentos bíblicos en contra de la doctrina de Sólo Jesús.

11. ¿Hay iglesias de esta doctrina en su zona? Ore por ellas.

Capítulo 12

MULTIPLICACIÓN DE SECTAS Y RELIGIONES

En este capítulo consideramos varias de las sectas o religiones que más se han extendido en los últimos años. Algunas de ellas han echado las bases para el movimiento de la Nueva Era. No empleamos el formato usual de examinar las doctrinas y su refutación, pues muchas de ellas se ven en los capítulos anteriores y en el siguiente sobre la Nueva Era.

¿LA ÚNICA IGLESIA CRISTIANA VERDADERA?

La Ciencia Cristiana

María Baker Eddy enseñó que sus escritos eran la clave para el estudio bíblico, y sin ellos era imposible comprenderla. Por lo tanto la iglesia que ella fundó era la única con la correcta base doctrinal para ser verdaderamente cristiana.

Cuanto más se considera el origen de la Ciencia Cristiana, más se llega a la conclusión de que es un sistema de escapismo. Niega la existencia de la materia, el sufrimiento, la enfermedad, el pecado y todo mal. Dice que éstos son sólo conceptos erróneos, pues en realidad todo es bueno y perfecto.

Desde su niñez no le faltaban a María Baker las circunstancias que la hicieran buscar un escape de la realidad. Padecía de ataques nerviosos. Poco después de casarse enviudó. Era tan enfermiza que tuvo que entregar a su hijo al cuidado de otras personas. Su segundo matrimonio terminó en divorcio.

Mientras tanto, el "sanador" Fineas Quimby fomentaba un nuevo método para curar a los enfermos, no por medicina, sino por enseñar a los pacientes la naturaleza de su mal. Les decía que se curaban mediante un estado mental. Calificaba a la enfermedad como "error" y "razonamiento falso". María acudió a Quimby, quien le dijo que no tenía enfermedad alguna. Lo que pasaba era que su espíritu animal reflejaba sobre el cuerpo su angustia.

María recibió sus explicaciones y estudió sus manuscritos durante tres semanas. Sintió un alivio inmediato y pronto se puso completamente bien. Llena de entusiasmo por el arte sanador, realizó estudios bajo Quimby y aprendió a aplicar su método.

María publicó en 1875 el libro que en una edición aumentada sería la autoridad suprema en la religión que ella fundó: *Ciencia y salud con clave de las Escrituras*. Afirmaba haberlo escrito bajo inspiración divina; pero la investigación revela que copió treinta y tres páginas textualmente y cien páginas en sustancia de un manuscrito del doctor Lieber sobre los escritos de Hegel.[1]

María se casó con Asa Eddy, y en 1879 se organizó la Iglesia de Cristo Científica.[2] Al cabo de cien años tendría unos tres millones de adherentes en todo el mundo.

María Baker Eddy fue más allá de las teorías de Quimby, pues no sólo negaba la existencia de la enfermedad, sino también la de la misma materia. Afirmaba que toda apariencia de materia o de experiencia mortal es sólo una ilusión, un sueño.

Todo lo que existe es Dios, según ella. Es un principio divino, un ser supremo incorpóreo.[3] "Dios es toda sustancia, toda inteligencia." Escribe: "Dios es amor, y el amor es un principio, no una persona . . . Este principio es Mente, Sustancia, Vida, Verdad, Amor.[4] Nuestro espíritu es una parte de Él, y por lo tanto es bueno. No hay esas cosas que se llaman pecado y muerte. Hay que utilizar la ciencia cristiana y negar tales ilusiones para que desaparezcan estas ideas erróneas."[5]

Afirmaba: "La Biblia ha sido mi única autoridad." Pero decía que no podía interpretarse de manera literal. Daba un significado "espiritual" y simbólico a todo para que estuviera de acuerdo

1 *Christian Science*, por Walter R. Martin, p. 7, y *False Cults*. por Russell Spittler, p. 33.
2 Josh McDowell y Don Stewart, *Estudio de las sectas*, p. 140.
3 Maria Baker Eddy. *Miscellaneous Writings*, p. 169, citado por Russell Spittler en *The Cults*, p. 33.
4 Myer Pearlman, *Curso para el obrero personal*. Editorial Vida.
5 María Baker Eddy, *Science and Health*, pp. 113 y 465.

con su doctrina de la irrealidad de la materia y del pecado. No creía en la Trinidad, ni en el nacimiento virginal de Jesús, su deidad, muerte, resurrección, expiación del pecado y segunda venida. Según ella el Espíritu Santo es la Ciencia Cristiana. Negaba la existencia de un cielo y un infierno literales.

Las atracciones principales de esta religión son la curación de los enfermos y la actitud optimista y serena de sus miembros. La doctrina de que el pecado no existe tranquiliza la conciencia sin que el alma rebelde tenga que humillarse en arrepentimiento.

El nombre Ciencia Cristiana es engañoso. No es cristiana porque niega las enseñanzas fundamentales del cristianismo. Ni es ciencia, pues niega la realidad de la materia, el campo de la ciencia.

Todo el sistema de razonamiento está equivocado, puesto que es errónea su primera tesis, la de que Dios es todo y en todo y fuera de Él no existe nada. Además, Eddy habla de la "mente mortal" que tiene ilusiones, y los pensamientos ilusorios que son errores. Si Dios es todo sabio y todo lo que existe es parte de Él, ¿cómo puede existir el error? Si la mente mortal tiene una existencia separada de la mente divina, entonces no puede ser cierto que Dios sea todo lo que existe. El sistema se contradice.

La Biblia presenta un Dios personal que creó el universo material. Aunque Él está en todas partes (omnipresente), Dios es trascendente, o sea, va más allá de sus obras. Las obras de la creación, como el hombre por ejemplo, no forman parte del ser divino. Negar la realidad de lo material es negar el Génesis y toda la presentación bíblica de Dios como Creador (Génesis 1 y 2; Salmo 8:3-9; 1 Corintios 15:38-41; Juan 3:6; 2 Corintios 5:6).

¿Cómo se explica el hecho de que muchos enfermos recobren la salud en la Ciencia Cristiana? Hay varias explicaciones posibles.

1. La Ciencia Cristiana las atribuye al poder de la mente sobre la "materia", el triunfo de la verdad sobre la ilusión. Procuran tener sólo pensamientos buenos y amables.

La ciencia médica reconoce que la actitud mental tiene mucho que ver con la salud del cuerpo. Una actitud optimista, tranquila y feliz acelera los procesos naturales de sanidad que Dios ha puesto en el cuerpo. En cambio, una actitud pesimista, amargada y preocupada provoca secreciones glandulares que empeoran la salud. Nos informan que hasta el ochenta y cinco por ciento de las enfermedades tienen su origen en problemas emocionales. La perturbación nerviosa produce el malestar en el cuerpo. Al lograr las debidas actitudes mentales, se eliminan muchas enfermedades.

2. Puesto que la sanidad es lo que más atrae a la gente, puede ser que la sanidad se logre "por obra de Satanás, con gran poder y señales y prodigios mentirosos" (2 Tesalonicenses 2:9). Satanás es el gran imitador, el falsificador de las obras de Dios. Los magos del Faraón imitaban los milagros que Moisés hacía por el poder de Dios. No todos los obradores de milagros proceden de Dios (Mateo 7:22,23; Marcos 13-22; 2 Corintios 11:14,15). Ya hemos visto esto en el espiritismo. Satanás puede enfermar a una persona, como lo hizo a Job, a la mujer "ligada por Satanás" y a los muchos "oprimidos por el diablo". Entonces ¿no es razonable creer que le puede quitar la enfermedad cuando le plazca? Es posible que algunas de las sanidades sean tretas del diablo con el propósito de engañar y atrapar a las almas en este error.

3. A pesar de los errores de esta religión, muchas personas en ella buscan sinceramente a Dios. Él nos ama a todos y en su compasión sana a muchos que están lejos de la verdad doctrinal.

4. Hay muchos que hubieran sanado de todos modos sin haber acudido a la Ciencia Cristiana.

Cualquiera que sea la verdad en cuanto a la sanidad de una persona, recordemos que esta experiencia no puede probar la verdad de la doctrina.

La Iglesia Universal de Dios

Herbert W. Armstrong inició su estudio serio de la Biblia para ver si era cierto lo que afirmaba su esposa, que el sábado es el día que los cristianos deben observar. Se convenció de que era así y llegó a la conclusión de que todas las iglesias cristianas estaban equivocadas en muchas de sus doctrinas: las habían adoptado de religiones paganas. Desde fines del primer siglo después de Cristo, se habían apartado de la verdad, y ahora Dios lo había escogido a él, Herbert W. Armstrong, para proclamar la verdad y establecer la única verdadera iglesia de Dios.

En 1934 fundó la Iglesia Universal de Dios (llamada primero la Iglesia Radial de Dios). Tenía algunas enseñanzas bíblicas, algunas propias y doctrinas de los mormones, los adventistas, los testigos de Jehová y del angloisraelismo (que los ingleses y norteamericanos eran las "diez tribus perdidas de Israel").

Armstrong había trabajado en medios publicitarios y conocía el valor de las difusiones radiales y de la página impresa. Inició un programa radial llamado "El mundo del mañana" y brindaba a los oyentes su revista con el mismo nombre (después llamada "La pura verdad"). Por esos medios ha penetrado su mensaje en millones de hogares.

La iglesia creció y Armstrong fundó la Universidad Embajador (Ambassador College) en Pasadena, California.

Armstrong creía en la deidad de Dios el Padre y de su Hijo el Señor Jesucristo, pero decía que el Espíritu Santo es sencillamente el poder de Dios, negando su personalidad.

Armstrong enseñaba que la salvación es "un proceso que comienza en esta vida y culmina en la resurrección. Consta de arrepentimiento, fe y bautismo en agua. Nadie es salvo en esta vida".[1] Nace de nuevo como hijo de Dios en la resurrección y ya es un dios. También hay que guardar el sábado como día de reposo para ser salvo. Los que observan el domingo han tomado la marca de la bestia y sufren la muerte eterna. Además, se presentaba La Iglesia Universal de Dios como la única iglesia en la cual se hallaba la verdad y la salvación.

El Camino Internacional

Victor Paul Wierville, pastor en la Iglesia Evangélica y Reformada, se desilusionó con la interpretación bíblica dada por las iglesias cristianas. Renunció a su iglesia, se deshizo de su biblioteca de más de tres mil tomos y, a base de su estudio personal de la Biblia, inició su propia iglesia.

Como Herbert W. Armstrong, Wierville creía que todo el cristianismo desde el siglo primero se había apartado de la verdad y Dios lo había escogido a él, Wierville, para fundar la única iglesia que la tenía. Dijo respecto a una experiencia que tuvo en 1942: "Dios me habló en forma audible, tal como yo estoy

1 Citado por Josh McDowell y Don Stewart, op. cit., p. 133.

hablándoles a ustedes ahora. Me dijo que me iba a enseñar la Palabra como no se había conocido desde el primer siglo, si yo estaba dispuesto a enseñarla a los demás."[1]

Inició un ministerio de enseñanza por radio en 1942 con un programa llamado "El Camino". Daba mucha importancia a su experiencia espiritual de hablar en otras lenguas en noviembre de 1950, diciendo que desde entonces su vida cambió. En 1953 enseñó por primera vez un curso básico como introducción a su teología: "Poder para una vida abundante". Dejó su denominación en 1957 y estableció su sede en New Knoxville, Ohio, Estados Unidos. En 1958 empleó por primera vez el nombre El Camino para su "organización de investigación y enseñanza de la Biblia". Su crecimiento fue paulatino al principio, pero después se aceleró y en 1977 contaba con unos cincuenta mil miembros.[2] Para la década de los años noventa, obreros entusiastas divulgaban sus enseñanzas en más de cincuenta países mediante su revista El Camino, el libro *Poder para una vida abundante* y otros escritos.

El atractivo principal de El Camino Internacional puede ser la promesa de poder para llevar una vida abundante; el poder obtener todo lo que uno quiera. Eso incluye la salud física, mental, emocional y espiritual junto con la prosperidad material.

Wiervillle reclama la Biblia como su autoridad, pero tergiversa lo que ella dice. Niega la Trinidad afirmando que tal concepto viene de religiones paganas. Considera que el Espíritu Santo es el mismo Dios Padre. Enseña que Jesús nació por la obra de Dios para ser nuestro redentor, pero niega que Él sea divino. En 1975 publicó su libro *Jesucristo no es Dios*. Sin embargo, dice que uno es salvo por creer en Jesucristo y que la señal de la salvación es hablar en otras lenguas por el espíritu que Dios le da.

Como ya hemos visto, la Biblia enseña claramente la personalidad del Espíritu Santo y la deidad de Jesucristo. Si fuera sólo un hombre perfecto, su vida no valdría la de toda la humanidad. Su muerte no podría servir como sustituto y expiación por nuestros pecados. Y aunque el hablar en otras lenguas acompaña

---

1 Ibid., p. 117.
2 Véase *The New Cults* por Walter Martin, pp. 38-77.

el bautismo en el Espíritu Santo hoy como en el día de Pentecostés (Hechos 2:1-4), la Biblia no enseña que tal experiencia sea parte de la salvación o señal de ella. Es cierto que cuando Cornelio y su familia creyeron el evangelio, recibieron al mismo tiempo la plenitud del Espíritu Santo y hablaron en otras lenguas (Hechos 10). De este modo Dios convenció a Pedro y a los otros judíos con él de que la salvación era para los gentiles también. Pero en otros casos vistos en la Biblia tal experiencia venía a los que ya eran discípulos de Cristo (Hechos 1:1-5; 2:1-4; 19:1-6). De todos modos, el hablar en lenguas no es ni prueba de la salvación ni garantía de que la doctrina de la persona sea correcta.

CAMINOS DESDE EL ORIENTE

El hinduismo y el budismo

Varias de las nuevas sectas salen del hinduismo o del budismo. En ellos la experiencia vale más que la doctrina, la intuición más que la razón, la meditación más que la acción, y la conducta más que la adherencia a ciertas creencias teológicas. Se puede adorar a cualquiera de los treinta y tres millones de dioses del hinduismo, o creer sólo en una fuerza impersonal que controla el universo, tal como lo veía Buda.

El hinduismo y el budismo eran ya las religiones de la India siglos antes de Jesucristo. El budismo surgió del hinduismo y se extendió por los países orientales. Nació de la "iluminación" recibida por el príncipe Sidharta Gautama. Sus seguidores le pusieron el título de "Buda", que significa "el iluminado". Comenzó como un movimiento de reforma, una protesta contra la corrupción y el politeísmo (adoración a muchos dioses) en el hinduismo. Con el paso del tiempo, el budismo se dividió. Una parte volvió al politeísmo hindú. Decían que Buda mismo era un dios, y practicaban la comunicación con los espíritus.

El budismo zen se originó en la China, pero se arraigó más en el Japón. Se extendió al mundo occidental desde la década de los años sesenta. No se preocupa de las enseñanzas morales o teológicas del budismo. Se concentra en la meditación para experimentar el satori, una iluminación o éxtasis espiritual. Muchos jóvenes que usaban drogas las han cambiado por el budismo zen. Dicen que la experiencia mística produce un estado de ánimo más exaltado que el que dan las drogas.

Los conceptos principales de estas religiones que se hallan en las nuevas sectas y en el movimiento de la Nueva Era son:

1. El panteísmo. La unidad del universo en esencia. Dios es todo, y todo es Dios. Todo es una emanación o proyección de la deidad. El mundo material es su cuerpo.

2. La reencarnación. Después de morir el cuerpo, el espíritu vuelve a nacer en otro cuerpo. Puede tener millones de reencarnaciones para lograr la perfección.

3. La unión del hombre con la potencia divina. Se logra por el progreso a través de muchas reencarnaciones y la renuncia completa a la personalidad propia.

4. El karma, la recompensa debida (buena o mala) en cada encarnación por lo que se ha hecho en la vida anterior.

5. El nirvana, la cesación de la personalidad y del sufrimiento.

6. La comunicación con los espíritus y la posesión por ellos.

7. La reencarnación de los dioses.

8. La unidad fundamental de todas las religiones. Son sólo diferentes vías para acercarse al ser supremo. Se puede reconocer a Buda, Krishna, Jesús y a otros como encarnaciones de uno de los dioses hindúes, como Brahma o Visnú.

9. La práctica de la meditación (especialmente el yoga) para recibir beneficios espirituales y físicos.

10. El ascetismo y aislamiento del mundo practicados por los devotos de algunas de las sectas.

La teosofía

Helena Petrovna Blavatsky (1831-91) era de una familia rusa de alta categoría social. Como médium espiritista desde 1867 hasta su muerte practicaba la llamada "comunicación telepática con los maestros". Se interesaba en las religiones orientales y viajó a varios países para conocerlas mejor. Vino a Norteamérica en 1874 y se encontró con el abogado Henry Steel Alcott. En 1875 formaron la Sociedad Teosófica de América.

Blavatsky llamó su sistema de creencias la teosofía, que significa "la verdad acerca de Dios, o el conocimiento de Dios".

Basó sus enseñanzas en el espiritismo, la astrología y la evolución. Los espíritus mandaron que no se hicieran públicas todas sus doctrinas en ese tiempo, de modo que los que se afiliaron a la Sociedad Teosófica tomaban un voto de secreto.

Guiada por los espíritus, ella se trasladó de Nueva York a la India. Se familiarizó con las religiones de la India, China y el Tibet y de ellas incorporó en la teosofía el misticismo, el panteísmo y la reencarnación.

Blavatsky enseñaba que todas las religiones contienen verdades fundamentales comunes que trascienden las diferencias. Aunque decía que la Biblia era su autoridad, presentaba como autoridad superior los mensajes que recibía de los espíritus.

Decía que Jesús era sencillamente un hombre quien en sus varias vidas se perfeccionó. Recibió la conciencia de Cristo al tiempo de su bautismo en agua. Al morir llegó a ser uno de los "maestros ascendidos", espíritus de difuntos que no tienen que reencarnarse pero que se comunican con los seres humanos y los ayudan.

Después de la muerte de Blavatsky, Annie Besant dirigió un ramo de la Sociedad Teosófica. Fomentaba el yoga como manera de alcanzar la perfección. Decía que cuando uno duerme o está en trance, su espíritu sale del cuerpo y entra en el mundo astral. Allí puede comunicarse con los espíritus desencarnados.

Se decía que la historia de la humanidad se divide en distintas eras. En cada una se reencarna el Supremo Maestro del universo, dándonos así un nuevo Cristo. Sus encarnaciones anteriores han sido como: Buda en la India, Hermes en Egipto, Zoroastro en Persia, Orfeo en Grecia, y Jesús en Palestina. Se enseñaba que pronto se entraría en una nueva era con un nuevo Cristo. Él uniría todas las religiones. Se fomenta ahora la hermandad universal. Annie Besant y C. W. Leadbeater tuvieron la revelación de que un joven de la India, Krishnamurti, iba a ser el nuevo Cristo, el Maestro Mundial. En 1929 cuando lo iban a presentar como el Cristo, él se negó a aceptar el puesto y renunció a la teosofía.

La Unidad

La Escuela de Unidad del Cristianismo, fundada por los esposos Fillmore, fue una de las primeras iglesias norteamericanas en promulgar los conceptos de las religiones orientales y en aceptar la enseñanza de la Nueva Era. Se inició en 1889 y a los cien años contaba con unos dos millones de adeptos.[1]

Charles Fillmore y su esposa Myrtle estudiaron las religiones orientales y las enseñanzas de varias denominaciones y sectas en el cristianismo. Charles experimentó con el espiritismo pero después lo renunció. Lo que más los influyó fue la Ciencia Cristiana con su énfasis sobre el poder mental para vencer todo lo desagradable. Ambos fueron sanados de males de larga duración al aplicar los principios de la Ciencia Cristiana.

Los Fillmore no se afiliaron a esa iglesia, pero tomaron muchas de sus enseñanzas, añadieron otras de las religiones orientales y comenzaron a divulgarlas en materiales impresos. En 1889 iniciaron su revista "Pensamiento Moderno", más tarde llamada "Unidad".

El nombre Unidad venía de la convicción de que se hallaban aspectos de la verdad en todas las religiones y que se debía fomentar su unidad. No pensaban en la unidad de organización, una iglesia universal, sino en la unidad de espíritu aun cuando sus doctrinas variaban. No se proponían sacar a las personas de sus iglesias, sino ayudarlas donde estaban. Con ese fin enviaban su revista y otros materiales impresos gratuitamente a los miembros de iglesias cristianas. Ponían énfasis en las similaridades y no en las diferencias doctrinales. Decían: "Vemos el bien en todas las religiones y queremos que todos se sientan libres para hallar la verdad dondequiera que sean dirigidos a hallarla."

Fundaron la Escuela Unidad del Cristianismo, con su sede en Lee's Summit, Misuri. Fillmore pasaba mucho tiempo en la oración y divulgaba en revistas, folletos y libros el fruto de su meditación. Un número creciente de personas respondían a sus mensajes y pedían la oración. Ahora el boletín mensual Daily Word (La Palabra Diaria) con un devocional para cada día tiene amplia distribución. Con citas de la Biblia da buenos consejos acerca de la fe en Dios, sin exponer las creencias erróneas de la Unidad.

Esta secta se llama cristiana, pero rechaza el sentido literal de la Biblia y la interpreta de forma alegórica. Enseña la reen-

---

1 McDowell y Stewart, op. cit., pp. 149-155.

carnación del alma. Es decir, después de la muerte del cuerpo, el alma y el espíritu del individuo vuelven a nacer en otro cuerpo para comenzar otra vida terrenal.

El Baha'i

Una subsecta del Islam adoptó ciertas creencias de otras religiones y llegó a ser el Baha'i, religión precursora del movimiento de la Nueva Era y luego una parte de él.[1]

En 1844 brotó de la secta Chiíta en Shiraz, Persia (Irán desde 1935), una rama del Islam cuando Mirza Alí Mohamed (1821-50) proclamó sus doctrinas. Se le conoció como el Bab (la Puerta), porque se consideraba la puerta a la verdad. Enseñó que los profetas eran manifestaciones de Dios mismo, y que él, Bab, era profeta igual a Mahoma en importancia. Dijo que él era el precursor de una "Manifestación" aún mayor que vendría en 1863.

El Bab enseñó en contra de algunas de las doctrinas y prácticas islámicas, inclusive la poligamia. Escribió un nuevo "libro santo", *La Revelación*, que debía tomar el lugar del *Corán*. Enseñó que venía una época en que todas las religiones se unirían.

Crecía rápidamente la nueva secta hasta que en 1848 el gobierno procuró acabar con esta amenaza al Islam. El Bab fue ejecutado en 1850, y en 1852 el gobierno persa masacró a veinte mil de sus seguidores, pero sus enseñanzas seguían difundiéndose.

En 1863 Mirza Husayn Alí (1817-92) se proclamó la Manifestación anunciada por el Bab. Tomó el título de Bahauallah (la Gloria de Dios). Sobre la base del babismo edificó la religión Baha'i. Sus seguidores lo aceptaban como la última en una serie de manifestaciones divinas que incluían a Zoroastro, Buda, Jesucristo y Mahoma. Intentaba establecer una religión universal y fomentaba mejoras sociales y morales. Murió en exilio en Israel.

Su hijo Abbas (1844-1921), llamado Abdul Baha, promulgaba las doctrinas de su padre en una declaración de principios de la fe Baha'i. Estos incluían la abolición del prejuicio racial y

---

1 Véase Robert S. Ellwood y Harry B. Partin, *Religious and Spiritual Groups in Modern America*, pp. 248-258.

religioso, el procurar la igualdad de los sexos, un idioma auxiliar universal, la educación universal, una religión universal basada en la identidad fundamental de todas las grandes religiones, y un gobierno universal. Los libros sagrados del Baha'i son los escritos del Bab, de Bahauallah y de Abdul Baha.

Abdul Baha también fue encarcelado, pero con un cambio del gobierno persa fue puesto en libertad. Viajó a Europa y a Norteamérica para extender su religión. Nombró a su nieto Shoghi Effendi (1896-1957) el Guardián de la Fe. Bajo su dirección se desarrolló un sistema administrativo con "asambleas espirituales" dondequiera que había nueve o más baháis. En 1959 había cinco millones en el mundo.[1] Su sede en los Estados Unidos estaba en Wilmette, Illinois. Convenciones anuales fomentaban la obra social, educativa y misionera. Su sede internacional se estableció en Israel. Para 1975 el Baha'í tenía adeptos en más de trescientos países y sus materiales impresos se distribuían en más de trescientos cincuenta idiomas.[2]

El Baha'i es un precursor y parte de la Nueva Era en su meta de unir las religiones diciendo que en el fondo todas son iguales. Ha adoptado casi todas las creencias del espiritismo. Se infiltra en las iglesias diciendo que uno no tiene que dejar su religión para ser baha'i. Reconoce a los profetas de todas las religiones, incluso a Jesucristo (como profeta). Aunque empezó como una secta del Islam, ya es una religión y un movimiento ecuménico.

La meditación trascendental y el yoga

En 1958 el gurú (maestro) Maharishi Mahesh Yogi fundó en la India el Movimiento de Regeneración Espiritual. Salió de los Himalayas para "dedicarse a la redención del mundo". Llevó su religión al mundo occidental en 1959 y con el tiempo adiestró personalmente a cuatro mil cuatrocientos instructores de la misma. Para 1980 ya se enseñaba la meditación trascendental en más de noventa países.[3]

Maharishi vio que los norteamericanos se interesaban más en lo que se presentaba como descubrimiento científico. De modo que presentó la meditación trascendental (la Ciencia de la

1 Robert Hume, *The World's Living Religions*, p. 241.
2 *Funk y Wagnalls New Encyclopedia*, tomo 3, p. 110.
3 Véase Pablo Hoff, *Otros evangelios*, pp. 107-113.

Inteligencia Creadora) como técnica científica para reducir el estrés. Pronto se enseñaba en muchas universidades como educación física, pero es una religión. Empleaba el yoga como ejercicio físico para llegar a un estado de completo relajamiento, trascender (ir más allá de) lo particular en su meditación y concentrarse en Ello, la esencia universal más allá, el Absoluto.

El yoga tiene varias formas, unas más abiertamente religiosas que otras. El mantra yoga es muy popular en el mundo occidental. Consiste en ejercicios para relajar la tensión nerviosa y mejorar la salud y la forma física. En realidad, es una forma de devoción a un dios del hinduismo. El maestro da a cada persona una palabra secreta, su mantra, que debe repetir silenciosamente mientras se relaja física y mentalmente. Así uno vacía su mente de otros pensamientos y la abre a "la fuerza vital". Las mantras son nombres de dioses del hinduismo o budismo. Algunos repiten como un zumbido Om, Om, Om. En el hinduismo este es el nombre del dios de la tierra, Brahma, quien supuestamente la creó. Aunque muchos de los adeptos no lo saben, rinden homenaje así a los dioses falsos y se abren a la instrucción y otra influencia de demonios.

El yoga es una parte importante de la teosofía, la meditación trascendental, el budismo zen, y varias sectas nuevas. Se enseña cómo suspender el proceso del raciocinio y ponerse en un estado de trance para unirse con el objetivo que se persigue. Puede ser Brahma, otro espíritu, o un conocimiento más al fondo de sí mismo, hasta detalles de su vida en encarnaciones anteriores.

Debemos advertir a los cristianos que no tengan nada que ver con el yoga. No se revela al principio tal como es: espiritismo y culto a otro dios. El trance abre el camino para los demonios engañadores con su falsa doctrina y posesión demoniaca.

Maharishi fundó la Sociedad Internacional Estudiantil para la Meditación. También organizó la Fundación Norteamericana del Movimiento de Regeneración Espiritual.

Dentro de la meditación trascendental hay varias ramas: La Sociedad Internacional y Estudiantil de Meditación, la Ciencia de la Inteligencia Creativa, el Movimiento para la Regeneración Espiritual y la Sociedad Internacional de Meditación.[1]

---

1 Véase McDowell y Stewart, op. cit., pp. 87-93.

Iglesia de la Unificación

Sun Myung Moon, criado en la Iglesia Presbiteriana en Corea, unió aspectos del cristianismo y del budismo y formó su propia religión. En 1954 fundó la Asociación del Espíritu Santo para la Unificación del Cristianismo Mundial (Iglesia de la Unificación). Vino a los Estados Unidos en 1971 para extender su religión.[1]

Decía que la Biblia es alegórica y tiene que interpretarse a la luz de las revelaciones dadas a él en comunicación con Dios, Moisés, Jesús, Buda, y otros espíritus. Su libro *El principio divino* es la autoridad para sus seguidores.

Moon enseña que el plan de Dios era redimir a la humanidad por medio de una Familia Perfecta. Envió a Jesús, un hombre perfecto pero no divino, para formarla. Pero Jesús fracasó en esta misión porque fue crucificado antes de poder casarse y tener hijos. Sin embargo, con su muerte redimió los espíritus pero no los cuerpos de los humanos. La salvación fue parcial. Moon se presenta como el Mesías para esta época, a quien Jesús había comisionado para completar la obra de salvación que Él no había podido terminar. Fundó en 1972 la Iglesia de la Unificación.[2]

Afirma Moon que él y su esposa son los verdaderos padres de la humanidad. Son perfectos y hacen perfectos a todos los que se unen con ellos en la Familia Perfecta. Él redime a los cuerpos. Sus seguidores dicen que Moon sufrió por la redención de la humanidad cuando lo tuvieron preso los comunistas. Se afirma que la salvación puede lograrse por una de estas maneras:

1. Aceptar a Moon como padre y la purificación que él da.
2. Nacer de padres purificados ritualmente por Moon en sus bodas.
3. Expiar los pecados por el sufrimiento, como hacen los moonies.
4. Reencarnarse las veces necesarias para expiar los pecados pasados y alcanzar la perfección.

Moon dice que Dios es espíritu y energía. Como energía, es la fuerza en toda la creación. El mundo material es una proyección de Él, el cuerpo en el que se viste su espíritu. Los seres

1 Véase Ellwood y Partin, op. cit., pp. 258-265, y Cabral, *Religiones, sectas y herejías*, pp. 173-176.
2 Véase Elwood y Partin, op. cit., pp. 258-265.

humanos somos una parte de su esencia, y él mismo es una encarnación de Dios. Sus seguidores rezan ante su retrato.

Moon se creía predestinado para unir todas las iglesias cristianas con las de otras religiones y establecer el reino de Dios en la tierra. Anunció que dentro de la década de los años ochenta vendría el Señor de la segunda venida, el Mesías. Este no sería Jesús, sino un Mesías coreano. Para los moonies, él es este mesías, el tercer Adán, quien establecerá un reino de paz y prosperidad universal y reinará sobre el mundo entero.

Esta secta recluta a muchos jóvenes en la causa noble de traer la salvación al mundo y poner fin a las guerras y la opresión. Tienen que dar todas sus posesiones a la organización, son aislados de sus familiares y amigos anteriores y viven en casas comunales. Son sometidos a un adoctrinamiento intensivo y un régimen estricto. Recaudan fondos para la obra con la venta de flores o caramelos y pidiendo donativos. Trabajan en varios países como la Cruzada Mundial, y Pioneros de una Nueva Edad.

Hare Krishna

En 1965 Bhaktividanta Prabhupada trajo su religión hindú al mundo occidental y fundó la Sociedad Internacional para la Conciencia de Krishna. Krishna, el más personal de los dioses hindúes, se presenta como una encarnación del dios Visnú. Se conoce como el Puro Amor de Dios.[1]

Este movimiento atrajo a muchos jóvenes, quienes se rapaban la cabeza, vestían mantos de color azafrán, residían en comunidades y adoraban a Krishna. Se parecían a los moonies en su vida ascética y su dedicación total a la extensión de su religión. Andaban pidiendo donativos para el movimiento y se sometían a una disciplina estricta bajo el presidente de su templo.

Su oración consiste en repetir los nombres de Krishna. Hare quiere decir "energía". La consagración a él ofrece energía al devoto y la oportunidad de unirse con él, escapando así a la necesidad de volverse a reencarnar. Deben entonar mil setecientas veintiocho veces al día frases de adoración que incluyen "Hare Krishna" y "Hare Rama". Así piensan liberar su cuerpo

1 Véase J. Cabral, op. cit., pp. 160-166.

para una vida futura.[1] Desde 1977 el crecimiento de esta religión en la Gran Bretaña, Australia, India y Latinoamérica ha sido mayor que en los Estados Unidos. Sus materiales impresos se publican en muchos idiomas.

PREGUNTAS Y ACTIVIDADES

1. ¿Cuáles de las religiones y sectas en este capítulo tienen obra en su región? ¿Cómo se extienden? Identifique sus fundadores, y dé sus doctrinas principales con su refutación.
2. Si alguno de los estudiantes ha tenido experiencia con una de estas religiones, dé su testimonio al respecto.
3. Describa la creencia en el karma y la reencarnación y cite textos bíblicos que la refutan.
4. ¿Por qué son peligrosos el yoga y la meditación trascendental?
5. Indentifique estas personas con sus religiones y una creencia: Paul Wierville, Charles Fillmore, Sidharta Guatama, Sun Myung Moon, Helena Blavatsky, María Baker Eddy, Herbert W. Armstrong.

1 Hoff, op. cit., pp. 106-107.

Capítulo 13

MOVIMIENTO DE LA NUEVA ERA

Naturaleza: Una red de organizaciones afines basadas en el ocultismo y religiones orientales, con la enseñanza de que estamos en una Nueva Era que traerá un Nuevo Orden Mundial.

Fundación: Surgimiento gradual desde 1925. Se fija su origen como movimiento a partir de 1975.

Fundadores y propagadores: Algunos de los principales son los fundadores Alicia A. Bailey y su esposo Foster, y los propagadores Benjamín Creme, Marilyn Ferguson, David Spangler, Shirley MacLaine y Ken Wilber.

Autoridad: Revelaciones dadas por espíritus, la astrología y el "Cristo reaparecido" Maitreya.

Teología: Dios es energía vital impersonal y lo único que existe; todo es una parte de Él. Lucifer (Satanás) es el alma-sobre-todo, cabeza de la jerarquía espiritual que rige sobre el universo. Jesús es uno de varios maestros que han tenido la conciencia de Cristo. Al desarrollar el potencial divino dentro de sí, el hombre llega a ser un dios aun en esta vida.

Salvación y vida futura: Reencarnaciones sucesivas.

Atracción: Dedicación para traer la paz universal, proteger la ecología, prevenir o curar la enfermedad y solucionar los problemas del mundo con un gobierno y una religión universales.

Miembros: Adeptos en millares de organizaciones afines.

ASPECTOS HISTÓRICOS

Origen del movimiento

El mundo occidental desde 1875 hasta 1975 presentaba terreno fértil para el movimiento de la Nueva Era. El espiritismo ganaba participantes. Era popular la teoría de la evolución propuesta por Carlos Darwin en 1859. La astrología ganaba aceptación. El liberalismo rechazaba la autoridad de la Biblia y exponía a la gente al engaño. Y las huestes satánicas aprovechaban la oportunidad de desviar a muchas iglesias del camino de Dios.

Muchas sectas hablaban de la nueva era que ya amanecía según los astrólogos. Debía ser una época de paz, prosperidad y hermandad universal. Se veía la unificación de la humanidad en un gobierno mundial bajo un líder que pronto había de revelarse. Él pondría fin a las guerras, el hambre y la opresión en un solo sistema político, económico, religioso y social para el mundo entero.

Mientras tanto, el liderazgo de una rama de la teosofía había pasado a Alicia Ann Bailey. Después de un tiempo ella y su esposo Foster abandonaron la Sociedad Teosófica y echaron las bases para el movimiento de la Nueva Era. Formaron *Lucis Trust* (El Trust de Lucifer), organización importante en el movimiento. En 1922 establecieron la Editorial Lucifer para publicar sus libros. Al año siguiente cambió el nombre a Editorial Lucius.[1]

Alicia Bailey escribió más de veinte libros con instrucciones que presentaba como transmitidas a través de ella por el espíritu de un maestro de Tibet, Djwal Khual. Contenían el budismo de Tibet y la teosofía, la divinidad del hombre y la reencarnación.

En 1923 los Bailey fundaron la Escuela Arcana en Nueva York. Se formaron grupos de Meditación a la Luna Llena. Para fortalecer a los maestros ascendidos y preparar la humanidad para el regreso del Cristo, los miembros se reunían al tiempo de la luna llena para meditar y citar la Gran Invocación escrita por Bailey. Esta pedía la luz de Dios, el amor de Dios, el retorno del

---

1 Véase *La Nueva Era*, por Walter Martin, pp. 1-24.

Cristo, el propósito conocido por los maestros y el establecimiento del plan en la tierra mediante la luz, el amor y el poder.

Se fomentaba el uso del arco iris como signo identificador y símbolo del puente entre el ser humano y Lucifer. Otros símbolos eran el número 666, que Bailey consideraba sagrado, y Pegaso de la mitología griega en forma de un caballo con alas y un cuerno. El uso frecuente de los símbolos ayudaba en la comunicación con la esfera astral o con "las inteligencias superiores" en nuestro planeta; así debían acelerar la llegada de la Nueva Era.

Alicia Bailey seguía llamándose cristiana pero ya con otro sentido. El Cristo para ella era un espíritu que venía a residir en una persona. Atacaba la Palabra de Dios y en 1925 organizó la Red de Servicios Mundiales. Incluía la Escuela Arcana, el Nuevo Grupo de Servidores Mundiales, los Triángulos, y Buena Voluntad Mundial. No organizaron iglesia. Los espíritus les indicaron que no se diera publicidad al movimiento mientras se desarrollaba, pero que desde 1975 se proclamarían por todo medio posible las enseñanzas acerca del Cristo de la Nueva Era y la Jerarquía.

Alicia Bailey falleció en 1949, y su esposo Foster en 1977.

Nuevas sectas de la Nueva Era

Se levantaban muchos grupos que adoptaban las enseñanzas de la Nueva Era. En 1953 Jim Jones fundó el Templo del Pueblo. Enseñaba la reencarnación y afirmaba que él era Dios, Buda y Lenin.

Ron Hubbard enseñaba la reencarnación y que el hombre es bueno, incapaz de errar. Inició en 1954 la Iglesia de Cientología, y la dianética, un sistema de salud mental basada en el budismo.

Desde 1954 se organizaron clubes de los OVNIS (objetos volantes no identificados), que rendían homenaje a los supuestos seres extraterrestres que venían así de otros planetas.

La Iglesia Universal y Triunfante, nuevaerista de fondo católico, fue fundada por Mark y Elizabet Prophet en 1958.

Y en 1959 llegó la meditación trascendental con el yoga.

En 1962 Peter Caddy y su esposa Eileen fundaron en Escocia la Comunidad Escocesa Findhorn, considerada como el Vaticano del movimiento de la Nueva Era. Era obligatorio estudiar los libros de Helena Blavatsky, Alicia Bailey y David Spangler. Spangler fue codirector de la Comunidad por tres años. Propagador destacado del movimiento, fundó la Asociación Lorian en los Estados Unidos.

En 1965 Paul Twitchell fundó ECKANKAR (la Ciencia Antigua del Transporte del Alma) con la enseñanza de que Dios es malo.

Estaba en todo su apogeo la revuelta filosófica de millares de jóvenes norteamericanos en contra del materialismo y los valores tradicionales. Muchos se adhirieron a las nuevas religiones.

Daniel Berg fundó en 1969 Los Niños de Dios (La Familia de Amor). Los miembros debían "abandonar todo para seguir a Jesús" bajo la autoridad absoluta de Berg. Sin embargo, no creían en la deidad de Jesús. Berg (llamándose Moisés David) los llevó al espiritismo, a la perversión sexual y a reclutar nuevos miembros mediante la prostitución.[1]

En 1971 Werner Erhard inició lo que se llama "est" por "Erhard Seminars Training" (Adiestramiento por Seminarios Erhard). Con una combinación de budismo, cientología e hinduismo intentaba ayudar a las personas a reconocer que eran divinas.[2]

En el mismo año el gurú Majaraj Ji trajo de la India la secta iniciada por su padre y organizó la Misión de Luz Divina.

Se extendió la red de organizaciones de la Nueva Era, y en su desarrollo se seguía el plan trazado en los libros de Bailey.[3]

Los médiums, gurúes o canalizadores decían que los espíritus que hablaban por medio de ellos eran maestros ascendidos, también llamados los elementales o avatares, seres humanos que se habían purificado por pasar muchas vidas en la tierra y ahora guiaban a los humanos en su evolución. Vestidos de ropa blanca, formaban la "Gran hermandad blanca". Los dirigía en sus responsabilidades la Jerarquía, entre cuyos miembros se hallaban Buda, Jesús, Mahoma y otros. Mediante la meditación los humanos podían ponerse en contacto con los maestros y recibir iluminación.

---

1 Véase Cabral, *Religiones, sectas y herejías*, pp. 167-172, y McDowell y Stewart, *Estudios en las sectas*, pp. 103-107.
2 Véase McDowell y Stewart, op. cit., pp. 99-102.
3 Sobre el plan y sus peligros, véase Martin, pp. 59-95.

La astrología y la Nueva Era

La proclamación de una nueva era se basa en la astrología, la antigua creencia de que la posición de los astros afecta la vida de cada ser humano. De modo que uno debe guiar sus actividades cada día según lo indicado en su horóscopo (lo indicado para ese día por la posición de las estrellas bajo cuyo signo nació).

Se dice que aproximadamente cada dos mil años la convergencia de ciertos planetas afecta la tierra de manera tan radical que la humanidad entra en una nueva era. Al comenzar cada nueva edad el Solar Logos (Sanat Kumara, Satanás) envía al Cristo (un espíritu) quien viene sobre un ser humano dándole una nueva revelación para el mundo. El Cristo vino sobre Jesús al tiempo de su bautismo y obró por medio de Él durante tres años. Así se inició la Era Cristiana, la de la constelación de Piscis.

Entre 1962 y 1977 una nueva convergencia trajo a nuestro mundo la Nueva Era de Acuario. Según esto, vivimos ahora en una era postcristiana, una destinada a traer la paz, la justicia y la felicidad. Los humanos debían dedicarse a tales fines, luchando por la salud, la purificación del ambiente, la conservación de la naturaleza, la justicia, el bienestar de todos, el desarme, la paz y la unificación de las naciones en un Nuevo Orden Mundial con un gobierno mundial, una economía mundial y una religión mundial. Este era el plan trazado en los libros de Bailey.

Se formó en 1974 una organización política y activista, Ciudadanos Planetarios. Lucharían por las metas de la Nueva Era.

Proclamación pública

En 1975 se anunció que el espíritu de la difunta Alicia Bailey había transmitido el mensaje que ya era el tiempo de proclamar al mundo el mensaje de la Nueva Era. David Spangler, Marilyn Ferguson, Mark Satin, la actriz Shirley MacLaine, Benjamín Creme y otros difundían sus enseñanzas en muchos países mediante conferencias, publicaciones y programas televisivos. Muchos aceptaban sus enseñanzas y formaban grupos que las difundían. Entre ellos se contaban líderes de las iglesias unitarias y universalistas, espiritistas, activistas políticos, algunos grupos feministas y grupos que creían en la comunicación con seres extraterrestres en los platillos volantes.

En esta época la filosofía materialista que era muy fuerte cedía a una creencia en los espíritus y preocupación con su relación a los humanos. En las novelas televisivas abundaba la interacción humana con seres de otros planetas. Los diarios imprimían cada día los horóscopos con consejos según los signos astrales. Se acondicionaba la mente para recibir tales conceptos.

Se multiplicaban organizaciones y redes de organizaciones con las enseñanzas y metas nuevaeristas. Diferían entre sí, pero coincidían en la filosofía fundamental. Algunas de las más importantes eran los Centros Tara fundados por Creme, Paz Verde, Iniciativa Planetaria para el Mundo que Escogemos, Los Ángeles de Guardia, Movimiento del Potencial Humano, la Era de Acuario, Conspiración Acuariana, el Movimiento Holístico y la Psicología Humanística. La Iglesia Católica Liberal abrazó muchas de sus enseñanzas, y algunas se infiltraron en el Consejo Mundial de Iglesias.

Frentes de acción

Las metas nuevaeristas eran muy atractivas y su dedicación a mejorar la vida en el mundo entero era encomiable. Muchas personas sinceras se afiliaron a las nuevas organizaciones por los aspectos socioeconómicos de las metas sin darse cuenta de la base religiosa del movimiento. Un esfuerzo común las unía: el dedicarse a traer un Nuevo Orden Mundial.

Ciertas organizaciones trabajaban en el frente político y económico para fomentar el desarme, los derechos humanos, la paz mundial, la unificación de las naciones bajo un gobierno, y la redistribución de los recursos del mundo. Surgió la teología de la liberación, y algunas iglesias respaldaban la unificación del mundo mediante las "guerras de liberación".

Otros grupos se dedicaban a la ecología: purificar el ambiente, proteger los animales, conservar los árboles y otros recursos naturales. Grupos feministas abogaban por los derechos de las mujeres. Algunos adoraban a la "Madre Tierra", llamada Gaía, diosa de la Tierra. Pensaban ponerse en contacto con ella y recibir fuerza vital al caminar descalzos en el suelo.[1]

---

1 Hoff, *Otros evangelios*, p. 126.

Otros fomentaban la "salud holística": el curar la enfermedad o prevenirla por tratar no sólo el cuerpo sino también la
mente y el espíritu del enfermo. Se empleaban varios métodos:
la dieta, medicinas yerbales, acupuntura, el masaje, la manipu-
lación para hacer subir las fuerzas vitales residentes en varias
partes del cuerpo, drogas para alterar el estado mental, hipnosis,
la visualización de escenas tranquilas o de sí mismo como sano
y fuerte, regresión mental hasta recordar en la niñez o en vidas
anteriores la causa de los males, danzas estáticas, el yoga y la
meditación trascendental, cosas que abrían el espíritu de la
persona a la influencia de los espíritus y al control por ellos.

La filosofía nuevaerista entró en las escuelas públicas de
Norteamérica. Se rechazó la Biblia y su definición de lo bueno y
lo malo. En las clases de "clarificación de valores" se enseñaba
que todos los valores eran relativos; dependían de lo que uno
creía, y cada uno podía escoger en qué creería. Se negaba la
existencia de una verdad absoluta o de una definición absoluta
de moralidad. Si uno creía cierta cosa, para él eso era la verdad.
Si a uno le parecía buena una acción, para él era buena. Había
que lograr la autorrealización. Sin normas del bien o del mal y
sin concepto de su responsabilidad ante un Dios supremo que
les había dado la vida e instrucciones para su desarrollo, ¿es de
maravillarse que se multiplicaran la violencia, la inmoralidad y
el crimen?

¿El Cristo aquí?

Según el budismo mahayana, Gautama Buda profetizó que
vendría Maitreya, un nuevo Buda. Él purificaría el mundo por
medio de sus enseñanzas. El movimiento de la Nueva Era
proclamaba que Maitreya ya estaba en el mundo. Había venido
desde los Himalayas y residía en una comunidad de paquistaníes
en Londres.

En mayo de 1982 el Centro Tara (fundado por Creme) puso
en los periódicos de veinte ciudades un anuncio de una página
entera que proclamaba: "El Cristo ya está aquí." Se había
manifestado en la tierra desde 1977; era un gurú de la India
quien estaba ya en Londres. Era un educador, uno de los
"Maestros de la Sabiduría" que guiaban la evolución de la
humanidad. Era el Maestro Mundial, el Señor Maitreya. Entre

los cristianos se conocía por el Cristo; era el Mesías de los judíos, el quinto Buda para los budistas, el Imán Mahdi o Mahoma de los musulmanes y el Krishna de los hindúes. Todos eran nombres del mismo individuo quien había venido para enseñar a los hombres cómo vivir en paz y justicia.

Se anunció en los diarios más destacados del mundo que Maitreya se revelaría en junio de 1982. Todos lo verían por televisión y cada cual lo oiría en su propio idioma. Pero vino y pasó la fecha y nada de eso sucedió.

Creme siguió enseñando que Jesús, Brahma, Mahoma y Krishna eran discípulos de Maitreya, el Maestro de Sabiduría. Por lo pronto Maitreya daba sus instrucciones a través de ciertas personas (Creme y otros), pero pronto se manifestaría al mundo entero.

Al cabo de diez años Benjamín Creme y otros proclamaban aún: "¡El Cristo está aquí!" Pero por algún motivo no se había manifestado al mundo como se esperaba para poner en plena operación el plan. Después algunos decían que el 1997, y otros que el 2026 sería el año de realizarse el plan:

1. La instalación del nuevo Mesías Mundial,
2. La creación de un nuevo Gobierno Mundial,
3. Una nueva Religión Mundial bajo Maitreya.

Mientras tanto se extendía el movimiento. En 1979 un directorio de organizaciones de la Nueva Era mencionaba a diez mil de éstas con sus ramas en los Estados Unidos y Canadá. Seguían aumentando y extendiéndose a muchos países. Había muchos adeptos en Europa, como medio millón en Alemania. Se había introducido en varios países latinoamericanos. Penetraba en algunas de las escuelas públicas. En Santiago de Chile tenía un canal de televisión y constituían un partido político.[1]

Maitreya Buda pretende ser el Mesías esperado por los judíos, el Cristo cuyo regreso los cristianos anhelamos, el Imán prometido a los musulmanes, el Buda profetizado, la encarnación de Krishna, Visnú y Brahma para los hindúes: una encarnación del ser supremo, omnipotente y omnipresente. Su revelación transformará el mundo. Traerá la sanidad a los enfermos. Pondrá fin a la ignorancia y al odio. Establecerá la

1 Ibid., p. 120.

religión universal de la Nueva Era. En ella no habrá teología ni dogma; sencillamente se debe aceptar el plan de Maitreya. Todos lo adorarán y aceptarán su plan. Luego habrá paz y seguridad.

Maitreya dice: "Yo soy el flautista." ¡Magnífica comparación! Krishna era el flautista legendario con dieciséis mil esposas. Salía de noche y tocaba su flauta con tal dulzura, que las pastorcillas aun abandonaban el lecho del esposo para danzar con Krishna a la luz de la luna. Esto se interpreta como el abandono de lo terrenal para seguir lo espiritual. Pero los cristianos oímos en la flauta seductora de Maitreya una nota de alarma. Nos habla de la apostasía que precede al regreso de Jesús: el abandono de la verdad para abrazar una mentira, la separación de Cristo para seguir al anticristo (2 Tesalonicenses 2:1-4).

Peligros en el movimiento

Hay peligro en dejarse llevar por un líder que se ensalza. El orgullo abre el camino para la obra de Satanás. Jim Jones es ejemplo de un predicador evangélico que formó su propia iglesia. Se hizo discípulo de Benjamín Creme, consultaba a los espíritus y se ensalzó como líder de una comunidad. Mantenía un control absoluto y castigaba con brutalidad a los desobedientes. Su organización — *People's Temple Christian Church* [La Iglesia Cristiana Templo del Pueblo] — fue un centro de la Nueva Era. Aumentó el error. Jones decía que él era Dios y la reencarnación de Jesús, Buda y Lenin. Era homosexual y dirigía a otros en la perversión. La comunidad se trasladó a Guyana, en América del Sur, donde en 1978 murieron con Jim Jones más de novecientas personas en un pacto suicida con su líder.

Aunque se describe un cuadro muy bonito del Nuevo Orden Mundial, no es tan bella la acción propuesta por algunos para lograrlo. Para vencer el hambre en el mundo proponen el limitar el número de hijos de una familia, ya sea por la contracepción, el aborto o el abandono de la familia tradicional por la homosexualidad como "estilo alterno de vida".

Se cree en la evolución humana por las vidas sucesivas en la reencarnación. Bailey dijo: "Todos los hombres son iguales en origen y meta, pero todos están en diferentes etapas en el desarrollo evolutivo." Se cree que algunas razas son más desarrolladas que otras. Esto contribuye al racismo.

Se habla de una iniciación planetaria futura en la cual todos deben someterse a Lucifer. Como acción purificadora habría que usar la fuerza, y si fuera necesario las bombas nucleares, para controlar o eliminar a los de otras religiones que se opongan al Nuevo Orden. Creme habla de una "espada de división" para los que rechacen la iniciación, y Spangler se refiere a la separación a "otra dimensión que la física" de los que no aceptan al nuevo Cristo (o sea el matarlos).[1]

La filosofía nuevaerista bien podría llevar a tal acción. Dice que no existen el bien y el mal sino en la mente. Lo que le sucede a uno es el resultado de su karma y tenía que suceder. Si se asesina a una persona — o a una raza subdesarrollada o a los que se oponen al Nuevo Orden —, sólo se les da la oportunidad de mejorar su situación en la próxima encarnación. La mayoría de las personas en este movimiento no piensan en tal acción, pero suena muy similar a la del anticristo en Apocalipsis 13.

DOCTRINAS DE LA NUEVA ERA

En cierto sentido el movimiento de la Nueva Era se inició en el huerto del Edén cuando Adán y Eva aceptaron las mentiras de Satanás transmitidas por la serpiente y se entregaron a seguir su dirección, alejándose así de Dios. Se encuentran en Génesis 3 las insinuaciones y mentiras satánicas y la reacción humana que forman la base para varias organizaciones de esta "nueva era".

1. "¿Conque Dios os ha dicho . . . ?" El rechazo de la validez y autoridad de la Biblia como la Palabra de Dios.
2. "No moriréis." Enseñanza de la reencarnación en vez de la muerte eterna como consecuencia del pecado.
3. "Seréis como Dios." Enseñanza de que el hombre es divino, y que todos son una parte de Dios, sólo que deben alcanzar su potencial divino.
4. Aceptación de la serpiente como su guía en lugar de Dios. La deificación de Lucifer y otros espíritus guías.

---

1 Cumbey, *Hidden Dangers of the Rainbow*, p. 78.

Las enseñanzas de las múltiples organizaciones varían entre sí, pero las fundamentales pueden resumirse bajo siete puntos:
1. Todo lo que existe es Dios.
2. Todos somos divinos; sólo tenemos que realizar nuestra potencialidad.
3. Tenemos muchas vidas mediante la reencarnación.
4. Podemos comunicarnos con los espíritus de los difuntos.
5. Creamos nuestra propia realidad y escogemos nuestra verdad.
6. Todas las religiones son caminos que conducen al mismo fin.
7. Estamos en una Nueva Era que traerá un Nuevo Orden Mundial de paz universal y justicia para todos.

La Biblia y las revelaciones

⇨ Los nuevaeristas no aceptan la Biblia como la Palabra infalible de Dios. Dan mayor autoridad a la comunicación con los espíritus y las "revelaciones" recibidas de ellos.

Véanse las evidencias sobre la inspiración de la Biblia dadas en respuesta a las doctrinas del liberalismo.

En cuanto al consultar a los espíritus de los difuntos, Dios lo prohíbe terminantemente (Deuteronomio 18:10-12). En varias ocasiones Dios ha enviado a ángeles con mensajes para ciertos individuos, pero nos enseña a orar directamente a Él, no a consultar a los ángeles (Mateo 6:6-13). En cambio, Satanás quiere que consultemos a sus espíritus engañadores. Tenemos que juzgar toda "revelación" y doctrina a la luz de la Biblia y rechazar lo que no esté de acuerdo con ella (2 Pedro 1:19-21).

La naturaleza de Dios

⇨ Se enseña que Dios es la fuerza vital e impersonal en todo lo que existe. Todo lo que hay es Uno, y ese Uno es Dios, la Conciencia Cósmica o Inteligencia Infinita. Se puede adorarlo llamándolo Buda, Krishna, Tao, Shiva o el nombre del dios de cualquier religión, o el planeta Tierra como la diosa Gaia.

El Dios revelado en la Biblia es mucho más que un principio o fuerza. Es el Creador del universo, personal, omnipresente pero trascendente, presente en todo lugar pero existente aparte de su creación. Su personalidad se ve en el hecho de que tiene voluntad (2 Pedro 3:9), ama (Juan 3:16), se enoja (Deuteronomio 4:25,26), se alegra (Salmo 104:31), piensa y hace planes (Jeremías 29:11), habla a los humanos (Génesis 3:8-11), los provee de principios morales absolutos (Éxodo 20:1-17), los llama a cuentas y juzga entre el bien y el mal (Proverbios 15:8,9; Isaías 1:10-20).

El mundo es "la obra de sus manos", no una parte de su ser (Isaías 66:1,2; Mateo 5:34,35; Hechos 7:47-50; Salmo 8:3).

Jesucristo

⇨ Según la Nueva Era, Jesús y Cristo son entidades distintas. Jesús era sólo un hombre bueno que recibió el oficio de Cristo. Pasó dieciocho años en la India como discípulo de Maitreya, Maestro de Sabiduría. Al iniciar su ministerio en Palestina le vino el espíritu de Cristo y por tres años era el Maestro Mundial.

1 Juan 2:22 dice: "¿Quién es el mentiroso, sino el que niega que Jesús es el Cristo?" Todo el Nuevo Testamento enseña la deidad de Jesucristo. Antes de su nacimiento, al tiempo de su nacimiento y más tarde se anunció que era el Hijo de Dios, Dios con nosotros, el Ungido del Señor (el Cristo), Rey de los judíos, Salvador del mundo. La revelación fue dada:

1. A María por el ángel Gabriel (Lucas 1:26-35).
2. A José por un ángel en un sueño (Mateo 1:18-25).
3. A Elisabet por el Espíritu Santo (Lucas 1:41-43).
4. A los pastores por los ángeles (Lucas 2:8-14).
5. A Simeón y a Ana la profetisa por el Espíritu Santo. Hablaron de Él como la salvación de Dios, luz para los gentiles, la gloria del pueblo de Israel, el Redentor (Lucas 2:21-38).
6. A los magos, quienes lo adoraron (Mateo 2:1-11).
7. A Juan el Bautista (Juan 1:29-34).

La voz de Dios desde el cielo anunció que Jesús era su Hijo, en su bautismo (Mateo 3:16,17; Lucas 3:21,22) y en la transfiguración (Mateo 17:1-5; Marcos 9:7,8; Lucas 9:35).

Los discípulos dijeron que Jesús era el Mesías (el Cristo) y el Hijo de Dios, y Él no lo negó (Juan 1:40-49; 6:67-69).

Jesús dijo que Él era el Cristo: a la samaritana (Juan 4:25,26), a los judíos (Juan 10:24,25) y a Dios (Juan 17:3).

Jesucristo dijo ser el Hijo de Dios en sentido único, existente con Él antes del tiempo de Abraham (Juan 8:48-58) y enviado por su Padre al mundo para salvar de la muerte eterna a todos los creyeran en Él (Juan 3:14-19; 5:17-30; 10:36; Lucas 22:66-71). Se refería a Dios como su Padre y afirmaba tener unión con Él aunque eran dos personas (Juan 14:1-31; 19:7).

Todos los escritores del Nuevo Testamento presentan a Jesús como Jesucristo, el Cristo, el Hijo de Dios, el Salvador. Entre muchos textos están Mateo 1:1; Marcos 1:1; Lucas 2:8-11; 24:44-49; Juan 20:30,31; Romanos 1:1-7; Hebreos 1:1-12; 13:8; Santiago 1:1; 2:1; 1 Pedro 1:1-3; 1 Juan 4:9-15; Judas 1:1-4; Apocalipsis 1:1-8.

⇨ Algunos enseñan que Jesús no pudo cumplir con todo lo que le correspondía y perdió la "conciencia de Cristo" y su oficio.

Jesús le dijo al Padre: "He acabado la obra que me diste que hiciese" (Juan 17:4), y "Consumado es", con respecto a su obra expiatoria en la crucifixión (Juan 19:30). Su resurrección con un cuerpo glorificado y ascenso al cielo, con el testimonio de los ángeles a quienes lo presenciaron, confirmaron lo que Jesús había dicho respecto a sí (Juan 20:11-31; Hechos 1:1-11).

⇨ Se enseña que Jesús llegó a tal perfección que no tuvo que volver a reencarnarse y ya forma parte de la Jerarquía espiritual que guía el desarrollo de la humanidad. Está en el cuarto nivel de la Jerarquía, inferior a Buda en el sexto nivel y a Maitreya en el séptimo. Algunos decían que Jesús vivía en la actualidad en las Himalayas en el cuerpo de un hombre de seiscientos cuarenta años de edad.

La Biblia dice que Jesús está a la diestra de Dios (Hechos 1:1-11; 2:32-36; Hebreos 1) donde lo vieron Esteban y Saulo de Tarso (Hechos 7:55-60; 9:1-7). Juan lo vio en sus visiones del cielo. El Apocalipsis es la revelación de Jesucristo (1:1). Presenta su carácter, gloria, obra, relación a las iglesias y venida futura para juzgar la humanidad y establecer su reino.

Jesucristo es superior a los ángeles (Hebreos 1:1-14), exaltado hasta lo sumo sobre todo principado y potestad (Filipenses 2:5-11; Efesios 1:15-23; Colosenses 2:8-10).

Satanás

⇨ Algunos enseñan que el dios de nuestro planeta es Lucifer (Sanat Kumara, Satanás). Él vino a la tierra hace 18.500.000 años e hizo el sacrificio supremo por nuestro planeta. Ahora es el gobernador supremo de la Tierra. Tiene a su cargo la evolución planetaria.

Entendemos por la Biblia que Lucifer (cuyo nombre significa "portador de luz") llegó a llamarse Satanás (que quiere decir "adversario") por su oposición a Dios. Por su orgullo y deseo de ser igual a Dios, encabezó una rebelión y arrastró tras sí a la tercera parte de los ángeles. Isaías lo llama Lucero y compara la caída de Babilonia a la caída suya (Isaías 14:4-15). Ezequiel compara el orgullo del rey de Tiro con lo que sucedió con Satanás (Ezequiel 28:12-16). Jesús vio la caída de Satanás (Lucas 10:18-20). Lucifer y sus seguidores fueron destituidos de su lugar en el cielo (Apocalipsis 12). Algunos fueron encerrados hasta el futuro juicio final (Judas 6). Otros espíritus quedaron libres con Satanás para servirle como engañadores, demonios.

Satanás usó la serpiente en el huerto del Edén para engañar a nuestros primeros padres (Génesis 3). Dios los había dotado de libre albedrío. Podían escoger entre creer a Dios o a Satanás, entre obedecer el mandato del Creador o hacer lo sugerido por el adversario. Satanás consiguió que aceptaran su dirección. Desde entonces la historia de la raza humana ha sido la del conflicto entre Dios y Satanás por gobernarla.

Dios proveyó a los humanos la manera de librarse del poder satánico pero permitió que los que querían seguir a Satanás lo hicieran. En este sentido Satanás es "el dios de este siglo" (2 Corintios 4:3,4) y reina en un sistema de egocentrismo, engaño, violencia, injusticia y rebeldía contra Dios.

Los que aceptamos a Jesucristo como Salvador somos librados de este sistema; no pertenecemos "al mundo" sino a Dios. Él nos exhorta a no "volver al mundo". Como soldados de Cristo estamos en pleno conflicto con Satanás y todas las fuerzas del pecado.

Jesucristo vino al mundo para deshacer las obras del diablo, librarnos del dominio satánico y establecer el reino de Dios (1 Juan 3:8; Mateo 12:28; Lucas 13:16,32; Hechos 10:38; 26:15-18). Fue tentado por Satanás pero lo venció (Mateo 4:1-12) y nos da a nosotros también el poder para vencerlo.

Aunque Satanás, disfrazándose de ángel de luz — Lucifer — tiene poder, es limitado. El poder de Dios el Padre, del Señor Jesucristo, y del Espíritu Santo es mayor. Dios es soberano; sólo permite hasta cierto punto los males que Satanás trae al mundo (Job 1:6-12; 2:1-6). Dios protege a los suyos y aun utiliza para su crecimiento y bien lo que les permite sufrir en la lucha contra el mal (Job 42:10-17; Romanos 8:28; 2 Corintios 4:16,17).

La Biblia nos muestra el fin de Satanás (Apocalipsis 20:1-10). Los que han rechazado la salvación que Dios les brinda a todos también serán lanzados al "fuego eterno preparado para el diablo y sus ángeles" (Mateo 25:41,46; Apocalipsis 20:12-15), y Dios reinará supremo sobre el universo por toda la eternidad.

El hombre

⇨ Se dice que Dios, la energía vital universal, reside en todo lo que existe, y todo es una parte de Dios. Le toca a cada persona desarrollar su potencial divino.

La Biblia enseña que somos la creación de Dios, no una parte de Él (Génesis 1:26,27; 2:7,8). Antes de rendirnos a Él éramos perdidos, separados de Dios, enemigos de Dios (Efesios 2:12).

La salvación

⇨ Los nuevaeristas hablan de la iluminación, el nacer de nuevo, la autorrealización, el realizar su potencial divino. Eso viene por la iniciación luciférica y disciplinas espirituales tales como la meditación, yoga, comunicación con espíritus guiadores. Viene la salvación en la evolución por buenas obras en vidas sucesivas.

La Biblia enseña que hoy es el día de la salvación (2 Corintios 6:2). Esta se recibe por fe en Jesucristo (Hechos 4:12; 16:31). El Hijo de Dios se encarnó para revelar por su vida y sus enseñanzas la naturaleza y mensaje de Dios el Padre a la humanidad y para poder sufrir la pena de muerte por la humanidad, el inocente Creador por su pecaminosa creación. Así provee para todos los que lo acepten: la salvación del pecado y de la condenación, liberación del poder satánico, reconciliación con Dios, una vida nueva con el Espíritu Santo para guiarlo y fortalecerlo, dirección por la Palabra de Dios y vida eterna.

Una transformación de carácter tan radical que se llama el nacer de nuevo ocurre para los que aceptan a Jesucristo como su Salvador y Señor de su vida (Juan 3:1-18; 1 Corintios 6:9-11).

La vida futura

⇨ Se cree en la evolución física y social. Si uno ha hecho cosas malas en vidas anteriores, sufre la recompensa en esta vida; es su karma. Pero si hace bien ahora, en encarnaciones futuras puede salvarse del mal karma y ascender a formar una parte de la Jerarquía que gobierna la evolución del mundo. Así se desarrolla una nueva especie de habitantes de la tierra.

La Biblia niega que los seres humanos tengan una vida anterior o una reencarnación futura. "Está establecido para los hombres que mueran una sola vez, y después de esto el juicio" (Hebreos 9:27). Serán recompensados entonces según lo hecho en esta vida.

La vida eterna que tenemos en Cristo empieza con una nueva dimensión durante nuestra existencia mortal, luego al morir estaremos con Cristo en su hogar celestial. Cuando Él vuelva por los suyos, recibiremos un cuerpo glorificado en la resurrección y viviremos para siempre con Él en su reino universal.

La verdadera "nueva era" empieza cuando aceptamos a Cristo como Salvador y Rey de nuestra vida. Tenemos ahora a Dios por nuestro Padre, a Jesucristo por nuestro hermano mayor, al Espíritu Santo como nuestro Ayudador, a los santos ángeles de Dios que ministran a nuestro favor y a una multitud de hermanos y hermanas en la familia de Dios. Tenemos un propósito en la vida y la esperanza del retorno del Señor Jesucristo para establecer su reino eterno de paz y justicia.

EL TRATO CON LOS DE LA NUEVA ERA

Podemos reconocer lo bueno de varias metas nuevaeristas de traer un Nuevo Orden Mundial. Nosotros también creemos que se acerca una época tal. Se les puede mostrar en la Biblia que ésta vendrá cuando Jesucristo retorne al mundo y establezca su reino universal. Destruirá las fuerzas del mal, purificará la tierra y traerá el deseado reinado de justicia y paz. Mientras tanto se multiplican la violencia, la injusticia y toda clase de maldad. Habrá un gobierno mundial bajo el anticristo, pero será un tiempo de mucho sufrimiento en vez de la paz y la justicia prometidas. Ore por las personas y con paciencia y amor enséñeles algunas evidencias de la inspiración de la Biblia y lo que dice acerca de Dios, Jesucristo y el hombre. Son importantes el testimonio personal y el de otros con respecto al cambio de vida, las oraciones contestadas y el gozo del Señor.

AVISOS EN EL CAMINO

¡Cuidado con la infiltración! El movimiento de la Nueva Era consigue a muchos adeptos por sus metas socioeconómicas antes de revelar su base religiosa. Infiltra la sociedad, las escuelas e iglesias mediante la salud holística, el yoga, la meditación trascendental, cursos en el control de la mente, campañas por el desarme y organizaciones que luchan por proteger a los animales, limpiar el ambiente y fomentar la paz mundial. Después de unirse a tal grupo es más fácil aceptar sus enseñanzas.

¡Cuidado con el vocabulario! Los nuevaeristas usan ciertos términos bíblicos con otro sentido que en el cristianismo. Hablan del Cristo sin referirse a Jesús. Y usan el "nacer de nuevo" o el "renacimiento" en dos sentidos: la iluminación de la conciencia cuando uno se da cuenta de su propia divinidad (la autorrealización), y la reencarnación.

¡Cuidado con el control mental! Muchos acuden a los psicólogos o psiquiatras para la "sanidad de la mente". Algunos emplean la hipnosis para hacer que el paciente recuerde problemas olvidados a los cuales atribuyen efectos negativos en su vida y salud. Esta regresión pretende ser hasta la infancia o hasta sucesos en una vida anterior. Algunos de estos "recuerdos" no tienen base en la verdad sino en sugerencias o preguntas del psiquiatra. Otros pueden ser revelaciones falsas por espíritus engañadores.

¡Cuidado con líderes autoritarios! Recuerde lo de Jim Jones.

¡Cuidado con la imitación! El hecho de que los miembros de algunas sectas hablen en lenguas desconocidas para ellos por un poder sobrenatural no garantiza la fuente de su inspiración ni la validez de su doctrina. Existe hoy como en el día de Pentecostés y en la Iglesia primitiva el hablar en otras lenguas por el poder del Espíritu Santo (Hechos 2:4-11; 10:44-48; 19:1-6). Satanás imita la obra de Dios para engañar a la gente, y la Biblia nos advierte: "No creáis a todo espíritu, sino probad los espíritus si son de Dios." Nos indica cómo probarlos (1 Juan 4:1-3; 1 Corintios 14:29). El hecho de que exista una imitación no debe impedirnos el aceptar la realidad que Dios hace.

Las revelaciones pueden venir del Espíritu Santo, de los ángeles, de uno mismo, o de un espíritu engañador. Había "falsos profetas" en tiempos bíblicos y los hay en nuestra época. Hay que juzgar cualquier mensaje por la Biblia y rechazar todo lo que se opone a ella.

PREGUNTAS Y ACTIVIDADES

1. ¿Cómo se relacionan el espiritismo, la teosofía, Hare Krishna, la Unidad, la astrología, la meditación trascendental, el yoga y la Nueva Era? ¿Cuáles de estas enseñanzas existen en su región?
2. Refute con la Biblia cinco enseñanzas nuevaeristas.
3. Hágase una lista de las características de Dios y evidencias de su personalidad halladas en Nehemías 9:5-38.
4. Conversen sobre los avisos de peligro respecto a la Nueva Era.
5. Hagan investigación e informes sobre la Nueva Era.
6. ¿Conocen a personas en la Nueva Era? ¿Cómo tratarán con ellas?

Capítulo 14

TEOLOGÍA
DE LA LIBERACIÓN

Naturaleza: No es una iglesia o denominación, sino una ideología. Se unen las metas y métodos revolucionarios con su propia interpretación de la Biblia para fomentar la lucha que debe liberar a las clases pobres y traer justicia al mundo.

Fundación: Nació en Latinoamérica en la década de los años sesenta.

Fundadores y propagadores: Se destacan: 1) los católicos Helder Cámara, Pablo Freire, Ernesto Cardenal, Camilo Torres, Gustavo Gutiérrez, Hugo Assman, y 2) los protestantes Rubem Alves, Emilio Castro, José Míguez Bonino, Gonzalo Castillo Cárdenas, Orlando Fals-Borda.

Teología: Interpretación de la Biblia por el contexto cultural. Dios está de parte de los pobres. Jesús era un revolucionario. En vez de aceptar la teología traída por naciones opresoras, hay que hacer teología luchando por la liberación de la clase pobre.

Salvación: Tomar parte en la lucha de clases para librar a los pobres de la opresión y establecer un nuevo orden de justicia. Se mira a la salvación de la sociedad más que a la del individuo.

Vida futura: Una sociedad igualitaria en la tierra.

Atracción: Dedicación a la liberación de los oprimidos. La esperanza de mejorar su propia situación y la de los suyos.

ORIGEN Y DESARROLLO

Características especiales

De todos los grupos religiosos y creencias que se examinan en este libro, la teología de la liberación es la única que podemos llamar netamente latinoamericana. Tiene raíces en el liberalismo que rechaza la autoridad de la Biblia y presenta la acción social como la misión principal de la iglesia. Se destacan los términos conscientización, contextualización, hacer teología y praxis.

La conscientización consiste en analizar y dar a conocer:

1. La situación socioeconómica,
2. Las razones por el sufrimiento de las clases pobres,
3. Los males del sistema opresor,
4. Las maneras de lograr igualdad en la estructura social.

La contextualización incluye:

1. Rechazar la interpretación bíblica por los teólogos pasados,
2. Desarrollar su propia interpretación de la Biblia basada en cómo se aplica a las condiciones socioeconómicas actuales,
3. Tomar como base que Dios está de parte de los pobres,
4. Proclamar la transformación de la sociedad por acción social.

El hacer teología se refiere a:

1. Poner menos énfasis en la doctrina y más en la acción,
2. Cumplir la voluntad de Dios por liberar a las clases pobres y establecer una sociedad justa y igualitaria.

La praxis (acción) se define como:

> "conjunto de actividades que pueden transformar el mundo, como el conocimiento o los fenómenos de la producción sobre los que se basan las estructuras sociales".[1]

Para esto, la teología de la liberación adopta los principios y métodos propuestos para la lucha de clases. Ha hecho causa común con grupos revolucionarios en varios países.

---

1 Pequeño Larousse Ilustrado, 1993.

LOS PRINCIPIOS

Entre los católicos

El enfoque eclesiástico en la obra social, el liberalismo en la interpretación bíblica y nuevas ideologías se hicieron populares después de la Segunda Guerra Mundial. En muchas universidades seculares y religiosas se inculcaban planes revolucionarios para lograr una sociedad mejor.

Ciertos seminarios católicos en Europa preparaban a sacerdotes y profesores de teología latinoamericanos para las universidades de sus países. De regreso, ellos y algunos sacerdotes europeos traían nuevas ideas de interpretación bíblica y una visión para la liberación de los pobres.

Aquí desarrollaban su propia teología de la liberación. En la contextualización, interpretaban la Biblia a la luz de las condiciones socioeconómicas. Enseñaban que Dios está de parte de los pobres y quiere liberarlos de las fuerzas opresivas. Más importante que la doctrina era la praxis, la acción, el hacer teología. Señalaban a la clase rica como los opresores y a las naciones capitalistas como explotadoras del Tercer Mundo.

Se llegaba a la conclusión de que había que derrocar los gobiernos opresivos e instalar un sistema bajo el cual todo se tendría en común para el beneficio igual de todos. Para esto la iglesia podría hacer causa común con revolucionarios ateos.

El Concilio Vaticano II (1962-65), convocado por el papa Juan XXIII, dio libertad a la Iglesia Católica para dialogar con otros grupos y estudiar la Biblia para sí, desarrollando su propia interpretación de ella. También llamó la atención a la responsabilidad de la iglesia ante problemas socioeconómicos.

Fue histórica la Conferencia de Obispos Latinoamericanos celebrada en Medellín, Colombia, en 1968. Abrió la puerta para la expresión de la teología de la liberación. Sin embargo, no todos los obispos y sacerdotes favorecían la acción violenta. La Segunda Conferencia Episcopal, celebrada en Puebla, México, en 1979, fue más conservadora. El papa Paulo VI se opuso a la participación del clero en la política, pero no condenó la teología de la liberación.[1]

Entre los protestantes

Mientras tanto, representantes de ciento cincuenta denominaciones o iglesias de cuarenta y cuatro países se habían reunido en Amsterdam en 1948 para formar el Consejo Mundial de Iglesias (CMI). Los miembros eran de iglesias protestantes, de la Iglesia Católica Antigua y de la Iglesia Ortodoxa Oriental. Se definió el propósito de esta organización internacional como el fomentar la confraternidad ecuménica, el servicio y el estudio. Su sede se estableció en Ginebra, Suiza, con otra oficina en Nueva York.

Su constitución afirmó su posición trinitaria y su dedicación a colaborar en cumplir la voluntad de Dios, pero con el paso de los años el liberalismo predominaba en sus líderes. Ponían más énfasis en la obra social que en el evangelismo. Buscaban el acercamiento a la Iglesia Católica, y algunos pastores protestantes ayudaban a desarrollar la teología de la liberación.

Nació el movimiento teológico ISAL (Iglesia y Sociedad en América Latina) patrocinado por el CMI. Como organización ecuménica contaba con miembros católicos también. Al principio fomentaba métodos pacíficos de transformación social, pero en 1966 optó por la revolución. En los años siguientes llegó a ser una de las organizaciones más violentas de la liberación. El CMI respaldaba económicamente la acción revolucionaria.

ISAL sufrió un atraso con la muerte de Salvador Allende en Chile, pero después se reorganizó. Estableció su sede en Montevideo, Uruguay. Es miembro de UNELAM (Unidad Evangélica Latinoamericana), una organización respaldada por el CMI, fundada en 1965 con sede en Puerto Rico, que fomenta el ecumenismo.

Para 1975 el CMI contaba con doscientas setenta y nueve denominaciones o iglesias con más de 400.000.000 miembros en unos cien países. La Iglesia Católica Romana participaba oficialmente en sus comisiones.

---

6 Emilio A. Núñez C. *Crisis in Latin America*, p. 231.

LA PROMULGACIÓN

Entre los católicos

Teólogos católicos en varios países fomentaron la naciente teología de la liberación por sus escritos, su enseñanza en las universidades y su predicación.[1] En Brasil sobresalen Dom Helder Cámara, arzobispo de Recife; Hugo Assman, sacerdote jesuita; y Pablo Freire, educador. Cámara recomendaba resistencia pacífica, en lugar de violencia, para efectuar el cambio. Los escritos de Assman eran más radicales. Freire no era sacerdote, pero tuvo mucha influencia por sus escritos y enseñanzas mientras se esforzaba en la alfabetización de los adultos en Brasil. Era asesor del Consejo Mundial de Iglesias. Salió en 1967 la versión original en portugués de su libro *La pedagogía de los oprimidos*.

José Porfirio Miranda en México y Juan Luis Segundo en Uruguay fomentaron el movimiento. Y se pasaba de la enseñanza a la acción. En Colombia, Camilo Torres colgó la sotana para unirse a un grupo guerrillero y fue muerto en 1967, héroe de la causa.

Gustavo Gutiérrez, peruano, se reconoce como sistematizador de la teología de la liberación. Como profesor de teología en la Universidad de San Marcos la promomulgaba en su país. En 1971 publicó su obra clásica *La teología de la liberación*.

Ernesto Cardenal, sacerdote nicaragüense, era el poeta de la revolución y miembro del Frente Nacional Sandinista para la Liberación. Se le llamaba el ideólogo de la revolución. Después de la victoria sobre Somoza, Cardenal encabezó el Ministerio de Cultura. Encontraba lógico el cooperar con el comunismo, y afirmó en una entrevista: "En América Latina un número de nosotros que somos sacerdotes, teólogos u obreros religiosos hemos llegado a comprender que el cristianismo y el marxismo no son incompatibles; al contrario, tienen una meta común: lo que los Evangelios llaman el reino de Dios en la tierra y lo que el marxismo llama la perfecta sociedad comunista."[2]

---

1 Carlos Jiménez R. *Crisis en la teología contemporánea*, pp. 141-184.
2 Citado por Núñez en *Crisis in Latin America*, p. 240.

Varios sacerdotes y algunas monjas han sido muertos por su respaldo a la revolución. Pero no todos los católicos o sus líderes son partidarios de la teología de la liberación.

Entre los protestantes

Se destacan varios educadores, autores y teólogos protestantes en fomentar la teología de la liberación. Rubem Alves, pastor presbiteriano en Brasil y profesor en la Universidad de Río Claro, era miembro de ISAL. José Míguez Bonino, autor argentino, era director de estudios posgraduados de la Facultad de Teología de Buenos Aires. Emilio Castro, uruguayo, presidía la Comisión de Misión Mundial y Evangelismo, un departamento del CMI. Gonzalo Castillo Cárdenas, de Colombia, servía en comisiones del CMI y participaba en acción revolucionaria. El psicólogo Orlando Fals-Borda, otro colombiano, propagaba la teología de la liberación.

Buen número de protestantes han aceptado esta teología y algunos han participado en la lucha por lograr las metas nobles promulgadas. Pero por lo general los evangélicos han optado por no inmiscuirse en la política.

DOCTRINAS

Como la teología de la liberación es una ideología de personas que difieren mucho en sus doctrinas religiosas, el análisis doctrinal tiene que ser sólo en términos generales.

La Biblia

⇨ Los teólogos de la liberación tratan la Biblia como la historia de la humanidad en búsqueda de la verdad, más que la revelación divina de la verdad. La interpretan por la contextualización, cómo se entiende a la luz de las condiciones sociales de hoy. Su mensaje para la época en la cual se escribió puede ser muy diferente del que tiene para las condiciones actuales. Escogen para guía las partes que parecen más adecuadas para la misión social de la iglesia de hoy y hacen poco caso de otros pasajes.

⇨ Su autoridad principal no es la Biblia sino los escritos que piden la liberación de los oprimidos.

Los evangélicos creemos que la Biblia es la Palabra de Dios, inspirada verbalmente por el Espíritu Santo, y la aceptamos como la regla infalible para nuestra fe y conducta. Tiene su aplicación a las condiciones socioeconómicas de cada época, pero estas deben interpretarse y evaluarse a la luz de las Escrituras, y no las Escrituras a la luz de las condiciones.

Dios

⇨ El punto de énfasis sobre Dios en la teología de la liberación es que Él está de parte de los pobres. Por lo tanto opinan que hacen su voluntad al luchar por derrocar los gobiernos que los oprimen. Poco se trata de la relación personal con Dios.

Los evangélicos creemos que Dios ama a todos, ricos y pobres por igual (Juan 3:16; 2 Pedro 3:9). Nosotros también debemos preocuparnos por el estado de los oprimidos y desamparados y procurar ayudarlos. Pero poco se logra con mejorar su condición en esta vida si no entran en una relación personal con Dios, quien los desea salvar de los fuegos eternos del infierno.

Los primeros cristianos vivían bajo gobiernos opresores, pero Jesús se negó a unirse a los revolucionarios (Juan 6:15). Enseñó el amor a los enemigos y la sumisión a la autoridad (Mateo 5:38-46; 22:15-22). Debemos "hacer teología" según Romanos 13:1-10.

Jesucristo

⇨ La teología de la liberación presenta a Jesucristo como un maestro revolucionario, un guerrillero que reprendía a los jefes religiosos y a los ricos. Ven su muerte como martirio por la causa. La mayoría lo consideran un buen hombre pero no divino.

Es cierto que Jesús reprendía a los jefes religiosos por su hipocresía, pero llamaba a todos, ricos y pobres, a arrepentirse. Su amor lo llevó a los marginados de la sociedad con un mensaje de esperanza y el poder de lo alto. Tocó a los leprosos y los sanó. Dialogó con una samaritana despreciada por los de su pueblo y le señaló el camino de la salvación. Las masas lo oían con gozo y Él sanaba a sus enfermos. Pero también llevó el mensaje de Dios a los ricos. Nicodemo, José de Arimatea, Zaqueo y otros podían testificar de cómo Él traía el amor de Dios a todos por igual (Juan 3:1-21; 19:38-40; Mateo 27:57; Lucas 19:1-10).

Los liberacionistas de su tiempo querían hacerlo su jefe para que los librara del gobierno opresivo de Roma y fuera su rey. Él se negó a unirse a su causa y predicó una liberación mayor, la del pecado y de su castigo eterno (Juan 6:14,15; 8:32,36).

Muchas cosas nos convencen de que Jesús es el Hijo de Dios. Sus discípulos estaban dispuestos a dar su vida por predicarlo. Juan escribió su evangelio como prueba de esta verdad (Juan 20:30-31). Se cumplieron en Él las profecías del Antiguo Testamento respecto al Mesías, el Hijo de Dios que había de venir (véase el cuadro del capítulo dos). Reclamaba ser el Hijo de Dios (Marcos 14:61-62; Juan 9:35-37), y lo confirmaban sus milagros, la voz de Dios que vino del cielo en tres ocasiones indicando que Jesús era su Hijo (Lucas 3:21-22; Juan 12:27-30; Mateo 17:1-5), su resurrección y manifestaciones a los creyentes durante cuarenta días y su ascensión al cielo a la vista de muchos (1 Corintios 15:1-8; Hechos 1:1-11).

Su muerte no era martirio por una causa política, sino el cumplimiento del propósito para lo cual se había hecho hombre, el sacrificio voluntario en nuestro lugar (Isaías 53; Juan 3:14-17).

La salvación

⇨ Se considera la salvación como la reestructura de la sociedad por la victoria de los oprimidos sobre las fuerzas opresoras. La salvación es de la sociedad más que de los individuos. Es para todos, porque al quitar el poder de los ricos y de los gobernantes opresivos, se los salva de ser opresores.

La Biblia enseña que la salvación del pecado es de importancia primordial. Jesús predicó la necesidad del arrepentimiento y un cambio radical de vida para tener parte en el reino de Dios (Mateo 4:17; Juan 3:3-8). Asumió la culpa por nuestros pecados y la pena de muerte por ellos. La persona que se arrepiente y recibe a Jesucristo como su Salvador y Señor de su vida es salva. La salvación de los individuos contribuye a la mejoría de la sociedad. Abandonan los vicios, el odio, la violencia, el engaño, los rencores y el crimen. Aumenta el nivel de vida donde las comunidades o los individuos reciben nueva orientación y nuevo propósito para la vida. Dios los bendice de muchas maneras.

La vida futura

⇨ La meta de los liberacionistas es justicia en la tierra lograda por los esfuerzos humanos.

Los evangélicos también nos esforzamos por el adelanto de la justicia en la tierra, pero vemos que la humanidad se corrompe más y más. Esperamos el cumplimiento de las profecías que Cristo volverá, juzgará las naciones, destruirá las fuerzas satánicas y establecerá su reino de justicia y paz en la tierra (Mateo 24,25; Isaías 35,42; Apocalipsis 20-22). Con cuerpos transformados y espíritus perfeccionados, participaremos en su reino eterno.

EL TRATO CON LOS DE LA TEOLOGÍA DE LA LIBERACIÓN

Se puede reconocer lo encomiable de la meta de traer justicia y paz en la tierra. Pero sin un cambio de corazón, un cambio de gobierno no produce las condiciones ideales.

Es bueno dedicarse a una causa buena, pero el bien de la patria puede lograrse más por la evangelización de las masas que por instigarlas a la revolución. Jesucristo (a quien se cita como el revolucionario ideal) nos enseña a amar a nuestros enemigos y orar por los que nos tratan mal. Más puede el amor que el odio contra los "opresores". Y más puede nuestro amor y oración por los de ambas partes en la lucha, que el mirarlos como enemigos.

A veces los revolucionarios describen a todos los que predican el evangelio como engañadores y explotadores del pueblo. En varias regiones bajo su control han prohibido la predicación y han dado muerte a centenares de pastores y obreros laicos. Sin embargo, otros pastores han alzado la antorcha y siguen adelante en la predicación del evangelio. Hay testimonios de protección milagrosa, y otros de ejecutadores convertidos al ver que los pastores oraban por ellos en los momentos antes de su muerte.

Podemos reconocer que la iglesia debe preocuparse más por los que sufren. Pero señalamos que muchos han dedicado su vida al alivio del sufrimiento. Evidencia de esto son muchos orfanatos, clínicas, escuelas y ministerios para ayudar a los desamparados.

Lo que puede ganar a muchos a la fe viva en Cristo y al cambio de su ideología y métodos es la manifestación del poder de Dios. El testimonio, la oración y la Palabra de Dios son importantes en lograr su conversión y nueva orientación en la vida.

AVISOS EN EL CAMINO

Es fácil dejarse llevar por la propaganda en contra de los opresores hasta dar lugar al odio. Dios nos manda amar a nuestros enemigos y nos exhorta: "Sométase toda persona a las autoridades superiores." Véase Romanos 12:9-13:14. Debemos orar "por los reyes y por todos los que están en eminencia, para que vivamos quieta y reposadamente en toda piedad y honestidad" (1 Timoteo 2:2).

Como buenos ciudadanos, usemos nuestra influencia y nuestro voto para apoyar lo bueno. También debemos esforzarnos en el beneficio espiritual y material de los que sufren.

PREGUNTAS Y ACTIVIDADES

1. ¿Cómo emplea la teología de la liberación los términos conscientización, contextualización, hacer teología, praxis?
2. Mencione a algunos promulgadores de la teología de la liberación.
3. Cite algunos puntos buenos y malos del movimiento.
4. Si un amigo quisiera reclutarlo para luchar por liberar a las clases oprimidas, ¿cuáles razones le daría por su decisión?
5. Estudien las condiciones socioeconómicas en su país y averigüen lo que las iglesias hacen para aliviar el sufrimiento y mejorar las condiciones. Tengan un intercambio de ideas sobre maneras de adelantar el ministerio social de la iglesia.

CONCLUSIÓN

¿Qué diremos a todo esto? ¿Estamos en el umbral de una nueva edad de paz universal? ¿Está hasta el punto de revelarse el que puede traer paz al mundo y reinar en justicia sobre la humanidad? ¿Veremos la solución a los problemas económicos y sociales del mundo? ¿Hay un plan que traerá la felicidad perfecta?

¡Decimos que sí a todas estas preguntas! Pero no vendrá mediante una revolución. El que ha de reinar no es Maitreya. No es Sun Myung Moon, Krishna, Buda u otra "reencarnación de Visnú". No es otro Cristo, sino "este mismo Jesús", quien volverá en las nubes y todo ojo le verá (Hechos 1:10-11; Mateo 24:30). Los falsos cristos son una señal de que su venida se acerca (Mateo 24:4,5,11,23-27; 1 Timoteo 4:1).

El anticristo prometerá la paz y la seguridad en su gobierno mundial. Impondrá su plan económico y demandará que lo adoren (2 Tesalonicenses 2:1-9; Apocalipsis 13). Pero el Rey de reyes, el Señor Jesucristo, destruirá al impostor "con el resplandor de su venida" y establecerá su reino glorioso en la tierra.

Oremos y velemos para que nadie nos desvíe del camino. "Entonces tus oídos oirán a tus espaldas palabra que diga: Este es el camino, andad por él; y no echéis a la mano derecha, ni tampoco torzáis a la mano izquierda" (Isaías 30:21).

Por fin, al concluir el estudio de tantas doctrinas falsas, y de los extremismos peligrosos en el mismo pueblo del Señor, pedimos que Dios nos ayude a permanecer siempre en la verdad. Al mismo tiempo, podemos mirar con mayor comprensión y compasión a los que se han extraviado tras doctrinas erróneas. Pidámosle al Espíritu de Dios que nos ayude en nuestro trato con ellos. ¡Usemos bien la palabra de verdad para rescatar a los que andan descarriados antes que se pierdan para siempre! (2 Timoteo 2:14-26). "Hermanos, si alguno de entre vosotros se ha extraviado de la verdad, y alguno le hace volver, sepa que el que haga volver al pecador del error de su camino, salvará de muerte un alma, y cubrirá multitud de pecados" (Santiago 5:19-20).

REPASO FINAL

1. Estudien el cuadro comparativo de creencias en las páginas 4 y 5. Conversen sobre las sectas. ¿En cuáles se observa un énfasis desmedido sobre cierto aspecto de la verdad?
2. Revisen sus objetivos para el curso. ¿Se han logrado? Pidan la dirección divina en el uso del conocimiento adquirido.

OBRAS DE CONSULTA

Para cada capítulo, menos el primero, se da a continuación una lista de libros de consulta. Algunos se han agotado, pero se incluyen aquí por si acaso hay en las bibliotecas de las iglesias o de las escuelas teológicas.

CAPÍTULO 2: EL JUDAÍSMO

Archilla, Rogelio. *Pueblo en marcha.*

Carlsen, Johan. *Israel antiguo y moderno.* CLIE.

Essen, Miguel. *Miguel, Miguel ¿Por qué me odias?*

Ingram, L.S. *Cristo el Mesías, la esperanza de Israel.*

Josefo, Flavio. *Guerras de los judíos,* tomos 1 y 2. CLIE.

Machado, R.R. *Cristo en la senda histórica.*

Marshall, E.A. *Las religiones comparadas.*

Myer, F.B. *Cristo en Isaías.* CLIE.

Ridenour, Fritz. *¿Cuál es la diferencia?* CLIE.

Simpson, A.B. *Cristo en el tabernáculo.* CLIE.

Simpson, A.B. *Los salmos mesiánicos.*

Smith, V. *Entre los dos Testamentos.* CLIE.

Soper, E.D. *Las creencias de la humanidad.*

Varios autores. *Cristo e Israel.*

CAPÍTULO 3: EL ISLAM

Abdul-Haqq, Abdiyah Akbar. *Sharing Your Faith With a Muslim.* Minneapolis: Bethany House Publishers, 1980.

Elder, John. *Biblical approach to the Muslim.* Ft. Washington, PA: Worldwide Evangelization Crusade, 1978.

Fellowship of Faith for the Muslims. *A Pocket Guide to Islam.* Sheffield, England: Kitab Books, 1992.

Goldsmith, Martin. *Islam and Christian Witness.* Bromley, Kent, England: Operation Mobilisation, 3ra edición 1991.

González, Valentín. *El desafío del Islam.* CLIE, 1987.

Hume, Roberto E. *Las religiones vivas.* Casa Bautista de Publicaciones, 1960.

Johnstone, Patrick. *Operation World.* Grand Rapids, MI: Zondervan Publishing House, 1993.

Marsh, C.R. *Comparte tu fe con los musulmanes.* CLIE, 1975.

Miller, William M. *A Christian's Response to Islam.* Phillipsburg, NJ: Presbyterian and Reformed Publishing Company, 1976.

Otis, George, Jr. *The Last of the Giants.* Grand Rapids: Chosen Books, 1991.

Saravi, Dr. Fernando. *Jesucristo o Mahoma.* CLIE.

Tisdall, W. St. Clair. *Christian Reply to Muslim Objections.* Villach, Austria: Light of Life, impresión de 1980

CAPÍTULO 4: EL CATOLICISMO ROMANO

Andrade, R. *Precursores y adalides de la Reforma.*

Arms, G.W. *¿Cuál religión?*

Aubin, G. *¿Católico romano o protestante?*

Baez-Camargo, Gonzalo. *El protestantismo en Iberoamérica.*

Bellido, J. Cruz. *El purgatorio.*

Benedict, S.D. *La doctrina católica y la Biblia.*

Benko, Stephen. *Los evangélicos, los católicos y la virgen María.* Casa Bautista de Publicaciones, 1981.

Bentson, Helgue. *Creemos en María.* CLIE.

Berkhouwer, G.C. *The Second Vatican Council and the new Catholicism.* Grand Rapids: WI. Eerdmans Publishing Co., 1965.

Comisión. *La Declaración de Wheaton.*

Conroy, Helen. *Mujeres olvidadas.*

Creyer, F.C.H. y E. Weller. *El catolicismo a la luz de las Escrituras.*

Deiros, Pablo. *Historia del cristianismo en América Latina.* LOGOI, 1986.

DeMurch, Forrest. *La aventura ecuménica.*

Estrello, F.E. *Breve historia de la Reforma.*

Fernández Suárez, D. *Carta abierta a un católico.*

Fisher, William C. *¿Por qué soy evangélico?* Kansas City: Casa Nazarena de Publicaciones, 1985.

Fisher, George P. *Historia de la Reforma.* CLIE.

García, D.J. *Carta acerca del origen de la imagen de Nuestra Señora de Guadalupe.*

Gay, T. *Diccionario de controversia.*

Goslin, Tomás. *Los evangélicos en la América Latina.*

Hamilton, Gavin. *¿Dónde están los muertos?* CLIE.

Hoff, Pablo. *Otros evangelios.* Editorial Vida, 1993.

Hurlbut, Narro y Flower. *Historia de la Iglesia Cristiana.* Editorial Vida.

Ingram, L.S. *Las balanzas de oro.*

Jeter, Hugo P. *Catolicismo romano: Entendiendo a la Iglesia Católica actual.* CLIE, 1994.

Jiménez, Carlos. *Crisis en la teología contemporánea.* Edición revisada. Editorial Vida, 1994.

Latourette, K.S. *Historia del cristianismo.* CBP, 1959.

Lacueva, Francisco. *Catolicismo romano.* CLIE.

Lefevre, C.B. *El dogma eucarístico.*

Lindsay, Tomás M. *La Reforma en su contexto histórico.* CLIE.

Mackay, J.A. *El otro Cristo español.*

Martínez Roque, Enoc. *Y colgué la sotana.* Editorial Vida, 1988.

Marotta, V. *La inmaculada concepción.*

Martínez, Emilio. *Julián y la Biblia.* CLIE.

M'Crie, Tomás. *La Reforma en España en el siglo XVI.*

Nelson, Wilton M., ed. *Diccionario de historia de la Iglesia.* Editorial Caribe, 1989.

Núñez, Emilio A. *La iglesia evangélica frente al nuevo catolicismo.* Puebla, México: Ediciones las Américas.

Phillips, J.A. *Análisis del romanismo.*

Rico, J.M. *El Concilio Vaticano II.*

Rico, J.M. *Sacerdote y hostia.*

Ridenour, Fritz. *¿Cuál es la diferencia?* CLIE.

Robleto, Adolfo. *Un vistazo a la doctrina romana.* CBP, 1970.

Shields, Testa y Meldau. *Por qué no soy católico-romano.*

Spurgeon, C.H. *Solamente por gracia.* Grand Rapids: Portavoz.

Seymour, M. *Noches con los romanistas.*

Tarancón, Vicente Enrique. *El sacerdocio a la luz del Concilio Vaticano II*. Salamanca, España: Ediciones Sígueme, 1967.

Tron, J. *Diferencias fundamentales entre protestantismo y catolicismo*.

Valiente y Pozo. *Confesión auricular*.

Varetto, Juan C. *La reforma religiosa del siglo XVI*.

Varetto, Juan C. *El evangelio y el romanismo*.

Vila, Samuel. *¡A las fuentes del cristianismo!* CLIE.

Walker, Williston. *Historia de la iglesia cristiana*.

CAPÍTULO 5: EL ESPIRITISMO ANTIGUO Y MODERNO

Baldwin, Stan. *Trampas de Satanás*. CLIE.

Bayly, Joseph. *Horóscopos*. LOGOI.

Cabezas, Rita. *Desenmascarado*. UNILIT, 1988.

Compilado. *Ataque del mundo de los espíritus*. CLIE.

D'Araújo Filho, Caio Fábio. *Espiritismo moderno*. Editorial Vida, 1990.

Irvine, Dooren. *De la brujería a Cristo*. CLIE.

Fjordbak, Everitt M. *¿Demonios en los cristianos?* Editorial Vida, 1986.

Hall, Daniel. *Algunas herejías modernas*. El Amanecer

Hamilton, Gavin y David Fernández. *¿Dónde están los muertos?* Grand Rapids: Editorial Portavoz, 1980.

Hoff, Pablo. *Otros evangelios*. Editorial Vida, 1993.

Koch, Kurt E. *El diccionario del diablo*. CLIE.

McDowell, Josh y Don Stewart. *Demonios, brujería y ocultismo*. UNILIT, 1989.

McDowell, Josh y Don Stewart. *Ocultismo: ¿Fraude o realidad?* Editorial Vida, 1988.

Palau, Luis. *Ocultismo y brujería frente a Dios*. UNILIT, 1987.

Ridenour, Fritz. *¿Cuál es la diferencia?* CLIE.

Saint, Felipe. *Guerra contra el infierno*. Editorial Vida, 1988.

Saravi, Fernando. *Necromancia*. CLIE.

Schlink, Basilea. *El mundo invisible de ángeles y demonios*. CLIE.

Unger, Merrill F. *Demonios en el mundo moderno*. LOGOI.

Unger, Merrill F. *Los demonios según la Biblia*. Puebla, México: Ediciones las Américas.

Van Baalen, J.K. *Invasores de la cristiandad*. CLIE.

Vila, Samuel. *El cristianismo frente a las sectas*. CLIE.

Vila, Samuel. *El espiritismo a la luz de la ciencia y de las Escrituras*. CLIE.

Vila, Samuel. *El espiritismo y los fenómenos metafísicos*. CLIE.

CAPÍTULO 6: EL LIBERALISMO

Almeida, Abraão de. *Evidencias de un Creador*. Editorial Vida, 1989.

Bogue, D. *Ensayos sobre la divina autoridad del Nuevo Testamento*.

Bruce, F.F. *La defensa apostólica del evangelio*. Ediciones Certeza.

Bruce, F.F. *¿Son fidedignos los documentos del Nuevo Testamento?*

Candler, Warren A. *Manual de evidencias cristianas*. CLIE.

Carballosa, Evis L. *La deidad de Cristo*. Grand Rapids: Editorial Portavoz, 1982.

Carder, Jaime. *Las ciencias preguntan: ¿Es cierta la evolución?* CLIE, 1989.

Comisión. *La declaración de Wheaton*.

Dana, H.F. *El Nuevo Testamento ante la crítica*.

Elmendorf, R.G. *Creación, evolución y termodinámica*, CLIE.

Fernández, Domingo. *El infierno: ¿Fantasma o realidad?* Casa Bautista de Publicaciones, 1974.

Flamming, Peter J. *Dios y la creación*. CBP, 1987.

Fountain, T.E. *Claves de interpretación bíblica*.

Gish, Duane T. *Creación, evolución y el registro fósil*. CLIE.

Gould, R.H. *La inspiración de la Biblia*.

Graham, Billy. *Cielo e infierno*. CBP, 1962.

Gringoire, P. *Los manuscritos de Qumrán* (Mar Muerto).

Haley, John y Santiago Escuain. *Diccionario de dificultades y aparentes contradicciones bíblicas*. CLIE, 1990.

Halley, Henry H. *Compendio manual de la Biblia*. Portavoz, 1983.

Hart-Davies, D.F. *La Biblia y los descubrimientos arqueológicos*.

Hunt, Dave y T.A. McMahon. *La seducción de la cristiandad.* Portavoz, 1988.

Jauncy, J.H. *La ciencia retorna a Dios.* CBP, 1964.

Jiménez, Carlos. *Crisis en la teología contemporánea.* Edición revisada. Editorial Vida, 1994.

Kellner, Werner. *Y la Biblia tenía razón.*

Kennedy, D. James. *Por qué creo.* Editorial Vida, 1982.

Keyser, L.S. *Un sistema de evidencias cristianas.*

Latourette, K.S. *Historia del cristianismo,* tomo 2: *Desde el siglo XVI hasta el siglo XX.* CBP.

Lloyd-Jones, Martin. *La autoridad de Jesucristo, de la Biblia y del Espíritu Santo.* Ediciones Certeza.

Luce, Alice. *Evidencias cristianas.* Editorial Vida, 1965.

Machado, R. *Cristo en la senda histórica.*

McDowell, Josh. *Evidencia que exige un veredicto.* Editorial Vida, 1982

McDowell, Josh con Don Stewart. *Razones.* Editorial Vida.

McDowell, Josh y Bruce Larson. *Jesús: Una defensa bíblica de la Deidad.* CLIE.

Mullins, E.Y. *Manual de evidencias cristianas.* CLIE.

Muirhead, H.H. *Historia del cristianismo,* tomo 3: *Los varios movimientos en los tiempos modernos.*

Mur, J.C. *La arqueología y las Escrituras.*

Murch, James DeForest. *La aventura ecuménica.*

Neal, C.L. *La inspiración de la Biblia.*

Nelson, D. *La causa y el remedio de la incredulidad.*

Pierson, A.T. *Muchas pruebas infalibles.*

Ramm, Bernard. *Diccionario de teología contemporánea.* CBP, 1969.

Reno, Cora A. *¿Es un hecho la evolución?*

Richards, Larry. *Ciencia y Biblia: ¿Se contradicen?* CLIE.

Rimmer, Harry. *La teoría de la evolución y los hechos de la ciencia.*

Rimmer, Harry. *La magnificencia de Jesús.*

Robertson, A.T. *La divinidad de Cristo.*

Ryrie, Carlos C. *La neoortodoxia: lo que es y lo que hace.*

Saint, Felipe. *Fósiles que nos hablan.* Editorial Vida, 1988.

Scroggie, W. Graham. *¿Es la Biblia la Palabra de Dios?* CLIE.

Short, A.R. *La Biblia y las investigaciones modernas.*

Short, Rendle. *¿Por qué creer?*

Stoner, P.W. *La ciencia habla.*

Taylor, Kenneth. *La evolución.* CBP, 1975.

Tooms, C.B. *Evidencias de la creación.*

Torrey, Ruben A. *Evidencias cristianas.* CLIE.

Van Baalen, J.K. *Invasores de la cristiandad.* CLIE.

Vardaman, Jerry. *La arqueología y la Palabra viva.* CBP, 1968.

Varios. *Los fósiles y el diluvio.* CLIE, 1987.

Vila, Samuel. *Evidencias de fe para jóvenes estudiantes.* CLIE.

Vila, Samuel. *Fe y razón.* CLIE.

Vila, Samuel. *Supervivencia del alma.* CLIE.

Watson, David C. *El gran fraude intelectual.* CLIE.

Yamauchi, Edwin. *Las excavaciones y las Escrituras.* CBP.

Young, Juan. *El Cristo de la historia.* CLIE.

CAPÍTULO 7: LOS SANTOS DE LOS ÚLTIMOS DÍAS

Báez-Camargo, Gonzalo. *Por qué un verdadero cristiano no puede ser mormón.*

Bogard, B.M. *El mormonismo.*

Cowan, Marvin W. *Los mormones: Sus doctrinas refutadas.* Casa Bautista de Publicaciones, 1977.

Fernández, Domingo. *El mormonismo: ¿Revelación divina o invención humana?* CBP, 1971.

Geer, Thelma de. *El mormonismo y yo.* Editorial Vida, 1989.

Fraser, Gordon H. *¿Es cristiano el mormonismo?*

Hall, Daniel E. *Algunas herejías modernas.* El Amanecer.

Hoekema, Anthony A. *Mormonismo.* Subcomisión Literatura Cristiana.

Hoff, Pablo. *Otros evangelios.* Editorial Vida, 1993.

Ingram, L.S. *El mormonismo investigado.*

Jackson, Jay. *El mormonismo refutado.* CBP, 1972.

Luce, Alice. *Probad los espíritus.* Editorial Vida.

Martin, Walter. *Mormonismo.* Editorial Betania, 1987.

McElveen, Floyd. *Los mormones: Sus doctrinas y errores.* CLIE.

Van Baalen, J.K. *Invasores de la cristiandad.* CLIE.

CAPÍTULO 8: EL ADVENTISMO DEL SÉPTIMO DÍA

Canright, D.M. *El adventismo del séptimo día*. Casa Bautista de Publicaciones, 1960.

Fernández, S. *El cristiano y la ley.*

Fernández, Domingo. *¿Por qué guardamos el domingo?* CBP, 1972.

Hamilton, Gavin y David Fernández. *¿Dónde están los muertos?* Grand Rapids: Editorial Portavoz, 1980.

Hoekema, Anthony A. *El adventismo del séptimo día*. Grand Rapids: Subcomisión Literatura Cristiana.

Hoff, Pablo. *Otros evangelios*. Editorial Vida, 1993.

Ingram, L.S. *El cristiano y la ley de Moisés.*

Maer, W.Q. *La ley, el sábado y el domingo.*

Montaño, Walter M. *Conversaciones con adventistas.*

Ritchie, Juan. *¿Debe el cristiano guardar el sábado?*

Sepúlveda, J.N. *El sábado bíblico.*

Tenney, Merrill C. *¡Gálatas! La carta de libertad cristiana.* CLIE.

Van Baalen, J.K. *Invasores de la cristiandad*. CLIE.

Varetto, J.C. *Refutación del adventismo.*

Yoder, C.F. *El sábado sobre el tapete.*

CAPÍTULO 9: LOS TESTIGOS DE JEHOVÁ

Cabral, J. *Religiones, sectas y herejías*. Editorial Vida, 1982.

Danyans, Eugenio. *Proceso a la Biblia de los testigos de Jehová*. CLIE.

Duncan, Homer. *Los testigos de Jehová ante la Biblia*. Puebla, México: Ediciones las Américas.

Duncan, Homer. *Los testigos de Jehová y la segunda venida del Señor*. Ediciones las Américas.

Fernández, Domingo. *Los falsos testigos de Jehová*. Casa Bautista de Publicaciones, 1962.

Fisher, William C. *¿Por qué soy evangélico?* Kansas City: Casa Nazarena de Publicaciones, 1985.

García, José L. *Los testigos de Jehová a la luz de la Biblia*. CLIE.

Gil, Antolín Diestre. *Manual de Controversia sobre la historia, doctrinas y errores de los testigos de Jehová*. CLIE.

Girón, José. *Testigos de Jehová y sus doctrinas*. Editorial Vida, 1964.

Hall, Daniel. *Algunas herejías modernas.*
Hoff, Pablo. *Otros evangelios.* Editorial Vida 1993.
Ingram, L. *¿Son los testigos de Jehová fieles o falsos?*
Martin, Walter. *Los testigos de Jehová.* Editorial Betania, 1988.
Monroy, Juan Antonio. *Apuntando a la torre.* CLIE.
Nelson, W.M. *Los testigos de Jehová.* CBP, 1949.
Reed, David C. *Respuestas bíblicas a los testigos de Jehová.* Editorial Vida, 1990.
Ruiz, Agustín. *Los testigos de Jehová.* CBP, 1966.
Schnell, William. *Esclavo por treinta años en la Torre del Vigía.*
Scroggie, W. Graham. *El retorno de Cristo.* CLIE.
Trombley, Charles. *Expulsado del reino.* Editorial Vida.
Van Baalen, J.K. *Invasores de la cristiandad.* CLIE.
Vidal M., César. *Recuerdos de un Testigo de Jehová.* Editorial Vida, 1987.

CAPÍTULO 10: LA CONFESIÓN POSITIVA

Ankerberg, John y John Weldon. *Facts on False Teaching in the Church.* Eugene, Oregon: Harvest House Publishers, 1988.
Barron, Bruce. *The Health and Wealth Gospel.* Downers Grove, IL: InterVarsity Press, 1987.
Burgess, Stanley M. y Gary B. McGee. *Dictionary of Pentecostal and Charismatic Movements.* Grand Rapids, MI: Zondervan, 1988.
Farah, Charles. *From the Pinnacle of the Temple.* Plainfield, NJ: Logos International.
Matta, Judith A. *The Born-Again Jesus.* Fullerton, CA: Spirit of Truth Ministries, 1984.
McConnell, D.R. *A Different Gospel.* Peabody, MA: Hendrickson Publishers, 1988.
Presbiterio General de las Asambleas de Dios. *The Believer and Positive Confession.* Springfield, MO: Gospel Publishing House, 1980.
Todd, Brett. *The Incarnate Gods of Faithism.* Ellendale, ND: Brett Todd, 1987.

CAPÍTULO 11: SÓLO JESÚS

Hoff, Pablo. *Otros evangelios.* Editorial Vida, 1993.

Jungel, Eberhard. *Doctrina de la Trinidad*. Editorial Caribe.

Lacueva, Francisco. *Un Dios en tres personas*. CLIE.

Luce, Alice E. *Bautismo en el nombre de Jesús*. Editorial Vida.

Pearlman, Myer. *Teología bíblica y sistemática*. Editorial Vida.

Walker, Paul H. *Manifestaciones de la Trinidad*.

CAPÍTULO 12: MULTIPLICACIÓN DE SECTAS Y RELIGIONES

Cabral, J. *Religiones, sectas y herejías*. Editorial Vida, 1982.

Cave, J. *La ciencia cristiana y la unidad*. Casa Bautista de Publicaciones, 1967.

Ellwood, Robert S. y Harry B. Partin, *Religious and Spiritual Groups in Modern America*. Englewood Cliffs: Prentice Hall, 1988.

Fisher, William C. *¿Por qué soy evangélico?* Kansas City: Casa Nazarena de Publicaciones, 1985.

Hall, Daniel. *Algunas herejías modernas*.

Hume, Roberto E. *Las religiones vivas*. CBP, 1960.

Jiménez R., Carlos. *Crisis en la teología contemporánea*, Edición revisada. Editorial Vida, 1994.

Lewis, Gordon R. *Lo que todos deben saber sobre la meditación trascendental*. CLIE.

McDowell, Josh y Don Stewart. *Estudio de las sectas*. Editorial Vida, 1988.

Miller, Calvin. *La servidumbre del yoga*. CLIE.

Vallés, Ramón. *El cáncer del año 2000: las sectas*. CLIE.

Van Baalen, J.K. *Invasores de la cristiandad*. CLIE.

CAPÍTULO 13: LA NUEVA ERA

Albrecht, Alexander. *Los OVNIS y la nueva mentalidad*. CLIE.

Ankerberg, John, y John Weldon. *The Facts on the New Age Movement*, Eugene, OR: Harvest House Publishers, 1988.

Arguido, Juan M. *Nueva Era*. CLIE.

Chandler, Russell. *La Nueva Era*. El Paso: Mundo Hispano, 1991.

Cruz, Nicky. *Satanás anda suelto*. Editorial Vida, 1974.

Cumbey, Constance. *The Hidden Dangers of the Rainbow*. Shreveport, LA: Huntington House, 1983.

Da Gama Leite, Tácito. *¿Ciencia, Magia o Superstición? Evaluación histórica y bíblica de la astrología.* Editorial Vida, 1987.

Danyans, Eugenio. *Los platillos volantes y la Biblia.* CLIE.

Ellwood, Robert S., y Harry B. Partin, *Religious and Spiritual Groups in Modern America, Second Edition,* Prentice Hall, 1988.

Enroth, Ronald. *Las Sectas y la Juventud.* CLIE.

Enroth, Ronald y otros, *A Guide to Cults & New Religions,* InterVarsity Press, 1983.

Fábio D'Araújo Filho, Caio. *Espiritismo moderno.* Editorial Vida, 1990.

Farias, Flavio. *Los OVNIS: Una de las señales del fin.* CLIE.

Hoff, Pablo. *Otros evangelios.* Editorial Vida, 1993.

Hoff, Pablo. *Se hizo hombre.* Editorial Vida, 1990.

Humphreys, Fisher. *La naturaleza de Dios.* Casa Bautista de Publicaciones, 1986.

Jiménez, Carlos. *Crisis en la teología contemporánea.* Edición revisada. Editorial Vida, 1994.

Kennedy, James. *Por qué creo.* Editorial Vida, 1982.

La Haye, Tim. *Vida en el más allá.* CLIE.

Marrs, Texe. *Dark Majesty,* Austin: Living Truth Publishers, 1992.

Martin, Walter. *La Nueva Era.* Editorial Betania, 1991.

McDowell, Josh y Bruce Larson. *Jesús: Una defensa bíblica de la Deidad.* CLIE.

McDowell, Josh y Don Stewart. *Estudio de las sectas.* Editorial Vida, 1988.

Pearlman, Myer. *Teología bíblica y sistemática.* Editorial Vida.

Petersen, William J. *La astrología y la Biblia.* CLIE.

Rossier, H. *¿Qué pasa después de la muerte?* Owosso: Editorial Vencedor.

Scroggie, W. Graham. *El retorno de Cristo.* CLIE.

Schwartz, Ted y Duane Empey. *Satanismo.* UNILIT, 1990.

Smith, F. LaGard. *Al borde del precipicio.* Editorial Vida, 1989.

Thomas, Peterson y Babbage. *Astrología: ¿Qué dice la Biblia?* CBP, 1974.

Torregosa, M. *Teosofía o cristianismo.*

Torrey, Rubén A. *La segunda venida del Señor Jesús*. CLIE.

Vila, Samuel. *Vida después de la muerte*. CLIE, 1991.

Watson, William. *A Concise Dictionary of Cults and Religions*. Chicago,IL: Moody Press, 1991.

Weldon, John y Zola Levitt. *OVNIS. ¿Qué está sucediendo en la tierra?* CLIE.

Zoller, John. *Satanás y los demonios*. CLIE.

CAPÍTULO 14: TEOLOGÍA DE LA LIBERACIÓN

Almeida, Abraão. *El Señor de los pobres*. Editorial Vida.

Barrientos, Alberto. *Teología de la liberación*. UNILIT, 1991.

Compton, Roberto. *La teología de la liberación*. Casa Bautista de Publicaciones, 1984.

Escobar, Samuel. *La fe evangélica y las teologías de la liberación*. CBP, 1987.

Féliz, Guido. *Corrientes neoteológicas*. CLIE, 1978.

Jiménez, Carlos. *Crisis en la teología contemporánea*. Edición revisada. Editorial Vida, 1994.

Martínez, José M. *Los cristianos en el mundo de hoy*. CLIE.

Monroy, Juan A. *Un enfoque evangélico a la teología de la liberación*. CLIE, 1990.

Nash, Ronald H., ed., *Liberation Theology*. Millford, MI: Mott Media, 1984.

Núñez, Emilio A. *Teología de la liberación*. Editorial Caribe, 1986.

Núñez, Emilio A. y William D. Taylor. *Crisis in Latin America: An Evangelical Perspective*. Chicago, IL: Moody Press, 1989.

Vila, Samuel. *Las teologías modernas y la Biblia*. CLIE, 1980.

Nos agradaría recibir noticias suyas.
Por favor, envíe sus comentarios sobre este libro
a la dirección que aparece a continuación.
Muchas gracias.

Vida@zondervan.com
www.editorialvida.com